やりたい事をすべてやる方法

須藤元気

幻冬舎

やりたい事をすべてやる方法

まえがき

いま、プラトン年で言うところの五千二百年周期の時代が終わり、僕らは一つの文明の変わり目を生きていると言われている。

五千二百年前といえば伝説の都市バビロンの時代だ。諸説はあるが、僕らが毎日空気のように享受している現代の物質文明は、このバビロンに端を発するという説がある。

僕らが動物の毛皮で作った服を着て、石の鏃《やじり》の弓矢を手に山野をさすらうのではなく、繊細な生地の服を着て、電車や車に乗って仕事に出かけ、金融市場の動向に息を潜めるというライフスタイルを選んだことが、幸福という観点から見て良かったのか悪かったのか僕には分からない。

まさにその時代の区切り目を前にして、あの東日本大震災が起こった。

現代の物質文明の、ある意味象徴的な存在である巨大な原発が立て続けに爆発し、膨大な放射性物質が東日本に降り注いだ。

僕らはまさにこの世の終わりの瀬戸際で息を潜めたものだ。これは何かを暗示しているのだろうか。

三月十一日、僕がいた東京も大きく揺れ動き、誰もが何か大きな時代の変化の始まりを直感したのではないか。僕はというと、さっそくボランティアチームを結成し、スコップを片手に被災地へ向かった。

そこで気がついたことがある。

それは人は理屈では動かないということだ。人が動くときには二つの理由しかない。一つは利益。もう一つが感動。つまり気持ちを揺り動かされたときに、人は動き出す。

現地では、津波で店舗や家屋のなかにまで流れ込んだ泥を外に運び出す作業を主に行っていた。実際に活動を通して実感したことは、この災害を機に「所有・支配」という物質的な繋《つな》がりから、「分け合い・協力」という精神的な繋がりへと時代は変わっていくということである。

僕たちの国日本はいま、個人も社会も「変わらないといけない」という思いを抱えているのではないだろうか。

年間の自殺者数が約三万人。一日に百人近くが自ら命を絶っている。この状況は明らかにおかしいはずだ。みんなもう既に充分すぎるほど分かっていたことである。

がんじがらめの省庁利権や行き詰まってしまった政治、被災地の復興に原発問題など、僕たちの世代が解決していかなくてはならない課題は沢山ある。

だが、時代の変わり目だからといって、難しく考えたり構えたりする必要なんてどこにもない。ただ、自分ができるベストを尽くし、一日一日をしっかりと大切に生きればいいのだ。

ネットやテレビなどのメディアでは同時にいくつものチャンネルが流れている。どのチャンネルで手を止めるかは、自分で「選択」することができる。愛に溢《あふ》れたチャンネルを選ぶのか、悲しみや怒りのチャンネルを選ぶのかは、どうしようもないほどに自分次第なのだ。

量子論で言えば自分と意識が違う人たちとは、だんだん接点が少なくなっていく。だから幸せを望んでいるならできるだけ、明るい幸せな意識を持つようにしていくべきではないだろうか。


僕が格闘家を引退してから現在WORLD ORDERとしてアーティストになれたのも、端的に言えば自分の思考、言葉、行為のたった三つの要素を変化させたからである。

WORLD ORDERという名前の意味は、文字通り「世界秩序」である。

この二百年ほどの歴史のなかで、産業革命を経て機械文明がこの世界を覆い尽くしていった。それが今日まで「進歩」だと捉えられてきた。しかし、いまの現実世界を見てみると、幸せよりも不幸せなことの方が世界に多く存在しているのではないか？

そんな人類の文明に対して歌ったりパフォーマンスをしたりすることで、世界中の人に僕たちの表現が届くのではないか、響くのではないかと思ったのである。

僕が温めていた「ダンスミュージックとロボットダンスの融合」、そして「ミュージシャンとしてオリジナルな存在になる」という構想。それが実現したことによって、WORLD ORDERが誕生した。

この本を書くにあたり、精神的なことや、自分の思いを達成させるためにアクションを起こす術《すべ》について、自分なりの経験則に基づいたノウハウのようなものを記してみた。何かを感じとってくれた人たちが、前向きな意思や言葉を持ち、そして行動を起こすときに、何かの助けになればなによりだと思っている。

人が動くときには二つの理由しかない。
一つは利益。もう一つが感動。

目次

第二章　日々を穏やかに過ごす

95

僕らが生きている世界は、釣り堀であって、海ではない。

第一章

仕事で成功する

スターバックスのコーヒーは美味しい。だが味だけで成功したわけではない。

当たり前だが格闘家の場合、みんな『ドラゴンボール』のサイヤ人のようにひたすら強くなることを望んでいる。強くなって天下一武道会のような大舞台に立ち、ブルマにパフパフしてもらいたいと願うのは当然のことだ。そして、ほとんどの格闘家は、強くなれば大舞台に立てると考えている。しかし、これは勘違いである。強い格闘家が大きな舞台に立てるとは限らない。何故《なぜ》なら大きな舞台（興行）というのは、それだけお金が動くからだ。選手はそれぞれ観客を動員しなければいけない。しかし、強い選手がお客さんを呼べるとは限らない。『ドラゴンボール』でもそうだ。強さがそのまま人気に繋がるわけではない。正直言って、リアルタイムではあんなに強かったフリーザも、魔人ブウ編では、いつのまにかすっかりザコキャラ扱いであった。しかし、人気面ではどうだろう。どう考えても、魔人ブウよりフリーザの方がお茶の間の心をつかんでいた。つまり、すべての格闘家は強さもそうだが、自分という存在を、魔人ブウではなくフリーザにしなくてはならないのである。

テレビで放送されていたメジャー団体はその傾向が最も強く、視聴率が取れないと思われる選手はいくら強くても声はかからず、話題だけで出ている選手もいた。「なんであいつが出られるの？」は格闘家たちがよく交わす会話の一つであった。

それ故、プロ格闘家たちにはジレンマがあった。

「テレビに出ている選手＝強い人」と、テレビ視聴者が勘違いすることだ。テレビは一つの洗脳でもある。

格闘家時代、僕はデビュー当時から入場パフォーマンスに力を注いでいた。大みそかの大会への出場を重ねるにつれ、だんだん小林幸子氏をライバル視するようになっていったのも、テレビ視聴率を考えていたからだ。もちろん、小林幸子氏と総合格闘技で戦えば、KOとはいかないまでも判定で勝つ自信はあった。しかし、勝負はそこではなく、エンターテインメント性での戦いだったのだ。

デビューしたころは、総合格闘技はまだブーム前の時期であり、テレビのゴールデンタイムで放送するなんてことは皆無だった。それは、格闘技に興味のある人が世のなかではまだ一部にすぎないということを示していた。ただ、僕はそのころから「これからはもっと大勢の人たちが格闘技に興味を持っていくに違いない」と思っていたし、それだけ大きい可能性があると気持ちを強く持っていた。

それが派手な入場パフォーマンスや、トリッキーだと言われる戦い方に繋がっていった。たとえば、背中を向けて戦ったりというのも、強そうな人と真正面から向き合って戦うのが正直言っていやだったからだ。しかし、僕の臆病な戦い方がトリッキーな動きに繋がっていき、楽しんでくれる人たちがいてくれたのはありがたいことだった。

格闘技も映画や音楽のようにエンタメである。強くて客が呼べればそれで問題はないのだが、いくら強くても客が呼べない選手はもったいないし、そういう選手が案外多いのだ。お笑いやミュージシャンでも、まだ世に出ていないが面白い、歌が上手《うま》い人は沢山いると思う。だが、「上手＝客が呼べる」となるかというと、そうではないケースも見受けられるのが現実である。

そこには、面白いや上手いという技術的なものを超越した「華」と呼ばれるモノが必要になってくる。その人に華があると、人は集まってくる。それはビジネスも同じだと思う。

プロの格闘家というのは、ＫＯ勝ちが少ないと華がないように見えてしまう。そうすると、いくら器用で強かったとしても試合に呼んでもらえなくなる。逆にＫＯするか、されるかという選手というのは、見ている側にとっては面白いわけで、そういうタイプの選手は試合に呼ばれることが多い。

たとえば、「スターバックスより美味《おい》しいコーヒーを作ることは可能か?」と聞くと、案外多くの人が手を挙げるかも知れない。作り方を調べて勉強すれば、スターバックスよりも美味しいコーヒーが作れるのではないかと。

では「スターバックスよりも売り上げを多くあげることはできるか?」と聞くと、ほとんどの人が手を挙げられないだろう。

もちろんスターバックスはマズくない。むしろ美味しい。

美味しいとはいえ、頑張って作ろうと思えば、それ以上のものは作れるかも知れない。しかし、美味しいコーヒーだけではあそこまで売り上げをあげることはできない。

サービス、流通の仕組み、戦略、ホスピタリティなどなどいろんな要素が絡まり合い一つの会社として存在しているのだ。

項羽と劉邦《りゅうほう》の戦いにおいても、圧倒的な戦闘力を持っていた項羽は、結局、補給路を断たれ最後は敗れた。このことからも分かるように、一つの要素が突出しているだけではダメなのだ。

どのジャンルの世界でも、みんな最高のコーヒーを作ることを考える「職人」タイプになろうとする。もちろんこれはとても大切なことだ。

しかし、そこだけしか見ていないと、可能性は全然広がっていかない。全体的、局地的な視点を意識すると世界が広がる。

「上手＝客が呼べる」となるかというと、
そうではないケースも見受けられるのが現実である。

チームの成功には条件がある。全員が同じ夢を見なければならない。

WORLD ORDERは二〇〇九年十二月に結成したが、格闘家を引退する前から、ダンスミュージックとロボットダンスの融合、そしてスーツ姿でパフォーマンスをするというイメージは、お腹のなかでムクドリが子供を育てるかのごとく大事に温めていた。

格闘家時代に入場パフォーマンスをしていたが、WORLD ORDERを始めるにはダンスを学ばないといけないと思い、周りの人にプレゼンをしながら、ダンスの特訓をすることにした。

新しいことを習得していくには、きちんと身体《からだ》に馴染《なじ》むまで集中的に取り組まないとものにならない。

それからというもの、僕はダンスの稽古を一日に三時間、それを週に四〜五日。これを二、三カ月間続けた。それは「ロッキー4」の雪山トレーニング並みに過酷なものであった。ロッキーはあのとき、親友を対戦相手に殺されたから頑張れたかもしれないが、僕は如何《いかん》せんダンスに親友を殺されたわけではなかったので、そういう意味ではモチベーションの維持が大変だった。

ダンスの特訓をしながら、周りにWORLD ORDERのコンセプトを説明し続けていたが、なかなか思うように伝わらない日々が続く。そのとき、僕は気づいた。これは、口で説明するのではなく、実際に自分でデモテープならぬ、デモビデオを作って見せないと伝わらないんじゃないか？

「そう、ジョジョ！　それがベスト！」

リサリサ先生の声が聞こえた気がした。

とにかく形にしようと考え、短いものでもいいから作ってみようと、思い切って行動に移した。

デモPVを作るために、ダンスの先生にダンサー八人を集めてもらった。撮影を始める前、集まってくれたみんなに映像の説明をしたけれど、「どうなんだ、それ?」という空気が漂っていた。だが、単発の仕事でもなんでも、とにかく踊ってもらってビデオに収め、形にしなくてはいけなかった。そして、僕を含めた九人で撮影を行い、なんとか二分間のデモPVを完成させることができたのである。撮影が終わると、集まってくれた人たちに僕のおこづかいから一万円をそれぞれ渡した。

後々、そのとき集まってくれたダンサーのなかから野口、内山、崎山の三人に声をかけ、後に森澤が加わり、最初のWORLD ORDERのメンバーが集まった。

そのころ三人は、それぞれダンサーとして活動していた。

ダンサーの世界というのは、現在の格闘界と同じく厳しい。ダンスだけで食べていくことは難しいのが現状で、みんなそれぞれバイトをしながらダンス活動をしていた。

ダンス業界を見渡してみると、三十歳までダンスを続けている人というのはそれほど多くなかった。

多くのダンサーたちは、道半ばで就職するなどしてダンスの世界から離れていくという。

続けている人のなかでも、ダンスレッスンの先生など、何か他の副業をしながらダンス活動をしている人が多い。日本ではダンスだけで食べていくというのはかなり困難なのが現状である。とはいえ、二〇一二年度からは中学校でダンスが必須科目になったので、必然的にいままでよりもダンス業界が活性化する可能性は大きいだろう。

ストリートダンスというのは若者が多くを占めるカルチャーである。若者が多いということは、入れ替わりが激しい世界ということだ。

たとえば、有名アーティストのバックダンサーができるなら、ギャラはなくてもやりたいという若いダンサーは全国に沢山いると思う。それが上手くてカッコ良かったりすると、バックダンサーとして成立することになる。

しかし、そこに一つ落とし穴がある。

若いが故にセルフマネージメントができておらず、本来もらうはずの報酬をほとんどもらわずにやってしまうのだ。

どんな業界でも一旦ギャラの前例ができると、それを上げてもらうのが難しくなる。アルバイトの給料と同じである。一度時給八百円で契約してしまうと、あとは十円、二十円上がったことくらいで一喜一憂しなくてはならなくなる。それは辛《つら》い。

運良く有名なアーティストのバックダンサーとして固定のポジションを得れば、プロのダンサーとして食べていくこともできる。しかし、そのダンサーが歳《とし》を重ねていくころには、次の世代から活《い》きのいい若いダンサーが現れてくる。

興行や事務所サイドもコストパフォーマンスを考えて「ギャラが安くて言

うことを聞く若手」に入れ替えるかも知れない。もしくは、ついているアーティストの人気が衰えていくと、自然と仕事も減っていってしまう。

入れ替わりがあるということは、基本的には「替えがきく」ということである。替えがきく仕事というのは、表現者である場合、それだけでずっと食べていくことができなくなってしまうことを意味するのだ。

そこで僕は「替えのきかないグループ」を作り上げようと思った。替えがきかない方向、それは「ワールドオーダー」という世界の秩序に疑問を投げかけるコンセプトを、ロボットの動きだけに特化したダンス、そして歌モノにすることだった。

歌モノ。つまりミュージシャンになるということだ。

一曲の歌がある。それは完全にオリジナルなもので、替えはきかない。

WORLD ORDER のめざすべき方向はダンスチームではなく、ミュージシャンであった。

メンバーのみんなも、ダンス活動を続けながらバイトもするというのが当たり前の生活だったが、WORLD ORDERだけでやっていけるというメンタルを持ってもらうために会うたびに繰り返しその説明をした。

会社でも部活でもそうだが、チームは全員の意識、イマジネーションを揃《そろ》えることがものを言う。一人だけビジョンを描いていてもなかなか上手くはいかない。

チームでの活動は全員の意識のありかたをどう揃えるかが成功のカギを握るのである。

替えがきく仕事というのは、
それだけでずっと食べていくことが
できなくなってしまうことを意味する。

器用貧乏より器用金持ち。決め技を二つ残して他は捨てる。

誰だって面倒なことはいやかも知れないが、僕の場合は極端な面倒臭がり屋である。「面倒臭がり屋総選挙」があるなら、僕は大島優子氏を差し置いてセンターを取る自信がある。

そんな僕が言うのもなんだが、何か面倒な仕事を人に頼む場合、真面目にきっちりやる人よりも、面倒臭がり屋に頼むといい。

真面目な人は、文字通り真面目にその面倒な仕事をやってくれるかも知れない。

だが、面倒臭がり屋に頼むと、いかにラクをするか考えて一番効率の良い簡単な方法を見つけてくれるはずである。まさに、逆転の発想だ。もちろん、面倒臭がり屋が逃げ出さずにやってくれることが前提なわけだが。

現役時代、そういう格闘家らしからぬ「ラクをして勝つ」という信念にブレはなかった。

格闘技の試合でなかなか一本勝ち、KO勝ちができない選手がいる。そういう選手は多種多様な技を使える人が多い。練習のときからいろんな技ができるのだ。「ウルトラマン」で言うと、エースである。

しかし、本番の試合になると、主力にする技というのはだいたい二つほどでよかったりする。

必ず決められる技を二つだけ。そのかわり、どんな状況からでも、その決め技に持っていけるスペシャリストでなければいけない。二つの技を決めることができるのであれば、他の技は捨ててもいいと思う。日本人メジャーリーガーのパイオニアでもある野茂英雄氏のように、武器は「ストレートとフォーク」みたいなものだ。

器用にいろんな技ができる人というのは、いい勝負ができたり上手く戦えたりもする。だけど、ここぞという勝負どころで一本勝ちやＫＯ勝ちができないことが多いのである。

勝負の世界では、決め技は二つ。これさえ押さえておけば勝てる、というポイントをしっかりと把握していればいい。

それがつまり「ナポレオン戦術」と呼ばれるものである。まんべんなく兵力を配置するのではなく、勝負どころだけに兵力を集中させる。他の部分はなんとか耐えられるだけの必要最低限の兵力しか置かない。それはもしかしたら、格闘技や勝負の世界だけでなく、日々の生活のなかでも使える戦術なのかも知れない。

愛しの女子とのデート。当たり障りのないデートコース。しかし、何か自分のなかで決め技を持っていれば、そこに持っていくことさえできれば、愛しの女子にＫＯ勝ちできるのかも知れない。恋の決め技を持っていれば、君も恋の百戦錬磨になれるはず……。以下、省略。

どの世界にも器用貧乏な人は沢山いる。まんべんなく上手くやるのではなく、これだけはという主力（決め技）を持つこと。それを器用金持ちと僕は呼んでいる。

勝負の世界では、これさえ押さえておけば勝てる、
というポイントをしっかりと把握していればいい。

成功のための第一歩、まずは耳に残る曲作り。

WORLD ORDERのコンセプトが決まった次は、曲作りに取りかかった。
僕が最初にイメージしたのは「キャッチーな曲にしよう」ということだ。ことあるごとに、僕はそれを言い続けた。そのときついたあだ名は小室哲哉だ。TKでもいい。

何事も最初の印象が大事である。尖っているカッコいい曲にしたくなる気持ちもあるが、聴く人の耳に残りやすい、とにかくキャッチーな曲にしようと思った。できるだけみんなの耳に残るようなモノをまずは作ってWORLD ORDERのことを知ってもらい、そこから少しずつ尖っていこうと思っていたのだ。

アーティストがよく罠《わな》にはまるパターンがある。それはデビュー曲からアーティスト色を強く押し出してしまい、マニアックになってしまうことだ。アーティスト色を出すのは大切なことだが、本人がカッコいいと思うモノはエゴと紙一重である。

それ故、僕が思う「売れる曲の法則」がある。

それは「ミュージシャン、アーティストにとって特別気に入っているわけではない曲が売れる」というものだ。

しかし、キャッチーな楽曲のままだと、耳には残るかも知れないが、数多くのポップミュージックに埋もれて歴史に残らなくなってしまうかも知れない。だから、徐々に尖ればいい。最初は認知してもらうために少しデレッとしなくてはいけないが、ある到達点まで行ったら、次からはツンの方向に変えていく。つまり「デレツン戦略」である。だが、恋でこの戦略を使うのはお勧めしない。ほぼ一〇〇%の確率で「あなたは付き合い始めのころと人が変わった」と言われてフラれてしまうだろう。

日本のアーティストで例を挙げれば椎名林檎《りんご》氏は「デレツン」であろう。デビューした当初は派手なビジュアルに目を奪われがちだったが、見た目とは裏腹に楽曲はキャッチーなモノが多かったように思う。

エキセントリックなビジュアルに個性的な歌声で、アーティスト色を出しつつも楽曲はキャッチーなモノ、というグレーゾーンを上手く表現していた。しかし、売れるのに比例して楽曲もマニアックに尖り始めた。そして、いまや不動のポジションを得ている。


表現を尖らせていく際に僕が意識しているのは、パレートの法則である。いわゆる「八〇対二〇」の法則。

これはつまり、二〇％の人に理解されればよいという法則である。百人いるとしたら、そのなかの二十人に響かせることができればよいということ。その二〇％の人たちに響かせれば八〇％の人たちを引き寄せることも可能だということだ。

モノを売るにしてもそうだが、やはりどうしても心理としては八〇%の人たちに良いと思ってもらいたいものである。しかしそこにずっと焦点を合わせていると、自分のやりたいことをズラしていかなくてはならなくなることもある。そうすると、どうしてもそのモノ自体が平凡になったりチープになったりしてしまいがちだ。だからといって、いざ二〇%の人たちに向けてやろうと思うとどうしても不安になってしまう。不安にはなるが、きちんと二〇%に向けて発信することが、あとの八〇%を引き寄せられる法則なのである。

秋葉原カルチャーを例に出すと分かりやすいかも知れない。秋葉原にいる、いわゆるオタク層に向けてのゲームやアニメが、そこできちんと支持され、次第に一般層を引き寄せ、世界にまでマーケットを広げているという現実がある。

一昔前だと、音楽を聴くといっても音楽の情報源自体が少なかった。テレビやラジオから流れてくる曲くらいしか選択肢はなかったのである。そういうメジャー路線にはない音楽が好きな人たちは、雑誌や口コミやライブを通じてマニアックなアーティストたちになんとかたどり着いていたような状況だった（それはそれで楽しかったが）。

しかし、いまの時代はインターネットのおかげで情報源もかなり多様化していろんな選択肢が増えた。

ミュージシャンたちもYouTubeなどのインターネットから発信して届けることができるようになった。もはや、音楽業界は従来のトップダウン型ではなく、ボトムアップ型が主流になりつつある。テレビやラジオによるマスキャンペーンだけで売れる時代はもう終わりになりつつあるのだ。ボトム層に支持されて、それを上が広めるというのがいまの時代の新しい流れなのだろう。

アーティストがよく罠にはまるパターンは、
アーティスト色を強く押し出してしまい、
マニアックになってしまうこと。

大好物も大きすぎては口に入らない。ベストサイズの夢を選ぶ。

いままでにも幾度か話したり書いたりしてきたことだが、高校生のころ、僕には二つの夢があった。プロの格闘家になるか、ミュージシャンになるかである。

根底にあるのは「女の子にモテたい」という、本能に忠実な欲望だけだった。

部活のレスリングもやりながら、音楽もやるという二足のわらじを履いた高校一年生だった。もちろん、二つとも趣味で終わらせるつもりはなく、プロをめざそうと思いながら取り組んでいた。どちらを選ぶかであれこれと悩む一年間になった。

周りを見渡すと、そのときの流行もありバンドを組んでいる仲間が多かった。その他にもヒップホップのブームがあり、ラップやDJをやっている友人もいた。DJブーム絶頂期にはクラスメイトの半数近くが、ターンテーブルを回しているなんていう異常な時代だった。

そんななか、ロック志向だった僕はバンドを組んでギターをやっていた。GLAYで言うところの、HISASHIだ。

当時、速弾きに魅了されていた僕は、とにかく速く弾くことがカッコいいと思っていて、イングウェイやスレイヤーなどを聞きまくり、ただひたすら速く弾くことだけに精を出していた。

だが、バンド内でギターからベースにポジションチェンジを余儀なくされてしまった。理由は、単純に僕よりもギターを速く弾けるメンバーがいたからである。つまり、HISASHIからJIROになったわけだ。別にJIRO氏は嫌々ベースをやっていたわけではないと思うが……。

バンドの花形は言うまでもなくヴォーカルとギターだという、高校生にありがちな考えを持っていた僕は、バンドを脱退した。そして、アコースティックギターに救いを求め、ストリートミュージシャン方向に向かい出した。

一人になった僕は、心をロックからフォークに染めて、アコギを弾きながら音楽について考えてみることにした。

音楽をやっている人間はかなり多く、自分より上手い人は沢山いる。そこで自分の音楽センスというものを考えたとき、これはプロをめざしても勝負できないと思った。

一方、格闘技に目を移すと音楽に比べ競技人口も少ない。そのころはまだ総合格闘技が相当マニアックなもので、「格闘技通信」などでしか情報を得られないような時代だったのだ。だが、海外では総合格闘技ＵＦＣも開催され、これに魅了されていた僕は、これからは日本にも総合格闘技のブームがくるのではないかという予感もあった。

どんなビジネスにも導入期・成長期・成熟期・衰退期という四つのサイクルがあるように、総合格闘技はこれから「成長期」が訪れるはずだと感じ始めていたのである。

高校一年生のときはレスリングと音楽のどちらに力を入れるかを迷っていた時期だった。そして二年生に進級するとき、僕は普通科からスポーツクラスに編入することを決めた。スポーツクラス。いかにも汗臭く、ナンパな匂《にお》いが一切しないガチなネーミング。当初、女の子にモテるのが目標だったはずなのに、思えば遠くまで行ったものである。

音楽の夢はひとまず引き出しにしまい、プロの格闘家になろうと決めたのである。

そこからはレスリング一本に絞っていくことになったわけだが、もう一つ選ばなくてはいけない事柄があった。

レスリングにはフリースタイルとグレコローマンスタイルという二つの種

目がある。

高校生ではレスリングといえばほぼフリースタイルをさし、グレコローマンはフリーの片手間にやっている学校が多かった。そのため、日本国内の高校ではグレコローマンスタイルはフリーに比べて競技人口が少ない。そこで僕は、競技人口が極力少ないグレコローマンスタイルに絞ることにした。僕は特別に体育の成績が良いわけでもなく（通信簿でも五段階で三だった）、元来、怠け者で無精《ぶしょう》な性格だ。そんな自分が勝つためには、まず競技人口の少ないところで勝負しなくてはいけないと思ったのだ。

ビジネス用語で言うところの「ブルーオーシャン」を選択したわけである。血で血を洗うような競争の激しい領域（レッドオーシャン）よりも、競争の少ない領域（ブルーオーシャン）で勝負しようと思ったのだ。

当時はそんな言葉も知らなかったけれど、音楽で競争率の高い光景を見て、自分なりに時勢を読み、ブルーオーシャンに行こうと思った。つまり「競技人口の多いところでは極力戦わないでおこう」と考えたのである。その結果、グレコローマンスタイルで全日本ジュニアチャンピオンになることができた。

「競争の少ない領域で勝負する」というのは、ほとんどの場合、正しい選択だと思う。しかし、合コンになると話は違う。ライバルが多い一番人気の娘よりも、二番手三番手の娘の方がアタックチャンスも増え、物怖《ものお》じしないで挑戦することができ、その日にお持ち帰りしやすいという考えは間違いである。それは、おそらく同じ考えの人間が意外と多いために、ブルーオーシャンがレッドオーシャンに成り代わってしまうという現象が多々起きるためである。恋はいつだって難儀なものだ。

「いかに最小限の努力で勝てるか」を考えていたなんて書くと、「どんだけ怠け者なんだ」と思われてしまうかも知れないが、本気で勝つための戦略を考えると、このような考え方になる。

なんであれ、はじめは自分の口で頬張《ほおば》れるサイズの夢を選び、そこからもっと大きな夢に広げていくのがよいと思う。

競争の少ない領域で勝負する。

足りない何かが人を駆り立てる。欠点を武器に変える思考法。

前述したがWORLD ORDERを起《た》ち上げようと思い、周りの人たちに「ロボットダンスで」「ダンスミュージックで」と一生懸命に説明をしたが、誰も相手にはしてくれなかった。

相手にされなかった最大の理由は、僕に対して「元格闘家」というイメージが強くあったからである。それは自分でも分かっていたことではあったが、まだ引退して間もないということもあってなのか、ほとんどの人に色眼鏡で見られていた。

もし仮に、元サッカー選手の中田英寿氏が音楽をやりたいと言えば、僕も同じような目で見てしまうだろう。それほどパブリックイメージというのは、芸能や政治だけでなくスポーツ選手に対しても根強いものだと身をもって知ることができた。

一度イメージがつくと、何かそれまでとは違う新しいことをするときに、人はなかなか好意的に見てはくれないのだ。

WORLD ORDERをやりたいと言っても、国内で相手にされない。だが、「ピンチはチャンス」の格言通り、「これこそチャンスだ」と思った。国内で無理なら世界を相手にしてみようと思い立ったのである。

海外でなら、僕が格闘技をやっていたことを知る人も少ないし、色眼鏡で見られることもないはずだと。

では、海外で勝負するにはどうすればいいのか。

まずは海外から見た日本人のパブリックイメージ、「This is Japan」と思わせるものは一体なんなのかということを考え続けた。何故なら、海外の人にも分かるように日本人のカルチャーを前面に出した方がいいという結論に至ったからだ。

ハリウッド映画なんかを観ていると、「そんな日本人いないでしょー」と思うような描かれ方をされていることがある。映画「ラストサムライ」のように、横浜の海から巨大な富士山が見えるのはまだいいが、ひどいのになると、言葉までカタコトだったりする。西洋からは、「日本人」というのは「アジア人」という一つの大きなくくりで見られているんだなと感じることが多い。

しかし一方で、日本というのは良質な電化製品と車の国だ、というパブリックイメージは間違いなくある。

そのイメージを支えているのは日本のサラリーマンたち。滅私奉公という言葉があるように会社奉公的に働くサラリーマン。子供のころから文句も言わず塾通いをして従順に育ち、封建時代の下級武士のようなメンタリティを持ちながら、しかし心の底から会社に忠誠を誓っているわけでもない。家のローンのために、便宜的に上司の顔色をうかがいながら一生懸命頑張っている姿がどこか物悲しいというイメージ。生真面目で几帳面《きちょうめん》で画一的でどこか人が好《よ》く、滑稽《こっけい》でもある。

海外の人たちが見るそんな「日本のサラリーマン像」こそ、「This is Japan」なイメージではないかと思った。

サラリーマンの涙ぐましい努力にスポットライトを当てて魂の叫びを代弁する。それがまさに、そのままWORLD ORDERのビジュアルコンセプトになった。

そうして、国内に向けたものではなく、最初から海外に向けたことにより、海外から評価をされ、格闘技のときと同じように逆輸入という形で日本でも活動できるようになったのである。

僕が、実はジョン・レノンの隠し子で三歳からギターを習い、一流ミュージシャンに囲まれて育ち、すんなりとデビューが決まっていたら、いまの形のWORLD ORDERは誕生しなかっただろう。

音楽を始めようと思ったときに立ちはだかった「元格闘家」という不利なイメージを逆手に取ったわけである。

前述したように、僕は格闘家のころ、入場パフォーマンスをしたりトリッキーな戦い方をしたりしてきた。

その理由というのも、昔はヘビー級しかなかったような格闘界のなかで、それほど大きくないこの体型でどうやって戦おうか考えてきた結果である。もし僕がヘビー級の体格で身体も強くてイケメンだったら余計なことは考えていなかったと思う。

しかし、だからといって、その場合にいまの自分より満足できる生き方ができたかというと、それは別問題なのだ。

自分が不利な場合、「足りないところがあったら、それを逆手に取って考える」という発想でやるとうまくいく。

足りないからこそ考えて、そこから新しいモノができる。もともといろいろ備わっている人というのは少ないはずだ。世のなかの大半の人は何かしら足りない部分があるのだと思う。

その欠落している部分こそが、人間の美しさなのだ。この世に完璧なものなどないのだから。

足りないところがあったら、
それを逆手に取って考える。

原点は路上パフォーマンス。「臨場感」がWORLD ORDERの命。

僕の先輩である、苫米地英人《とまべちひでと》氏が「人がハマる小説や映画とは臨場感技術に長《た》けているもの」と言っている。

WORLD ORDERの活動を始めてから、幾度となく人からこう聞かれた。

「PVはどうやって撮っているの?」

最初にデモPVを撮り、YouTubeにアップしてからというもの、東京、京都、ニューヨーク、メキシコ、韓国など世界のいろいろな土地でPV撮影を行ってきた。

最初のPVの製作費は、およそ二十万円ほどだった。まさに、サラリーマンの初任給程度。

ロケ地は東京・丸の内。サラリーマンが行き交うビジネス街。

街中でスーツ姿の僕たちがいきなり奇妙なロボットダンスをするものだから、周りの人たちは不思議な目で僕たちのことを見る。なかには、「あの人たち、かなり怪しいんだけど」という不穏な視線もあった。そのリアクションこそが **WORLD ORDER** のＰＶの醍醐《だいご》味《み》でもある。

そもそも、これから海外で勝負をしていこうと考えていたが、この先の制作を自分のこづかいだけでまかなうのは到底無理な話である。収入のないグループのため、撮影機材やその他もろもろの諸経費を考えるとスポンサーをつけなければ無理であった。

そこで考えたのは、まず「人を止めないでおこう」という事。

いわゆるロケ撮影というのは、あらかじめ撮影場所を決めておき（ロケハン）、撮影時には人の流れを止めたり誘導したりしなければいけない。そんな予算もない僕たちには、あらかじめ許可を取らないで撮影を行うゲリラ方式しか撮影方法がなかったのだ。

そして、人を止めないで映像を撮ったことにより、通行人の素のリアクションが臨場感を上げる可能性があると気がついた。これは貴重な発見であった。

人の少ない公園だったり、スタジオを借りて撮影したり、ロケの申請をしてビシッと人も止め、さあ撮りましょうという従来の形だったりというのは、当たり前だがリアリティを失うことに繋がる。どうしても、練習中や企画中にあったワクワク感が失われていってしまうのだ。これは、クリエイティブな活動に関わる人ならば、一度は経験することであろう。

映像というのはいまや編集やCGの技術でどうにでもなる時代だ。だからこそ、アナログ感というか、リアリティを追求していく価値も相対的に出てくる。人間はデジタル技術に頼らないでもこんなことができる、ということを追求していく価値もあるだろう。

そもそも最初に「臨場感」を大切にしようと思ったきっかけがある。

WORLD ORDERのデビュー前の二〇〇九年の冬。

僕たちWORLD ORDERのメンバーは、ストリートパフォーマンスをやっていた。とはいっても、いまのような踊りではなく、スーツに東急ハンズで買ってきた白塗りの仮面を被《かぶ》り、手には白い手袋、頭にはポマードをべったりと塗ったナイスミドルな感じの怪しげな姿で路上に立っていた。メンバー全員で集まると少し多くなってしまい、おまわりさんに注意されやすいので、二人三人とチームに分かれてそれぞれに銀座、丸の内、新宿、吉祥寺などでやっていた。

海外の街中で同じようなパフォーマンスアーティストを見たことがある人もいると思う。マネキンのようにポーズを取り、そのまま微動だにせず、目の前にあるケースにお金を入れてもらえたらロボットの動きをするというものだ。

僕たちがマネキンのように立っている前には、WORLD ORDERのチラシとお金を入れてもらうケースを置くだけ。

すると、通行人たちは、「何これ？」「やだ、キモい」などと言いながらも立ち止まってくれた。

僕らはクリスマスイブにもストリートパフォーマンスをやっていた。

街にはクリスマスソングが流れ、幸せそうなカップルやグループで溢れていた。そんななか、僕たちはスーツの上にコートを着て、そのなかにはヒートテックを着込み、ただただ寒い冬空の下、動きを止めて仮面をつけたままの無表情でクリスマスを祝っていたのである。

パフォーマンスをしてケースにお金を入れてもらっていたわけだが、それがなかなか結構な額をもらえたりしていたのである。帰りに大戸屋で「チキンかあさん煮土鍋定食」くらい食べられる金額はもらえていた。そこには、本物の母のぬくもりがあった。

お金がもらえるのは素直に嬉《うれ》しかったが、途中からお金をもらうケースは置かずにチラシだけを置くことにした。

お金欲しさにパフォーマンスをやっているという見え方になるのを避ける

ためだ。お金はもらえて嬉しかったが、WORLD ORDERの宣伝であって決してこづかい稼ぎではなかった。

外でパフォーマンスをするというのは、街行く人の素のリアクションを文字通り肌で感じることができたうえ、「臨場感」がいかに大事かということを身をもって学ぶことができた貴重な経験だったのである。

日本のサブカルチャーは世界一。WORLD ORDERも世界をめざす。

ほとんどの人が「自分」というものを感じながら日々生きているだろう。そして、家族というのもまた自分と同じくらいに大切なものなのではないだろうか。親や兄弟は言うまでもなく、自分がお嫁さんをもらったり子供ができたりしても、もちろん大切だ。その大切な家族というのは、大きな意味で言うと「自分」である。

そこから少し視点を上げてみると、自分の街や出身地、学校なども「自分」の場所となる。

たとえば、北海道出身の人が東京で暮らしているとする。もし、東京で北海道出身の人同士が出会えば「同じ北海道なんだー」と、嬉しくなるような共通感覚を持つことができる。

そこからさらに視点を高めてみる。

たとえば、欧米の地に行き、向こうで日本人と会ったらやっぱり嬉しかったり、なんだか少しホッとしたりもする。

僕が昔、南米でバックパック旅行をし、ベネズエラで困っていたときに、中華料理屋さんを見かけたことがある。そのとき、僕は安心した気持ちになることができた。南米でアジア人はあまり見かけなかったので、中国人の店員さんを見て心底ホッとできたのだ。似たような経験を味わったことがある人は多いかも知れない。

そんな風にして視点を高めていくと、地球全体が「自分」だと思えるようになる。もっと高めると宇宙全体ですら、「自分」だと思えるようになる。「自分」の定義をどこまで広げることができるのか。それが自分を高めることに繋がる。

そして他者は自分だということを自覚する。世界中の人がその気持ちになれば、自分だけではなく世界は一晩にして天国へと変わる。
そのメッセージを届けるメッセンジャーになろうと、格闘家時代からいまに至るまで、僕は「WE ARE ALL ONE」というメッセージを掲げているのだ。

インターネットがこれほど普及したおかげで、世界中がワンクリックで繋がるようになった。スカイプやツイッター、その他沢山のＳＮＳで世界中の誰もが瞬時に繋がれる世のなかになった。グーグルマップを見れば、その場所に行かなくてもどんなところだかある程度分かってしまう。
インターネットは、世界中のみんなが繋がりたい、一つになりたいと願ったからこそ生まれたテクノロジーだと思う。結果として、人の視点はかなり高まってきていると言える。

僕たちWORLD ORDERのＰＶもYouTubeにアップしたことにより、海外の人からの反応が沢山あった。そんなとき、世界はどんどん繋がってきていて、壁がなくなってきているのを実感する。

音楽業界（エンターテインメント業界）でもそれは顕著になってきている。

いままでは、国内だけでも充分なマーケットとして通用してきた日本の音楽業界だが、いまはもう頭打ち状態になっている。日本国内だけでなく、国境を越えてグローバル化をしていかなくてはならない。

隣の韓国は、その点で日本よりも動きが早かった。現に、日本の音楽業界でも韓流スターたちが幅を利かせている。韓国のグローバル化が早かった理由の一つは、人口の問題である。

韓国の人口はいまや五千万人を超えたそうだが、それでも日本の人口の半分にも満たない。日本の人口の半分以下ということは、韓国国内だけではマーケットが小さいということを意味する。だからこそ、外に出ざるをえない事情があったわけである。

逆に日本は世界的に見ても人口が多い分、マーケットは国内だけでも充分だった。しかし現状は、時代の流れとともにグローバル化し、景気の後退もあり国内だけでは厳しい状態になってきたわけである。

ちなみにこれは、電機産業でも同じことが言えるらしい。この知識は、『島耕作』が情報源であるが……。

これからは、もう日本国内だけでなく、アジア、そして世界に向けて発信していくというレベルで考えていく時代になっている。ユニクロなどは、世界に進出しつつあるが、これからは、日本全体がシフトチェンジしていく過渡期なのかも知れない。

いまの日本のエンターテインメント業界で言うと、まだまだグローバル化の波に乗り切れていなくて、後手に回った感は否めない。日本のエンターテインメント業界はガラパゴス化しているのが現状である。


日本は昔、江戸幕府が鎖国というファンキーな手法を取っていたこともあり、かなり独自な文化を育んできた国だろう。だからこそ逆に、日本のように独自の文化を形成している国というのはなかなかない。それはユニークな部分であり、個性でもある。

エンターテインメントで言うと、そんな日本独自のカルチャーといえば、サブカルチャー。

日本がガラパゴス化しているのを逆手に取り、日本独自のサブカルチャーを世界にアピールできるのは強みであるとも言える。

アニメなどはまさに日本が誇るサブカルチャーで、世界でも充分に認知されている。WORLD ORDERのコンセプトも、そんなガラパゴス化した日本のイメージを全面的にアピールしている。思想家の吉本隆明氏が言っていた「遠隔対象性」にもあてはまる。

つまり、人間は対象が遠く離れれば離れるほど、それに魅力を感じるというわけだ。

西洋のモノマネではなく、世界地図で見れば東の端にある小さな島国の独自の文化があるからこそ、日本独自のサブカルチャーを取り入れるとグローバルな舞台で勝負できるのだ。

日本独自のサブカルチャーを取り入れると
グローバルな舞台で勝負できる。

人との出会いが成否を分ける。このメンバーありきのユニット。

WORLD ORDERのダンスというのは、いわゆる「ロボットダンス」である。

ポップ、あるいはアニメーションというダンスのジャンルに入るのだが、一般的には「ロボットダンス」と言った方が伝わりやすいと思う。

メンバーに言わせるとこのロボットダンスというのが、なんというか、あまりモテないジャンルらしい。

メンバーは口を揃えてこう言う。

「僕らの世代が『ダンスをやってるんだよ』と言うと、まず思いつくのがヒップホップ的なダンスでして、それだと女の子も『えー！　カッコいい！』となるんですが、ロボットダンスだとなかなかそうはならないのが現状です。モテたためしがないです」

だいたいストリートダンスを始めるのは十代から二十歳くらいという人がほとんどらしく、カッコいい・モテたいという、「眠いから寝たい」「お腹減ったからご飯を食べたい」並みに根源的な動機で始める人が多い。そのため、どうしてもカッコいい感じのダンスから入っていくのだ。

そんな状況のなかで、モテないうえ、なかなか仕事として続けていくのが難しいロボットダンスというものを、三十歳近くまでバイトをしながら続けていたWORLD ORDERのメンバーたちというのは、一種の変態である。もちろん、良い意味で。

その時々の流行《はや》りやモテに流されることがないのが僕のチームメンバーなのだ。

これは僕の個人的な見解だが、表現者、つまり僕たちの場合で言うとダンサーという人種は、どこか屈折した人が多いように思う。

表現する人というのは、基本的に我が強い。言うなれば、皆がレディー・ガガ。そんな個性が強いガガたちが集まりグループで活動するとなると、人間関係が一番のネックになる。

ダンスをする＝自己表現なわけで、要するにエゴイスティックなことをしているわけである。そんななかで、僕たちのようなロボットダンスという〝競技人数〟が少ないジャンル、言ってみれば、変わったところからアプローチをするというのは、屈折のなかの屈折であり、かなり折れ曲がっている人たちの集まりなんだと思うこともしばしばである。

メジャーデビューする前のある日。メンバーの森澤に電話をした。

「いま、何やってるの？」

「外で踊ってます」

ものすごくカジュアルに、彼はそう言った。

メジャーデビューする前の僕たちは、スタジオ代を浮かすために外で練習することがほとんどだった。メンバーたちはそれぞれのバイトが始まる前の朝、中野ZEROのホールのガラス前で練習をしていた。どこの街にもいるような、ビルのガラスの前で練習するストリートダンサーたちと肩を並べるように僕たちも練習に励んでいたのである。

別の日、内山に電話をした。

「これから一緒に練習しない？」

「ちょうどいま、部屋で練習やってます」

「アパートで練習できるんだ」

「はい。鏡があるので」

プロの格闘家時代、家に帰ってきてトレーニングすることがまったくなかった僕は、部屋でトレーニングするということが信じられなかった。僕の部屋にはバーベルも何もトレーニング器具などは一切置いていなかった。練習というものは、ジムや道場に行ってするもので、家は休むところだという考えしかなかったのである。休むことも大事な仕事だったのだ。しかし、彼らにはオンとオフという言葉がなかった。

とにかく内山をはじめ、他のメンバーたちも居酒屋やレストランでアルバイトをしながら、日々ダンスの練習に取り組んでいた。ちなみにメンバーの一人がティッシュの広告入れのバイトをしていたら、それがメンバーのなかで流行り、メンバーの半分がティッシュの広告入れのバイトをしていた時期もある。

同じ動きをし続けることをあまり苦にしないメンバーたちに、いろんな意味でポテンシャルの高さを感じた。

WORLD ORDERで長崎のライブに行ったときのこと。

前日入りした僕は、長崎出身のスタッフが夜に美味しいお店に連れて行ってくれると言っていたので楽しみにしていたのだが……。

そのイベントの控室というのが、温かみのあるなんとも素敵なコテージだった。イベントを終えた僕たちは、控室からホテルへ移動して、いざ長崎の夜に出陣しようとなったのだが、ここで問題が発生した。そのときは、サポートメンバーに入ってもらっていて、まだ振付が完璧ではなかったせいか、数名のメンバーたちが「僕らはここで残って、ちょっと振付の指導します。ここで全然泊まれるんで」と言い出した。

もちろん控室とは別に僕たちのホテルも取っておいてもらっているのだが、控室でもいいと言い始めたのである。確かにコテージはいいところだけれども、夜の長崎に繰り出さないと言うのである。

結局、居残り練習組と長崎の夜探検組とに分かれて、それぞれ過ごすことになった――。居残り練習組の彼らにとっては、美味しい食べ物やお酒より、ダンスの振付の方がプライオリティ（優先順位）が高かったのである。

僕はもちろん居残り……ではなく、率先して夜の街へと繰り出し桃源郷を見つけたとです。

メンバーの高橋が怪我《けが》をして、ダンスも完璧に踊れるまでまだ時間がかかると言われ、自宅療養していた時期があった。僕がお見舞いに高橋の自宅を訪れたときのこと。

家に入ると、襖《ふすま》に何か奇妙な模様が施されているのが目に入った。「何これ?」

「自分の指を描いてみたくて描きました」

高橋は満面の笑みで答えてくれた。襖に描かれたいくつもの指の画《え》を見て僕は「気持ち悪いね」と言ってあげた。

ちなみに高橋は美容室が嫌いというか苦手なようで、髪の毛を自分で切っている。そんな彼はタトゥーも入れているのだが、なんとそのタトゥーも自分で彫ったという。その理由を聞くと「自分でマシーンを買って入れた方が安くつくと思いまして」とまた満面の笑みで答えた。

自分で入れたからだろうか、彼の膝《ひざ》の上に入っているタトゥーは文字が逆さになっている(膝に入った文字を自分で読めるということは人から見ると上下が逆さになる)。

うん。個性があるメンバーに囲まれて幸せだ。

このかけがえのないメンバーと出会った瞬間から、僕にはWORLD ORDERの成功が見えていた。

ノリが違うから面白い。異文化交流が表現の幅を広げる。

結束が固い僕らWORLD ORDERだが、メジャーデビューとなった2ndアルバム「2012」発売日のこと。

毎日お酒を飲んでいる僕としても、この日はやはり特別であり、みんなで記念の祝杯をあげようと息巻いていた。レコード店のあいさつ回りやアルバム発売記念イベントを終えたあと、「よーし！　みんな、今日は飲むよ」と声をかけた。しかし、メンバーのレスポンスが薄い。見ると、みんなどこか疲れた表情。

「どうしたの？」

「……今日はちょっと疲れましたね」とメンバー落合が言った。

「疲れてても、今日はめでたい日だよー！　飲みに行くでしょ」と僕は言った。

「そ、そ、そうですね」メンバー上西《じょうにし》。

「僕はちょっと身体を休めようかと……」メンバー森澤。

「僕も……」メンバー内山。

「うー、一杯だけなら付き合いますけど」メンバー野口。

「………（切ない笑顔）」メンバー高橋。

みんな本当に疲れた顔をしていた。まるで中間管理職の上司が部下を無理やり飲みに誘っているみたいだ。確かにWORLD ORDERのコンセプトはサラリーマンだが、こんなに哀しいところまでコンセプト通りになることはないだろう。

そもそもメンバーたちは、お酒をあまり飲まない。僕は、仕事が終わったら（仕事がなくても）飲みに行くが、メンバーは仕事が終わったら家に帰ってゆっくり休もう、というタイプなのである。

野口はWORLD ORDER立ち上げから参謀役だったため、一緒にいる時間も長く、彼自身お酒が好きなので時間があれば一緒に飲みに行っていた。しかし、彼はWORLD ORDERの活動に集中しすぎて神経症になってしまい体調を崩した。それからというもの、あまりお酒が飲めなくなってしまった。

普段の仕事後でも、みんなに飲みに行こうかと誘っても「とりあえず、一杯だけ付き合います」みたいなノリである。下町育ちでずっと体育会系のなかでやってきた僕としては、経験したことがないテンションだった。

一方、拓殖大学レスリング部の学生たちと飲みに行くと、ゴリゴリの体育会系丸出しの飲み方をする。

僕がおごってあげるからだろうか、その勢いは凄《すさ》まじく、無茶苦茶に飲んでいる部員ばかり。飲んで飲んで、一回トイレに行ってリセットし、また飲み続ける。急性アルコール中毒だけは怖いので、イッキは二杯までと監督の権限で決めている。

監督として心配もしなくてはいけない立場なので、トイレから戻ってきても飲み続ける学生に「大丈夫か？　吐いてきたの？」と声をかけると「はい！　血も吐いてきました」と満面の笑みで返してくる始末。
拓大の学生とWORLD ORDERという、まったくノリの違うグループで活動していることにより、帯域幅が広がり、僕も空気を読む能力が高まった。

冒頭の話に戻るが、そんなわけで、僕はこの日の〝飲み〟を諦めた。

「仕方がない。今日は一人ぼっちなりよ、キテレツ……」

何故かコロ助風にたそがれながら途方に暮れているところに、ケータイが鳴った。友人のミコガイくん（108キロ）からだった。

「いま何やってますか？　門前仲町で飲んでいますがどうでしょうか」

「うん。行く行く」

門前仲町に繰り出しミコガイくんと合流した僕は、さっそくカウンターにいた店員さんにアルバムを見せて「アルバム出したのでいまお店で流してください」と話しかけた。それをきっかけに友人イトウくんが隣にいた女の子グループをナンパした。メジャーデビューの日くらいナンパしたってアイちゃん（嫁さん）に怒られないだろうと思った僕は、迷わず参戦した。

最初は、フェイマスなゲンキスドウがいるおかげで女の子たちも仲良く話してくれてナンパが成功したと思っていた。みんながメジャーデビューのお祝いをしてくれているんだと嬉しかった。酒宴も盛り上がってきたそのころ、ミコガイくん（108キロ）が突然テキーラを三杯ショットで続けて飲み、当然のように酔っ払った。そして、ライムを口に頬張り「見てくださ い。オーガニック・マウスピースですよ。オーガニックですよ。オーガニックですよ」と女の子に謎のアピールをし始めた。すると女の子は引き潮のごとく引いていき「……そろそろ帰らなきゃ」とドラマに出てくるようなセリフを言ってそそくさと帰ってしまった。撃沈した僕らは諦めずに他の女の子がいないか門前仲町を徘徊《はいかい》したが、誰からも相手にされず最後はミコガイくんと二人で朝まで過ごした。

男子諸君は経験あると思うが、あえて一つの教訓を言おう。
酔っぱらったときにナンパをしたり、知り合いの女の子に「いまから飲まない？」とメールをしたりしても上手くはいかない。

……先週もそうだった。

本番は「予想外」の連続。大事なのは緊張と緩和。

二〇〇八年に僕は母校の拓殖大学レスリング部の監督に就くことになった。監督就任後、二〇〇九年に東日本学生リーグ戦で優勝し、二〇一〇年には全日本学生王座決定戦でも優勝を果たし、就任二年で四冠を獲得することができた。そのおかげで、七回も最優秀監督賞を受賞することができた。

そして二〇一一年からは、レスリングの学生日本代表監督もやらせていただいている。

「WORLD ORDERの活動をしながら大学のレスリング部で監督をやり、そして日本代表の監督もやるとなると、かなり大変なのでは？」とよく聞かれる。

正直に言おう。僕は何もしていない。

ただそこにいるだけだ。高木ブー氏をイメージしていただければ、非常に分かりやすい。

僕がやることといえば、基本的に拓大レスリング部と同じように選手たちのメンタル面のフォローや空気作りだけである。

日本代表に選ばれる選手たちというのは、それぞれの階級のチャンピオンである。そんな彼らだから、いい加減な選手などは皆無である。何も言わずとも、彼らは試合のときまでにきっちりと仕上げてくる。当然そんな選手でないと代表に選ばれるようなことはない。

選手たちはそれぞれの学校で、それこそ息が詰まるようなキツいトレーニングを日々積んできている。だから、彼らがリラックスして本来の力を充分に発揮できるようにしてあげることが、僕の役目だと思っている。

海外の遠征に出向くとき、選手はそこそこ緊張している。そんなときに僕は楽しんでいる姿を見せる。

減量中の選手がいても「監督、一杯飲むね」とビールを美味しそうに飲んだりする。

「まいうー。試合が終わったらチンチンに冷えたビールと美味しいものを食べに連れて行ってあげるから頑張れよ」といった感じで張りつめている糸を緩めている。

試合前の緊張というのは、僕も経験があるからよく分かる。それはもう、いやでも緊張してしまうものだから、仕方がない。だけど、どこもかしこも緊張している状態は、脆《もろ》くもあるのだ。だから緩められるところは緩めておく。その方が、本番で力を発揮できるからだ。ある程度リラックスしていた方が予想外の局面にも即応できるので、試合前はいかに緩やかな空気を作るかということを意識している。

WORLD ORDERでも、普段は緩いがミュージックビデオ撮影をしているときなどは緊張感がある。

WORLD ORDERの作品というのは共時性（シンクロニシティ）が働かな

ければいけない。だから、集中を保たなくてはいけないし、気を抜くことができない。当然、レスリングも共時性があっての勝利なのだが、その現場で何が大切なのかを判断し、現場に合った空気作りをすることがリーダーとして大切なのである。

僕たちWORLD ORDERのメジャーデビューとなった2ndアルバムの表題曲でもある「2012」のPV撮影はメキシコで行った。

そのときの僕たちのスケジュールはかなりタイトなものだった。日の出よりも前に起きて撮影の準備をし、日の出とともに撮影を開始して、休憩も取らずご飯も食べず撮影は行われ続けていた。

神々が住む神聖な場所と名高い「テオティワカン」というピラミッドなどの遺跡が点在する場所で撮影していたときのこと――。

メンバーの落合が、具合が悪いといってダウンしてしまったので、すぐに赤十字の病院に連れて行くことになった。病院で落合は注射と点滴を打ってもらい、なんとか無事に撮影現場に戻ってくることができた。

無理もない。メンバーは慣れない土地にきただけでなく、暑い気候のなかご飯もろくに食べず、休憩も取らずにスーツ姿で何度も撮影を重ねていたわけだから、ダウンしてしまうのも当然だった。

なんとか病院から戻ってきた落合と共に撮影の続きを始めた。

すると、今度は別のメンバー、上西の様子がおかしい。顔を見てみると、目が真っ赤になっていて、なんだかちょっと危ない感じになっているのである。そこでまた撮影を中断し、上西もすぐ病院に運ばれることになった。

病院に運ばれていった上西にあとから話を聞くと、搬送されたとき、医師は不思議そうな顔で彼を見たそうである。

「オマエ、ナンデモドッテキテンネン？」

つまり、その医師からしてみると、最初に運ばれた落合もスーツ姿の日本人で、その次に運ばれてきた上西もまたスーツ姿の日本人であり、区別がつかなかったようである。

上西は「いや、自分はさっきのメンバーとは違う。別人だ」と伝えると医師は、「オマエラハ、イッタイナンニンイルネン？」と聞くので「七人」と言うと、「メッチャイルヤン！　トニカクハヨ、ナナニンゼンブツレテコイ!!」と言われたそうである。

メキシコの医師は突っ込みどころを心得ているようだった。

ともかく、メンバーは過酷な撮影から起こる過労と診断され、体力的にかなり参っていたようである。帰国後、メンバー野口はお腹を壊し、体重がかなり落ちてしまう羽目にもなった。

そんな風にメンバーが次々と体調不良を訴えるなか、僕はというと……全然体調を崩すこともなく、むしろ久しぶりの再訪が叶《かな》ったテオティワカンから何か聖なるパワーをもらえたような気がして、いつも以上にすこぶる元気だったのである。

その現場で何が大切なのかを判断し、
現場に合った空気作りをすることが
リーダーとして大切。

まずは自作PVで国際デビュー。インターネットの有効活用。

1stアルバム「WORLD ORDER」を発表したあと、いそいそと僕はタワレコに様子をうかがいに行ってみた。

ワクワクした気持ちでまず一階の新譜売り場を見てみたが、どこにも見当たらなかった。

「あれ……変だな？　だってあのゲンキスドウが出したCDなんだよ？」

上に昇ってインディーズのコーナーに行くと、一応平置きされていたが僕たちの看板やPOP（宣伝書き）もなく、地味に置かれているだけだった。

その状況というのはもちろん予想はしていたことだった。メジャーと違いインディーズがそんなに場所を取ってもらえることはない。ただ、ひっそりと片隅に佇《たたず》むデビューアルバムを見て、少しだけ寂しい気持ちを感じたのも事実である。格闘技ブームに乗っかりテレビに出て眩《まぶ》しいほどのライトを浴びていたときのことを思えば、なんともひっそりとしたデビューだった。

しかし、これからの音楽業界のビジネスモデルというのは変わっていくという思いもあったので、焦りはなかった。

そして3・11が起きたあと、もうこれからは「売る時代ではない」と思った僕は、**WORLD ORDER**の音源をフリーダウンロード制にすることにした。あれほどの大災害が起きて、みんなが物を分け合いながら頑張っていこうとしているのを目《ま》の当たりにして、「新曲ができたんで買ってください」とは思えなかった。

もちろん僕たちはミュージシャンだから、自分たちの楽曲を買ってもらったりすることで収入を得なければいけないわけだけれども、あの時期にそんな風に思うことはできなかったのが正直な気持ちである。

そんなわけでデビューアルバムを出したあとは、新曲ができてもCDとして形にすることはなく、YouTubeにアップし、楽曲はWEBサイトでフリーダウンロードにしていた。

ところが、曲を発表し続けていくと、次第にファンの方々から「CD（盤）が欲しい」という声が聞こえてくるようになってきた。欲しいと言ってくれる人がいるなら、自分たちで盤を刷って販売しようかという話も出てきた。

そんなころに丁度、事務所の近所にあるポニーキャニオンの人が訪ねてきた。訪ねてきてくれた人は、以前からWORLD ORDERのことに興味を持ってくれていたようで、盤を出していないことを不思議に思っていたらしい。そこで、もう他のレーベルと契約しているかも知れないけども、ダメ元で話を聞きにきてくれたのである。

盤を刷ろうとしていたその時期とのシンクロの良さに恵まれた僕たちは、「お願いします」と返事をし、営業にやってきてくれたポニーキャニオンからCD・DVDを出すことにした。つまり国内市場的には、この時点でメジャーデビューということになる。

盤を出すということで、楽曲の著作権を著作権管理会社に預けなければならず、WEBサイトからのフリーダウンロードは諦めなければならなかったのはちょっと残念だった。一般の方はあまりご存じないと思うが、楽曲を著作権管理会社に登録すると、自分たちの楽曲であっても自由にダウンロードをさせることができない仕組みになっているのだ。

当然ながら、僕たちのパフォーマンスというのは、音源だけでなく、ダンスシーンも合わせて一つであると思っている。言ってみれば「ビジュアル系」でもあるわけで、観てもらってなんぼのミュージシャンだ。ネット動画で観てもらうだけでなく、DVDを発売することで実際に手に取って観てもらえる機会が増えたのはありがたいことだ。

最近の音楽業界はCD不況を経てすっかりビジネスモデルが様変わりしてしまい、大手音楽会社からテレビ、ラジオ露出を経てメジャーデビューという構図が崩れている。僕らのように手作りPVをYouTubeに載せて、国際的な評価を先に得てしまうという、いわばネット逆輸入パターンが増えていくように思う。これからデビューしたい人は、大手音楽会社ありきという発想を捨てて、最初からインターネットでプロモーションを展開するというのも選択肢としてあるのではないか。その方が、業界独特のしがらみもなく自由にできる。

いまさらながら、インターネットの普及は本当に僕らの生活の隅々まで変えてしまった。もちろんおおむね素晴らしい変化だ。音楽業界だけでなく、あらゆるビジネスでも同じような流通革命が起きている。

一番大きな変化は、インターネットがメディアとしての存在感を増したことで、これまではメディアの王様だったテレビ、ラジオ、新聞、雑誌の影響力が大きくそがれ、それを中心に構築されたビジネスモデルが崩壊しつつあることだ。その最たる例がネット通販のアマゾンだろう。アマゾンの登場で小売り販売のスタイルが一気にネット中心にシフトした。現在、CDやDVDも売り上げの多くがアマゾン一社で占められているという。これは今後さらに拡大するだろうから、小売店のネットワークでやってきた業界はビジネスモデルの大転換をせざるをえないだろう。これは、ある意味これからデビューしたい人や起業したい人にとっては千載一遇のチャンスでもある。僕らWORLD ORDERも、インターネットなくしては、現在の評価がなかったことは確かだ。その意味で、WORLD ORDERの戦略はインターネット時代の顧客ニーズにぴったりなのだと思う。

第二章

日々を穏やかに過ごす

「TO DO」ではなく、「TO WANT」リストを作る。

制服姿を見ると、ギュッと胸がしめつけられて甘酸っぱい気持ちになってしまう。何を隠そう僕は女子高生が好きである。とはいえ、思い返せば、学生時代というのは校則に縛られていて窮屈だったような気がする。社会に出れば、これまた常識という名の規則に縛られることになってしまうわけで。

人は常に何かしらの目には見えない拘束のなかで生きることが多いように思う。僕も例外ではないが、だからこそ自分を拘束するものはなるべく増やさないように心がけている。

なので、基本的には連載を持たないようにしている。連載を持つとどうしても締切に追われることになってしまうからだ。締切が迫ると次第に息苦しくなり、仕事そのものが面白くなくなってきてしまう。何をワガママなことを言ってるんだと言われそうだが、自分がやっていて面白くないものからは、イイものは生まれないと心から思う。

いくつもの連載を抱え、毎日のように締切に追われているような人を見ると、それはそれで尊敬してしまうのだが、本人が本当に楽しんでやっているのかは疑問である。

一時期、ビジネス書でも盛んに見かけた「TO DO」リストを作るというのがある。「やらなければいけないこと」のリストを作ることで、やるべきことが明確に見えて効率が良くなるという。

しかし、僕は「TO DO」リストではなく、「TO WANT」リストを作る方をお勧めする。

「しなくてはいけないこと」ではなく「したいこと」のリストを作る。

自分がしたいことのリストだから、進んでどんどん消化していこうという気持ちになるはずだ。

だけど仕事もあるし、いろいろやらなくちゃいけないことが……とお嘆きの方は、「TO DO」と「TO WANT」の二つのリストを作ってみることから始めてみてはどうだろうか。やるべきことと、やりたいことを書き出して照らし合わせることで、本当にやりたいことが見えてくるかも知れない。


僕は現在、北海道に家を持ち、仕事をするときには東京に出てくるのが基本スタイルになっている。結婚もしているが、僕を自由にさせてくれる相手でないと上手くいかなくなってしまう。嫁さんのアイちゃんは基本的に鵜《う》飼い並みに放任主義なので感謝している。

これが束縛するような相手だと、上手くいかなくなってしまう。本当の愛情というのは相手を手放すことができるものだ。不安があると相手にしがみついてしまう。束縛というのは、やはり不安からくるものである。

愛があるから相手を束縛するという話も聞くが、それは「愛」ではなく「不安」の裏返しなのだ。

愛は手放し、不安はしがみつく。

過去の苦い恋愛経験から、僕もいやというほどよく分かる……。あの苦しさをたとえるならば、好きな女子に三角締めをガッチリと極《き》められた状態かも知れない。それはそれで嬉しいシチュエーションかも知れないが、早めにタップをしなければいけない。しかしながら、恋愛ではタップをなかなかしなかったり、タップしたからといって簡単には放してくれない状況が続くこともある。ルールがあるようで、実際にはないに等しいリアルファイトが繰り広げられる。恋とはまさに異種格闘技戦。

僕は、「旅行に行きたい」と思ったら次の日からでも行けるような生活が一番いいと思っている。行きたいなと思ったときに、予定を全部ずらせるような仕事のやり方が理想的である。

普通に会社勤めをする人からすれば無理な話だと思うかも知れないが、ひとまず「それを可能にするにはどうすればいいか」を考えてみてはどうだろう。自分自身が見えなかったものが見えてきて、普段の人間関係や生活習慣などを変えるきっかけになるだろう。

自分がやっていて面白くないものからは、
イイものは生まれない。

ポジティブに生きる秘訣。考えるより先に行動する習慣をつける。

漫画やドラマで登場人物に何か事件が起き、それを境にそれまでダメ人間だった登場人物がまるで人が違ったように劇的に変化するというパターンをよく見かける。

それは、現実でも起こりうるだろうか？

「いまよりも前向きな自分に変わりたい」と思っていても、実生活では漫画やドラマのように劇的なことはなかなか起きてくれない。いつかドラマの登場人物のような劇的な何かが起きてくれないものか、何かきっかけがあれば自分も変わることができるのに、と思いながらいままでと変わらない日々を過ごすという経験はないだろうか。

たとえばこれを読んでいるあなたが、いま三十歳だとする。そうするとやはりあなたには、いままで生きてきた三十年間の自分なりの思考パターンというものがある。いきなりポジティブになれ、前を向いて進んでいくのだと言われても、いままでの自分の思考パターンを劇的に変えるというのは難しい。

「行動する前に考えろ」という格言がある。

あなたがもし、いままでの思考パターンを変えたい、日々をポジティブに過ごしたいと願うのであれば、この「行動する前に考えろ」という格言を捨てることから始めたらいいと思う。

行動を起こす前にあれこれ考えてしまうと、どうしてもいままでの自分の思考パターンにとらわれ、それまでの自分から抜け出すことが難しくなってしまう。

だから、思い切って「考えるより先に行動してしまう」。

行動しながら考えればいい。まず何より先に行動を起こしてしまうのだ。

そう、「思い立ったが吉日」なのだ。


人間はショック療法的なことでポーンといきなり変わることはなかなか難しい。

グラデーションのように少しずつ変わっていくものだと思う。

学生時代の同級生、クラスでもそう目立つタイプではなかった女の子と同窓会で数年ぶりに再会してみると、驚くほど可愛《かわい》くなっていたという経験はないだろうか。

集った男子はみんな「あんな可愛い子がうちのクラスにいたのか？　あんな可愛い子なら間違いなくフォーリンラブしていたはず！」と囁《ささや》き合う。

だけど、可愛らしくなった彼女も、ある日突然可愛くなったわけではない。

卒業したあの日から、少しずつオシャレを意識しメイク技術も覚えてゆき、美的センスを培っていったはずなのだ。その結果、卒業から数年を経て彼女は輝いている。

「考えるより先に行動してしまう」。このパターンを日々意識しながら実践していくことで、直感的に行動することが当たり前になってくる。何かあるたびに、考えてしまわないで、先に行動する。それが自分に馴染むまで、当たり前になってくるまでしつこくしつこく繰り返していく。痩せている人が、ある日突然マッチョに変わることはない。日々の積み重ねと反復がマッチョな肉体を生み出すのだ。言うまでもなく、ポジティブに生きるのとマッチョは関係ないのだが。

そして行動を起こしたあとも、「これは自分にとって良いことだ」と思う癖をつけるといい。

僕らの人生の最高の贈り物というのは、「人生には意味がない」ということだ。

どんな物事も中立であって、自分が意味づけることでそこに意味が生まれてくる。前もって意味づけられたことというのは、この世にはないのだ。

すべてのことは、自分が捉え方を変えて意味をつけた方がいい。

どんなことに対しても、「これは自分にとって良いことだ」という風に意味づけることによって、その物事は良いことになる。

極端なことを言えば、この世に良いも悪いもない。

人それぞれが、つまり自分自身が良い悪いを作っているのだ。人が見ている世界はそれぞれ違う。

だから何事も常に「この現象は自分にとって良いことだ」と解釈することが生きるうえでの王道なのだと思う。

もし忘れてしまいそうであれば、「これは自分にとって良いことだ」と、映画「メメント」の主人公のように腕に彫れとまでは言わないが、マジックで書くくらいは意識するといいだろう。

何事も常に
「この現象は自分にとって良いことだ」
と解釈することが生きるうえでの王道。

マイナス部分も自分の「個性」。自分が輝ける場所を見つける。

「彼を知り己を知れば百戦殆《あやう》からず」という言葉があるように、勝負に勝つためには自分の何が相手より勝っていて、何が劣っているかを知らなくてはならない。そのために、まずは自分がどういうタイプの人間なのかを考えてみる。

それは僕が格闘家になってから強く意識し始めたことでもある。周りの格闘家たちは、みんな技を極めようと一生懸命に練習に励んでいた。もちろん僕も現役時代は格闘技を極めようと思いながら日々の練習に取り組んでいた。

けれども、職人のように一つ一つの技を練習してモノにし、極めていく人たちを見ているうちに、自分はそこまで「職人タイプ」ではないということに気がついた。

僕はどちらかといえば、一つの技を極めることよりも、試合そのものを総合的に見るような「プロデューサータイプ」なのだと気づき始めたのである。


自分は、決して職人タイプではない――。

その認識は、WORLD ORDERを始めるときにも役立った。自分が職人タイプではないからこそ、職人タイプのダンサーと一緒にやれば上手くいくと考えたのだ。

自分の周りを職人タイプのプロフェッショナルのダンサーで固め、ダンサーとしては決して職人タイプではない僕が舞台回しの役割を担えばいいんだと考えた。僕自身が決して職人タイプではなく、総合的に見るタイプだということに気づいていたからこそ、現場を仕切りチームの舵《かじ》取りをする役割を選んだのである。

だから、自分がもし「職人タイプ」だとすれば、自分の足元を照らしてくれる、舞台回しをやってくれるタイプの人を見つけるのがよいだろう。自分に足りないモノや適していないモノは、それに適した人と補い合うという考え方。

周りの人を見ていると、自分がどういうタイプなのか気づいていない人が多いように見受けられる。

職人タイプの人間なのに、実際には総合的に立ち回ったりしていると、それはすごくもったいないことをしていることになる。

人にはそれぞれタイプがあり、職人やプロデューサータイプだけではなく、人に何かを施すのが得意なタイプの人もいる。現象や物事を分析するのが得意なタイプの人もいる。人間のタイプを大きく分類すると七つのパターンに分かれると言われているが、何かを始めるときには、まず自分がどんなタイプかを見極めることが大切なのではないだろうか。

AKB48は、プレイヤーである彼女たちをプロデュースする秋元康氏という存在がいてこそ成立する。

それが逆転してしまうとおかしなことになってしまいかねない。秋元氏が眼鏡を光らせながら、「……僕がメンバーに交ざって、歌ったり踊ったりしたら面白いと思うんだよね」と言い出すと、これはおかしなことになってしまうことは間違いない。面白いには面白いけど、ポジションを間違えていることは誰の目にも明らかである。しかも、誰も「それは違う」と言い出せないから、最終的には秋元氏がセンターになったりして、もうカオスである。


適材適所という言葉があるように、自分のパターンを知ることで、自分がどのポジションで輝くことができるのかが見えてくる。

自分のタイプを見極めていったときに出てくるマイナス部分は受け入れるのが難しいかも知れない。しかしそれは客観的に捉えるようにしてみる。

「言うは易く行うは難し」という言葉もあるように、誰でも自分のマイナス面を直視するのは難しいものである。しかし、むしろ自分のマイナス部分を見つけることができたと喜ぶようにすればいい。

物事はみな中立。ネガティブに捉えることもできるし、ポジティブに捉えることもできる。一見するとマイナスだと思う部分も自分の「個性」なのだから、それをどう活かすか考えた方が明るい気持ちになれるはずなのだ。

何かを始めるときには、
まず自分がどんなタイプかを見極めることが大切。

堂々巡りで一人悩むよりも、まずは外を歩いてみる。

人は生きていくなかで、さまざまな悩みに直面する。ラクそうに見えている人でも、口や態度には出さないだけで、みんなそれぞれの人生をギリギリのところでやっているのだ。いろんな人生をスレスレのところで生きていて、やはりキツいと感じている。でも、それぞれに自分なりの人生のテーマがあって、できるだけそのテーマに沿って生きたいと思っているはずだ。

そうして生きていくなかで、生じてくる問題をどうやって解決していけばいいのか。

僕はいままで、悩みや問題を解決するには「内的対話を止《や》めること」だと言ってきた。つまり頭のなかの「ああでもない」「こうでもない」というおしゃべりを止めることで、頭のなかの雑念（ノイズ）を消していくのだ。

人間の脳は一日におよそ六万～七万回の考え事をしていると言われている。「これから、自分の人生はどうなってしまうのか？」「この仕事を上手く成功させるには？」「好きなあの子にどうやって話しかけよう」「この辺にセット料金が安いキャバレーはないかな」などなど大小さまざまなことを考えながら生きているわけで、悩みが出てくるのは自然なことだとも言える。

ときには大きな悩みを抱え、誰かに相談することもできず一人部屋にこもりがちになってしまうことだってあるかも知れない。

悩みを抱えた人間というのは、解決方法を見出せない苦しみゆえに、悩みそのものに視点が固定されてしまいがちだ。視点が固定されてしまうと、同じ思考パターンが続き、考えては悩み考えては悩みという無限ループに陥ってしまう。そうなるといつまでたっても解決の糸口が見つからず、「もうお終《しま》いだ……」と思ってしまうこともあると思う。

そもそも、悩みを「抱える」という言葉が間違っているのだ。抱えない方がいいに決まっている。抱える必要なんてない。

悩み事は一人で抱え込んだりせずに、できるだけ口に出した方がいい。悩みを相談できる人が周りにいることは良いことだ。しかし、相談できるような人がいないと思うこともあるだろう。そのときは周りの人を「先生」に見立て、悩みを相談してみてはどうだろう？

この人には悩みを相談する関係でもないし、どうせ言っても分かってもらえないだろうと考え、悩んだままでいるよりも、できるだけ口に出して言ってみるといい。

思わぬ人から思わぬ解決のヒントを得られることもある。何事も決めてかからずに、悩んだときは口に出す方が絶対にいい。

人に話すことで、それまで「悩み」そのものにフォーカスされていた視点が変わるのだ。視点が変われば、悩み事自体を違う角度から見ることができるようになる。

僕も悩みが生じたときには周りの人に口に出して言う。それと、瞑想《めいそう》をする。

瞑想することで無意識の状態を作り出し、思考を止め、脳を落ち着いた状態にするのだ。

いまでも必ず一日に三十分は瞑想するようにしている。瞑想することにより「内的対話」を止めることができるからだ。

そして、瞑想以外にも心を落ち着かせる方法がある。

五十分歩く。

そう、歩くだけでいい。三十分でもなく四十分でもなく、しっかり五十分歩く。速くても遅くても構わないから、とにかく五十分歩く。

近所を散歩するのもいいだろうし、仕事帰りに一駅手前で降りて歩くのもいいだろう。とにかく五十分歩くことで、人間は情緒を安定させることができるのだ。

部屋にこもり、五十分もの時間堂々巡りをして悩んで過ごしてしまうよりも、外に出て五十分歩いてみることをお勧めする。

歩くことで脳と全身の血液の循環が良くなり、脳のなかでドーパミンやベータエンドルフィンが出てくるようになり、精神的に落ち着くことができる。そうやって外を歩き情緒を安定させることで、固定されていた視点が柔軟性を持つことができる。結果として、抱えていた悩みを客観的に見つめることができるようになる。

気持ちを落ち着かせることができ、お金もかからない。そのうえダイエットにもなるわけで、一石三鳥である。

五十分歩き終わったとき、自分の精神状態が変わっているのが分かるはずだ。

五十分歩くことで、
人間は情緒を安定させることができる。

時間の流れを逆に眺め、未来の自分から現在を作り出す。

ロンドンオリンピックで、教え子の米満達弘選手が見事金メダルを獲った。彼は周りからもメダルは堅いと言われていたメダル候補でもあり、当然期待されていた。

米満選手が日本を発《た》つ前に話をしたとき、彼はこう言った。

「日本で一番高い山は富士山だってみんな知ってますけど、二番目に高い山を知ってる人は少ないんですよ。だから僕は金メダルしか考えてないです」

その話を聞いて、彼が金メダルを獲る映像が浮かんだ。

もし、アスリートでオリンピックに出たいと思っている人がいるなら、金メダルを獲るというのを目標にした方がいい。目標を金メダルに設定すれば、オリンピックに出場すること自体は、そこまでハードルが高いと感じないはずである。金メダルから逆算していまの自分があると考えると、「自分はいずれ金メダルを獲るんだ。そして、いまはここ」という風に現在地も分かりやすくなる。

現状に甘んじることなく、掲げた目標に疑いを持たなければ、自分のそのバイブレーションが必ず目的地へとたどり着かせてくれる。

人間は「思考・言葉・行為」の三つでしか自分を定義することはできない。思考も言葉も行為もエネルギーだから、その三つに相反するエネルギーがなく、常に「自分はこうなるんだ」と、他に疑いを持たずに思い続けていれば必ずそうなるというのは、物理的法則に適《かな》っているわけである。

「お腹が減った。チャーハンが食べたい。そうだ王将に行こう！（思考）チャーハン大盛りで！（言葉）　パクパクパク（行為）」

思考・言葉・行為とは簡単に言うとこういうことなのだ。

誰でも日常生活のなかで行っている当たり前のことだと思う。本当はチャーハンが食べたいのに、「けど、近くのコンビニの方がラクだし」などと相反するエネルギーを持ってしまうと王将のチャーハンからはどんどん遠ざかり、はじめに思い描いた王将のチャーハンは食べられなくなってしまうのである。別に王将でなくても、もちろんチャーハンでなくても構わない。

ここは一つ、ガールズバーでもたとえてみよう。

「何かお酒が飲みたいなあ。ついでに女の子とも話したい。よし、ガールズバーに行こう!(思考) 君、可愛いね! このコースターの裏に連絡先書いてよ!(言葉) 教えてもらった番号に電話するが、一向に出ない(行為)」

人は何かの目標や、こうなりたいという思いに対して、何かしら相反するエネルギーを持ってしまうことが多い。

仕事でもなんでも新しいことをやろうとすると、「それは無理だよ」と言われることがある。

逆に考えると、「無理だ」と言われることは、他の人がやっていないということを意味している。そして他の人がやっていないところにはビジネスチャンスがあるのだ。

僕がWORLD ORDERをやりたいと周りの人に話したときも、既成にはないモノだから相手にしてもらえなかった。でも、いままでにないモノだからこそチャンスである。これは自己啓発本などにもよく書かれていることだが、成功しない人、したいけどできない人というのは「自分は成功しないかも」という思いをどこかしら持ってしまっていると言われている。成功する人、一流になる人というのは自分がそうなることに対して疑いを持たないものである。

劇団員に「どうやったら売れる役者になれますか」という相談をされたことがある。そのときに僕はこう言った。

「もし売れたいんだったら、他の劇団員と同じメンタリティでいてはダメだよ」と。

聞くところによると劇団員たちは、みんなバイトをやりながら芝居をやっていてそれが当たり前だと思っているという。しかし、それが当たり前だという感覚でいると、バイトをしながら芝居をするのが当たり前になるわけで、結果として売れないままになってしまう。そもそも俳優になりたかったのか、フリーターになりたかったのか、というシンプルなことなのである。もし一流の俳優になるぞと思ったなら、まずその現状が当たり前と思ってはいけない。

こうありたいという未来像から現在という考え方にしないといけないのである。

いわゆる普通の考え方で言うと、過去があって、いまの自分があって、いまの自分が頑張った先に未来があるという風になる。そう考えるとどうしても「いま」の自分の思考パターンの枠組みから未来を見てしまうことになり、「いま」に染まってしまうことになる。

そうではなく、「こうありたい」という自分の未来像から現在という時間の流れで考えるようにすると、現状に甘んじなくなる。

それは先ほど書いた金メダルの話と同じである。


僕自身の場合で言うと、WORLD ORDERを始めたころから現在のようになることに対して疑いを持ったことはなかった。これは自信過剰というものではなく、「未来から現在」という考え方に則して考えていたからである。もし、僕がどこかで相反することを考えていたりしたら、いまのWORLD ORDERになってはいなかったのだろう。

人の観念、つまり思いの強さというものが、現実を作るのだ。

一流になる人というのは
自分がそうなることに対して疑いを持たない。

残念なシンクロで始まったアジアロケ。「PERMANENT REVOLUTION」秘話。

二〇一二年九月、WORLD ORDERの新曲MV（ミュージックビデオ）「PERMANENT REVOLUTION」をYouTubeにアップした。東京と韓国・ソウルでロケを敢行した作品だ。

この作品の制作を進めているとき、ちょうど日本と韓国、そして中国との間の領土問題がメディアのトップニュースになり始めていた。

連日のように、ニュースで反日デモの様子が流れている真っ最中に「PERMANENT REVOLUTION」の韓国ロケが組まれたのだ。

「PERMANENT REVOLUTION」のMVをご覧になった皆さんはご存じの通り、このMVは、日中韓がにこやかに手を取り合い、共に進んでいくという結末で終わっている。

その撮影中に実際の政治情勢は悪化し続け、緊張状態が続いていたのは皮肉なシンクロだった。決して計算ずくでロケを組んだわけではないのだ。実際問題、政治情勢悪化で当初予定していた撮影後半の中国ロケは中止となり、韓国だけになってしまった。

反日感情が高まっているとメディアがしきりに報じていたので、僕らも多少緊張しながら韓国の街中でロケをした。

ところが、交わす言葉はもちろん日本語で、すぐに日本人だと分かる状況でも、道行く韓国の人びとはいつもと変わらず、険悪な場面などは一度もなかった。

このMVは日本国内でもロケをやっているが、日本で撮影しているときの方が、あれこれクレームをつけられる機会が多かった。撮影中、「韓国の方が撮影しやすかったな」と思ったほどだ。

メディアが流しまくった日中韓対立というニュースも、結局は政治対立を煽《あお》って私生活の鬱憤を晴らしたり、利権を拡張したりする人たちが押し売りする歪んだ認識によるものでしかないように思う。

圧倒的多数の韓国人、中国人、日本人は政治利権とも国家主義パラノイアとも関わりなく、いつもと同じようにご飯を口に運び、いつもと同じように仕事に出かけ、いつもと同じように仲間と一杯やって帰ってくるという平穏をこよなく愛している。

編集の終わったMV「PERMANENT REVOLUTION」をYouTubeにアップしたタイミングは、日中韓の対立を煽るマスメディアのヒステリックな論調がピークに達しているときだった。

前述したように、このMVは日中韓の関係者がにこやかに手を取り合うシーンで終わっているが、それを観た皆さんから沢山のコメントをもらった。九九%は日中韓の友好を願うものだったが、ほんの一%ほど、韓国、中国との対立感情を煽り「愛国」と自称する人たちによる組織的な書き込みがあった。英国のサッカーチームのサポーターが敵チームを侮辱して悪意をまき散らし、暴れ回って鬱憤を晴らすというのが以前はよくニュースになっていたが、それと同じレベルだ。

要するに、何かもっともらしい大義名分を笠《かさ》に着て大声で自己主張し、自分の人生の空虚さを満たしたいというメンタリティなのだ。そんなコメントに熱中する一握りの人びとの心の貧しさを思うと胸が痛む。

大声で敵意をまき散らすより、まずは自分の人生の充実について考えた方がよいのではないだろうか。

僕は韓国から日本に戻る飛行機のなかで「情報操作」ということの意味を考えた。

国家権力に寄生する残念な人たちが、自分の利権を守り、権力を私物化する大義名分を得るために、仮想敵国を作って国民の目をそらし、ガス抜きをさせる。これはもうずっと昔から、どの国家でも行われてきた古典的な手法である。

ロンドンオリンピックが行われていた二〇一二年の夏、韓国の李明博《イ・ミョンバク》大統領の支持率は十数パーセントと低かったようだが、竹島に行ったと報道されるやいなや、一気に支持率が上がったそうだ。

過去の歴史をひも解いてみると、アメリカなども外国と戦争を始めると大統領の支持率が上がるという。

そうやって自国の問題からすり替えるようにして、国民の目を外に向けさせる手法は、韓国、中国だけでなく、日本にとっても原発事故という大問題を隠すのに好都合だったのだろう。

領土問題だけでなく、原発事故にしろ、政治スキャンダルにしろ、テレビのニュースを見ていると、まるでそれが真実であるかのような錯覚に陥ってしまう。

しかし、メディアを通して流される情報はすべて、意図を持って選別加工され、時系列で流される回転寿司みたいなものだ。

僕も十年くらい前までは、テレビや新聞が流す情報は中立で適正だと信じ、疑うことすら知らなかった。

テレビのなかでニッコリ微笑むあのアイドルが、「ワタシ、彼氏なんかいませんJ」と言ったら、「そうなんだ。もしかしたら僕も付き合えるかも知れないぞ!」と息巻いて信じていた。

ミュージシャンでもタレントでもテレビに出ている人は人気があって、カッコいいと思ったりしていたわけである。

しかし、いまはインターネットが普及したこともあって、情報の選択肢が増えてきた。町に一軒しかなかった回転寿司屋の隣にセルフサービスの巨大スーパーができた感じだ。

その巨大スーパーの良いところは、誰でも勝手に自分の情報を配布できることだ。

WORLD ORDERもインディーズのころは、テレビなどの従来のメディアに出る機会もなかったが、YouTubeに動画をアップすることで世界中の皆さんに知ってもらうことができた。

いまや世界的存在となった若手アイドル、ジャスティン・ビーバーも、デビュー前の素人時代に自分の歌う曲をYouTubeにアップし、そこから注目を浴びて一躍スターダムにのし上がった。若いのにやるわねっ！　キライじゃないわっ。

人生は山あり谷あり。すべてを手放せば恐れるものはない。

二〇〇六年、大みそか――。

あの日、僕は以前から思い描いていたように、一切の前振りもなしにサラッと引退をした。もしかすると、あの日は僕の引退よりも〝ヌルッ〟の方を覚えている人が多いかも知れないくらいにサラッと引退できたと思っている。

翌年からは、本を書いたりテレビに出たりインタビューを受けたりと、いろんな仕事をしながら暮らしていた。格闘家を引退してもまだその余韻があり、ありがたいことに仕事は順調に入ってきていた。

そこで僕は完全に調子に乗って、いい気になってしまっていたのである。

思い返せば格闘家のころも、二回ほど調子に乗っていた時期がある。

格闘家を引退してからも、仕事に困ることはなくて実入りも良かった。北海道にログハウスを建て、高い車を買ったりなんかして、〝自分バブル〟がキターと錯覚するほどに調子に乗っていた。頭のなかでは「チャーリーとチョコレート工場」に出てくるウンパルンパのような幾人もの僕が、ピチピチのボディコンを着てお立ち台の上でセンスを振っているような状態の毎日だった。


しかし、二〇〇八年に「リーマン・ショック」が起こり、一気に夢から覚めてしまったのである。アメリカから発生したリーマン・ショックは世界中に影響を与え、経済を冷え込ませてしまった。

もちろん、日本の芸能界にも影響は出た。非常時には、死活問題にならないものから削減していくのは当たり前である。

そんなとき、アスリートがよく口にする「現役が華」という言葉を思い出した。
ステージに上がりスポットライトを浴びていると、周りもチヤホヤしてくれる。しかし引退後、次なるステージで「現役」としての存在感を発揮できないと、周りの人たちはいままでのことが嘘のようにチヤホヤしなくなっていく。そんな状態なのに引退前と同じ振る舞いをしていると、人は離れていってしまうのである。人が離れてはじめて「ああ、現役のうちが華なんだ」と気がつくことになる。そして、まだ年齢的にやれる人はカムバックをする。

僕はバブルのボディコンを脱ぎ捨て、買ったばかりの高級車を三カ月で売る羽目になってしまった。しかも調子に乗ってマフラーをいじったりしていたものだから、買ったばかりの高級車を安く買い叩かれてしまう羽目になった。皆さん、車はマフラーをいじると高く売れナイヨ。

そして、車を売るだけでは収支も合わず、家のなかのモノを売る事態にまで陥ってしまったのである。ギターやアンプ、衣服に至るまで、持っているモノを売りに出してはお金を捻出して生活することに。

バブルから一転して、田舎から上京してきた貧乏学生のような生活になってしまった僕は、気持ちを切り替えることを決意した。

それまで贅沢《ぜいたく》な外食ばかりを続けていたのを一切止めて、「一日いくらで生活できるだろうか」と、生活状況を一種の「ゲーム」にしたのだ。

スーパーに行って特売品の野菜を買って、お魚は隣町のもっと安いスーパーで……。「今日はこれだけで済んだ。自分へのご褒美にガリガリ君でも買おう」なんてやっていると、それはそれでとても楽しかったのである。

〝自分バブル〟のころはどれだけの贅沢をしても、それほど楽しいという気持ちにはなれなかった。

「お金は必要だが、重要ではない」という言葉があるが、お金やモノが人を幸せにするのではない、ということに気がつけたのである。

生活レベルを落としてもネガティブになる必要はない。むしろ、ワクワクすることができた。

自分自身いつだって、またゼロからやり直すことができると分かり、それを実感として知ることができたと考えると、貴重な体験であった。

すべてを手放せば、何も恐れるものはないのだ。

明日ではなく今日。持てる力をこの瞬間に出し切る。

　とかくいまの時代というのは、「やりたいことが見つからない時代」だと言われることが多い。夢や目標があって邁進《まいしん》している人はそのまま道を突き進めばいいのだが、そもそもやりたいことや夢が見つからない、という人が多いのである。これはある意味、僕らの生きているこの時代、この文明の停滞と関係があるのかも知れない。

　子供のときから、良い学校へ入って、良い会社へ就職して、一戸建ての家を買って、課長、部長、局長と出世して、分譲のお墓を買って、退職後は天下りでしばらく暇をつぶし、やがて年金暮らしで墓に入る日を待つという人生。明治維新後に生まれた立身出世主義ベースの人生モデルが実態にそぐわなくなり、魅力がなくなったことも大きな要因だと思う。

いまでもこうした人生コースをそつなく過ごす人たちはほんのわずかだが実在する。その人たちがそれで幸せなのかどうか、はなはだ疑問だが、圧倒的多数の人たちには、そうしたくてもできない既得権益の壁があり、格差社会という現実がある。とりあえずは貧しいながらも普通にご飯が食べられればと、大半の人は沈黙の諦めモードに入ってしまう。

そんな大人を見て育った世代は、当然ながら現実に対してなんの夢も持てない。やりたいことが見つからないと答えるしかないのだと思う。

そんな人に、周りは「何かやりたいことを見つけなよ」と言う。でもそれは、探し物をしている人に向かって、「早く見つけなさいよ」と言っているのと同じである。井上陽水氏なら「探しものは何ですか？　それより僕と踊りませんか？」と満面の笑みで誘ってくることだろう。

「踊っている場合ではないんです」と断る気力もなく、夢のなかへ連れ去られて行ってしまいかねないのである。

だが、実のところ、どんなに夢や希望がないと思われる状態でも、やりたいことはあなたの心の奥底に埋もれているだけで、掘り起こせば再び光り輝いてくるものである。

やりたいことが見つからず、毎日をダラダラと過ごしてしまい、いつしか探すことすら諦めたり忘れたりしてしまう……そんなやり切れない時間を送るくらいなら、是非とも「やりたくないこと」を掘り起こしてみるべきだと思う。

やりたいことよりも、やりたくないことの方が簡単に思いつく。

方法は簡単だ。まず紙を二枚用意して、やりたくないことを書き出してみる。

頭で考えるだけでは、堂々巡りになってしまいがちである。実際に書き出すことにより、自分の考えていることを客観的に見ることができる。

それは些細《ささい》なことであってもいい。たとえば、通勤で四十分かけて会社に行きたくないとか、リングの上でアリスター・オーフレイムのような筋肉選手とは戦いたくないとか、どんなことでも構わない。どんな小さなことでもいいから、やりたくないことだけを書き出してみる。

もう一枚の紙には「やりたいこと」が思い浮かんだら書き出すようにしておく。「やりたくないこと」を明確にすることで「やりたいこと」が浮かび上がってくる場合があるのだ。


普段生活しているなかで、実は「やらなくていいこと」をやっている時間というのは案外多いものである。

そこでいつも僕が提案するのが「今日が残りの人生最後の日」だと思えばよいということだ。最後の日だったら、誰だってやりたくないことをやらなくなるはずだ。人生最後の日なのだから、無駄なことに割いている時間はなく、自分自身のやるべきことにベストを尽くすために集中するようになる。

好きな娘に告白するか迷っているなら、今日告白するべきだし、当たって砕けろの気持ちになれるはず。明日でいいやと思っている仕事も、今日しかするときはない。締切は今日である。

これは、やる気が続かないという人にも有効な考え方になる。明日がある《あした》と思うから、モチベーションが続かないのである。「明日《あした》があるさ」という曲があるが、ここは一つ、「明日はないさ」と考えてみてはどうだろうか。

極端な話、病気で余命がもうこのくらいしかないのだと言われると、毎日を必死で生きようとすると思う。明日があると思うから、どこかでモチベーションが下がってしまうのだ。

明日はないと考えて、いま、持てる力をこの瞬間に出し切るべきなのである。

それを日々積み重ねていくことが、自分の未来を切り拓《ひら》いていくことになるのだ。

明日はないと考えて、
いま、持てる力をこの瞬間に出し切ると
自分の未来を切り拓ける。

人生は勝ち負けではない。お悩み相談はお風呂のあとで。

人の相談に乗る場合、自分に相談相手と同じような経験がないと、リアリティを感じられないかも知れない。

たとえば、職場にいやな先輩がいて悩んでいる人が相談してきたとする。

「そんなにいやなら辞めればいいのに」

なんて一刀両断するのは助言にもならないし、言われた方も、

「まあ、そうなんだけどさ……」

となってしまう。

相手の話を聞いてあげることはいくらでもできるけれど、

「そうなんだ、大変だね」

「そっか、まあとりあえず濃い目のウーロンハイでも飲みなよ」

「一緒にお風呂に入ろうか」

くらいしか言えないものである。ちなみに、一緒にお風呂に入ろうかというのは、変な意味ではなく、僕がお悩み相談を受けるときに行う鉄板行事なのである。

相談事を聞く前にまず銭湯やなんかでお湯につかり、頭もほぐれてアルファ波が出た状態になってもらう。そのあとで、居酒屋に行きとりあえずチンチンに冷えたビールでも飲んでから話を聞こうかというわけだ。そうして悩みを聞くと、だいたいの悩み事は先ほどよりも軽くなっているものである。お風呂に入ることで汗をかき、心身共にデトックスすることができる。

要は「悩みを悩みとして捉えなくなるほどリラックスできている状態」になっているのだ。


自分が悩んでいることというのは、他人の方がその本質を捉えていることが多いものである。物事は局地的に見ると、難しくなってしまうのが常なのだ。

自分の視点が正しいと思い込むと、融通が利かなくなり、自分の首を絞めてしまうことになりかねない。誰も自分のことを間違っているとは思っていない。今日着ている服を正しいと思って着ているし、正しいと思って買ったわけである。

しかし、より俯瞰《ふかん》して物事を捉えるようになると、何事も個人的に受け取らなくなってくる。客観的に見ることができるようになってくる。つまり、「自分のことだと思わない」ということだ。

「ワタシ、須藤さんのファンなんです。すっごい好きなんです」

「格闘技もできて踊りもできてすごいですね」

とか言われることがある。正直な話、ウ、ウレシイ。しかし、これが危ない。

「ええ、そうなんです。僕ってなんでもできるんです。もっとなんか言って！　ほら、カモンッ！　そーれそれそれ、ハイヤーーーッ！」

となってしまいそうになる。エゴが強くなりすぎると、驕《おご》りに繋がってしまうのだ。

誰にでも喜怒哀楽はもちろんあるわけで、褒められれば嬉しい。しかし、俯瞰して物事を捉えるようにすると、言われたことを局地的に捉えなくなる。「この人がそう言ってくれるのは嬉しい。しかし、それはこの人の価値観でありすべてではない」と。

たとえば、自分が気に入って身につけている時計を見て、「その時計似合わないよ」と言われても関係ない。自分が好きで身につけているものを他人がどう思おうと関係ない。

そう思えるとラクになる。人からどう見られるかと気にするストレスがなくなる。

人に言われたことを個人的に受け取らないということは、自由ということだ。

人に何を言われようが、自分は自分のやりたいことを表現することができるようになる。

エゴ。つまり自己顕示欲が強いということは別に悪いことではない。しかし、エゴが強すぎると自己愛も強くなりすぎてしまい、自己愛が強すぎるとエゴの制御が利かなくなって暴走してしまい、被害妄想に陥ってしまうことがある。それは、エゴに翻弄《ほんろう》されている自分の姿である。

エゴを飼いならすためにも、俯瞰して物事を捉えるようにした方がいいのだ。

人は誰でも皆、幸せになりたいと望んでいる。有名になれば。お金持ちになれば。そうすればラクに生きられるかも知れないと思う人もいるだろう。しかし、上に行ったら行ったで、あっちの方が有名だとか、あの人はもっと高い車に乗っているとか、あいつの嫁さんは小雪だ（松山ケンイチ氏限定）とか、隣の芝生が青く見えるものである。

そもそも、人生は勝ち負けの勝負ではないのだと気づくことができると、いろんなことがラクになる。

自分の視点をどんどん高くしていくことで、勝つことも負けることもそう大したことではないと思えるようになってくる。勝ち組も負け組も関係なく、勝とうが負けようが、そこから何を学び取り、感じることができるかが、人生のなかで何よりも大事なことなのだ。

エゴを飼いならすためにも、
俯瞰して物事を捉えるようにした方がいい。

目的を持って本を読む。
「積極的読書法」のススメ。

二十歳のころ、奈良県出身のみっちゃんという子と付き合っていた。彼女は読書家で、暇さえあれば何か本を広げて読んでいるような子だった。当時の僕はというと、文章を読んだり活字を見たりしているうちに軽く眩暈《めまい》を起こすような体育会系男子の有り様で、読書家とは程遠かった。脳より筋肉でモノを考えていたのだ。

「私、筋肉と付き合いたいわけじゃないの。『クイック・ジャパン』とか読んでるオシャレで知的な男の子と付き合いたいの！」

そう言われて彼女にフラれてしまった（嘘です）。僕は「いい男になるには、本を読まなければ」と思い立った。これが、僕が読書に目覚めたきっかけである。

まだ未練もたっぷり残ったままの僕は、まずは手始めに、みっちゃんがよく読んでいた村上春樹氏の小説を読んでみることにした。短編集なら集中力も持続するだろうと思い挑戦してみた。

結果、なんとか一話読み切ることができた。なんだかよく分からない不思議な話だったが、面白く感じることができたのである。

そのときの達成感といったら、なんと表現すればいいのだろうか。たとえて言うなら、「対戦相手が怒濤《どとう》のラッシュをかけてきたので僕がいやがり、苦し紛れにバックブローを放ったところ、相手の左フックに対してカウンター気味に顔面をとらえた爽快感」に似ている。

つ、伝わらないか……。

とにかく、本を読む楽しさを覚えた僕は、村上春樹氏の本を片っ端から読んでいった。すると、ある日友だちに「男なら司馬遼太郎だね」と言われ、『竜馬がゆく』を読み始めた。

すると、漫画を読むようにすらすらと読めたうえに、これまた面白かった。学生時代にあまり勉強をしてこなかった分、本を読むことが僕にとって唯一の勉強になった。それから進んで本を読むようになり、「積極的読書法」というものを心がけた。

「積極的読書法」というのは目的を持って読書を始め、質問を投げかけるようにして読むやり方である。自分から積極的に本と向かい合うことで、目的意識を持って読み進めていくから、自分にとって必要なこと、欲していることがより吸収できるという読み方である。

僕が監督をしている拓大レスリング部でも、部員たちに読書感想文を書かせたことがある。

若いころの僕がそうだったように、読書をすると眩暈を起こしてしまいそうな部員ばかりである。

そこで僕が部員たちに出した宿題というのは、普通の読書感想文とは少し違うテイストのモノだった。Ａ４サイズの紙一枚に本の著者とタイトルを書き出す。そして、自分がその本から何を学んだかを分かりやすく書き出してきなさい、という宿題である。それを三十数名いる部員みんなに提出させる。そして、その読書感想文を小学生が習字を教室の後ろの壁に貼るみたいな感じで貼り出す。他の人が紙を見たとき、すぐにその本の内容が分かるようにすれば、他のみんなが、読んでいない本のことを簡単に知ることもできるという仕組みになっている。そのうえで、一人一人にプレゼンさせるのだ。

プレゼンが上手かった部員にはご褒美もある。

一位に一万円。二位に五千円で三位に三千円の図書券付き。これは競争を促してゲーム感覚にすることで、嫌々ではなく積極的に楽しんで取り組んでもらおうと思ってのオマケである。読書で学ぶことができ、それを分かりやすくプレゼンすることでプレゼンテーション能力も身につき、プラス利益もある。

宿題を出したときに、まず予想できたのは、白い紙に本のタイトルを書いて、「これこれこうでした。名前」というようなシンプルで普通な感じのモノを出してくるだろうということだった。

そこへ一人の部員が相談をしにきた。以下、ジャニー喜多川氏になったつもりで、その部員とのやり取りを記してみる。

「監督、自分どうすればいいですか」

「ルールはなんでもいいって言ったよ。ユーは何かアイデアはあるの?」

「まだ何も考えてません」

「じゃあ、ユーはまず紙の色を白じゃなく、色つきのを選んじゃいなよ」

「はい」

「それと、ユーはなんの漫画が好き?」

「『ONE PIECE』が好きです」

「じゃあ、ユーが好きな『ONE PIECE』のキャラクターをコピーしちゃいなよ。それに吹き出しをつけて、そのなかに感想文を書いてみれば? きっと目立つよ」

「はい」

「ところで、今日からユーたちは『嵐』だから」

予想通り、ほとんどの部員たちが白い紙に感想文を書いてきたなかで、その部員の『ONE PIECE』のイラストつき感想文は、他とは一線を画す目立つ感想文になった。

それこそが、まさにプレゼン能力を鍛えることにもなっているわけである。


僕が拓大のレスリング部の監督に就任した当時、後にロンドンオリンピック金メダリストになる米満達弘選手がキャプテンを務めていた。彼は実力こそ確かなものがあったが、西口茂樹部長は「まだまだ弱気なところもあるんだ」と言っていた。

しかし、彼も宮本武蔵の『五輪書』や『孫子の兵法』などの書籍を読み、ネガティブな部分を克服していったのである。

金メダルを持ち帰ってきた米満選手に僕は言った。

「ねえねえ、米満を僕の教え子だって自慢してもいいかな？」

するとこう言った。

「もちろんです。大学四年のときに監督から前向きな考え方を教えてもらったおかげでメダルを獲れましたから」

「うーん……」

僕がコメントするまでもなく、すっかりポジティブ思考を身につけている米満であった。

モノへの執着は足取りを重くする。まずは与えることから始めよう。

僕は親と会うとき、「もしかしたら会うのはこれが最後かも知れない」と思っている。だから僕は親と会うときは感謝の気持ちを持って接することを心がけている。

そんな両親からは、いろんなことを教えてもらった。

父親からは「頭を使え」「ゴムはつけろ」など素晴らしい教えを授かってきたが、なんといっても「人に与える」ということを教えてもらった。

僕の父親はとにかく人に何かあげるのが好きな人である。父親と一緒に飲みに行っても誰かにお金を払わせる姿をほとんど見たことがない。あまりの太っ腹に母親もだいぶストレスがたまっていたらしいが、そうなるのもよく分かるほど人が好い。

僕もだいぶ大人になったいまだからこそ、「人に少しでも何か与える」という部分を実践していこうと思い、友だちと飲むときは少しでも多く出すように心がけ、お店の店員さんにも「よかったら一杯飲んでください」と言うようにしている。

父親が僕にあるとき言った。

「ゲンキ、よく聞け。飲み屋に入ったらそこの店の人には嫌われたらいけないぞ」

料理というのは、作り手の感情や気持ちが入るものである。そのエネルギーを食べるわけだから作り手に対してリスペクトすることが大切だという。父親も飲食業をやっているだけにこの言葉はリアリティがあった。

結局は人に喜んでもらって（与えて）、こちらも喜ばせてもらう（与えてもらう）というWIN-WINの関係になるので、進んで人に与えるということはできるかぎり実践した方がいいだろう。

このようなことを言うものの、昔の僕は借りの方が多かった。

格闘家時代も周りの友人に「次の試合に勝ったらこの高いお酒おごってね」と勝手に決めてたり、釣りに行って、友だちが釣った魚をその場でさばいて勝手に食べたりと自己中心的だった。しかし、三十歳になってからようやく父親の教えを理解し始め、人に与える側に回ろうと思ったのである。


少しずつ、与える側になれてきたように思うのだが、不思議なもので、自分自身が変わったなと思ったとき、それを試すような試練、最終試験というものが訪れる。

自分の内面を変えることができた——。自分が変わったのだから、周りも変わるはずだと思っていたのに、周りの現実はまるで何も変化していない。あれ？　おかしいな。自分は正しいことをして変わったはずなのに、まるで何も変わっていないじゃないかと。

モノに執着することを止め、どんどんモノを手放して人にあげたりして、「ようやくモノに執着しない人間になれたぞ」と思っているときに、財布を落として落胆したりする……。

これはまさに、魂レベルで試されているのだと思う。

そこで「僕は執着しない人間になったつもりなのに、なんでこんな悪い事が起きるわけ?」と考えるのか、「何かの身代わりになってくれたんだ」と考えるのかを選択することになる。もちろん僕は後者の方を選ぶようにしている。

自分が理想とするチャンネルに合わせるには、いろんな最終試験が日常の至るところで待ち受けている。

その最終試験も超えていけたとき、はじめて自分が魂レベルで足取り軽く変わっていけるのである。

自分自身が変わったなと思ったとき、
それを試すような試練、
最終試験というものが訪れる。

過去の再解釈は時間の無駄。「今」ベストを尽くし言い訳を残さない。

人には誰しも過去を振り返り、「あのとき、こうしておけばよかった」「ああしておけば、いまこうなっていたのに」と思うことが、一つや二つはあると思う。

もちろん僕にもそういうことがあった。

公衆トイレに駆け込み用を足したあと、紙がないことに気づき「こんなことなら駅前で配っていたティッシュをもらっておけばよかった」というようなレベルのものから、「あの試合に勝っていれば、もっと華麗に引退できたのにな……」というようなものまでさまざまだったが、いずれにしても、想像上の自分というのは、いまよりもっと良くなっていると勝手に思い込んでしまいがちである。

だが逆に、もしあのときティッシュがあったら、あの試合に勝っていたら――。


僕はもしかしたらティッシュを取り出そうとした瞬間に携帯を便器に落としていたかも知れない。試合に勝ち続けていたら二〇〇六年に引退できず、ズルズルと現役を続けてしまっていたかも知れない。だとすると、いまの携帯は変な臭《にお》いを発しているかもしれないし、ミュージシャンにはなれていなかったかも知れない。

駅前でティッシュを受け取らず公衆便所の個室で思い悩むのも、自分にとってのベスト……というよりは、今度から絶対にティッシュはもらおう！という固い尻意（けつい）をさせてくれるものなのだ。

多くの人間は少なからず後悔を持っているだろう。

しかし、後悔をするというのは、足に錘《おもり》をつけて生きていくようなものだ。

人間というのはおかしなもので、過去の出来事に対して「ああしておけばよかった」「こうやればもっと上手くいっていたのに」と思ってしまう生き物である。どれだけそう思ったとしても、過去を変えることなんてできないと、誰もが知っているのに。

そんな風に考えてしまうと、想像上の自分ばかりが美化されて輝き、〝いま〟の自分に対していろんなことを否定的に捉え、まったく良く思えなくなってしまう。

だから、〝たられば〟の話を考えても仕方がないのだと思い直す。ベストを尽くしてきた結果としての「いま」じゃないかと。

東大に行きたかった人がいるとする。だが、東大の試験に落ちてしまい浪人をせず違う大学に行くことにしたとする。その人は、「一浪していれば東大に合格できたのに」と言う。

その人はきっと東大に行った自分というのを想像して、いまよりもっと良い人生を送っているはずだと勝手に美化しているにすぎないのである。

東大に行けたからといって、いまより良い人生が送れているとは限らない。もっとひどい状況になっている可能性だってあるのに、そういう風には考えないのだ。

いまの自分があるのは、常にベストを尽くしてきた積み重ねの結果である。遠まわりして良かったなと思えるときがくれば、後悔はすぐに消えていく。どんな過去もそのときの自分にとってベストな選択をした結果だ。そんな風に考えられるようになると、次第に後悔というものがなくなる。僕らが取り組むべき課題は、いまという瞬間にベストを尽くし、いまという瞬間に言い訳を残さないことだ。

どんな過去もそのときの自分にとって
ベストな選択をした結果だ。
そんな風に考えられるようになると、
次第に後悔というものがなくなる。

出来事をポジティブに捉える。考えを変えればすべてが変わる。

二十代から三十代へと歳を重ねていく時期というのは、特別なものだったと感じている。

二十代のころは、直線的に夢を追い掛けて、言うなればイケイケな時期である。僕の場合は二十代の半分以上を格闘技が占めていて、キャリアとして上手くいっていたものだから「自分の言うことが絶対」的な部分があった。

自分のことが正しいと思い込むと、周囲に対して不満を抱きやすくなる。「なんでこんなことができないんだ」と相手を責めたり、「自分はこれだけしたのに、なんでこうしてくれないんだ」と見返りを求めてしまったりするのである。

結局、悩みや怒りというのは、自分が正しいと思うから生じてくるものであり、他人に対して憤りを感じるから起きてしまうものなのだ。

相手の立場になって考えられるようになると、エゴを手放すことができるようになる。

先日、電車のなかで立ちながら本を読んでいたときのこと。

俯《うつむ》いて本を読んでいた僕は、背後からドンッとかなり強い衝撃を受けた。体格の良いサラリーマンが僕にぶつかったのだ。そして、サラリーマンは僕に向かって「邪魔だよ、ボケッ！」と言い放った。

そして去ってゆくサラリーマンの後ろ姿を本を持ったまままただ見送った。

そのとき、僕は一つの最終試験に合格して、また一歩成長できたのだと思った。一瞬たりとも、怒りに駆られることがなかったからだ。

いきなりぶつかられて暴言を吐かれようものなら頭にくる人の方が多いと思う。しかし、そのサラリーマンの後ろ姿を見ながら僕はこう考えた。

「もしかしたら、あの人はいま、人生のどん底という状況で苛立《いらだ》っているのかも知れない」

　そして、こうも考えた。

「僕が本当に邪魔だったのかもね」

　僕はできるだけ端でひっそりと本を読んでいたつもりだったが、そのサラリーマンには邪魔だったのかも知れない。もしそうなら、避《よ》けなかった僕が悪いということになる。

　暴言を吐かれ、そこで僕が同じ怒りで返すと、相手と振動数（チャンネル）が同じになってしまう。すると、また同じようなネガティブなチャンネルを持つ人に出会ってしまうことになる。

　ネガティブに接することがなければ、相手と同じ振動数ではないので、二度とそういう類の人には出会うこともない。相手の悪い振動数に合わせる必要はないのである。

　価値観の変換期でもあるいまの時代は、どんなことに対してもポジティブに返すということが大事なのだ。

身内や上司や部下など、自分に近い人にほど見返りを求めてしまうものであり、自分とは関係のない遠くの人には見返りを求める感情も起きてはこないものである。

たとえば極端な例で言うと、お金を持ってトンズラした知り合いがいたとする。

「アイツはとんでもない奴だ」という怒りで満たされてしまうかも知れない。でも、少しだけ見方を変えてみる。その人と自分とは縁があったわけだし、もし自分から近寄って知り合いになったとすれば、自分の見る目が甘かっただけで、次はもっといい人と付き合おうと反省することもできる。

捉え方を変える、視点を変えてみるというのは、やはり生きるうえでの王道だと思う。

どんな局面でも自分次第でその有りようを変化させることができるのだから。

僕自身、二十代から三十代になるにつれて、いろいろな経験をすることで、「自分自身が正しい」という見方をしなくなってきた。つまりは、少しずつかも知れないが、エゴを手放すことができるようになってきたのだ。

何度も繰り返すが、エゴを手放せば、ラクになれるのだ。

価値観の変換期でもあるいまの時代は、
どんなことに対しても
ポジティブに返すということが大事。

あとがき

美辞麗句なら誰でも言える。僕もいろんなことを書き連ねてきたが、もしかすると綺麗事《きれいごと》のように思われることもあるかも知れない。でも、決してそんなことはないと言いたい。迷ったり悩んだりしながら生きてきたなかで、僕なりにではあるが、心の底から思えることを書いたつもりだ。

誰にでも何かしらの鬱屈した思いがあって、キツいと感じながら生きているように、僕もまた同じような気持ちを感じつつ、格闘家からミュージシャンへの道を歩んできた。困難なときこそ、自分が望む・理想とする方向に向いて行きたいと願い続けてきた。現状を打開して、なんとか幸せになってやろうと強く思い続けてきたのである。

ところで、その幸せとは一体なんだろう。幸せな人って誰なんだろう。いろいろな意味で、人びとを導くはずの価値観が崩壊し、腐敗堕落したこの時代、僕らは人生のロールモデルとなるべき人をなかなか見つけられないでいる。僕らは荒野に放り出された幼子のようなものである。だからといって、最初から諦めて何もしないでいるのではなく、状況を逆手に取って、前向きでいたい。自分で人生に意味づけをして、稼ぎの多寡《たか》や勝ち負けだけに左右されない、豊かな人生を送っていけたらと思う。それがいまの僕が考える幸せだ。

あなたの人生に、この本が少しでも役に立てば、それは僕にとっても幸せなことだ。

WE ARE ALL ONE.

須藤元気

この作品は書き下ろしです。

ブックデザイン　bookwall

カバー写真　嘉茂将幸(Iris)

構成　屋舗憲司

DTP　なかむらあや

JASRAC　出1304144-301

〈著者紹介〉
須藤元気　1978年東京都生まれ。高校時代からレスリングを始める。アメリカのサンタモニカ大学でアートを学びながら格闘家としての修業を続け、帰国後に逆輸入ファイターとしてプロデビュー。2006年現役引退後は作家、タレント、俳優、ミュージシャンなど幅広く活躍。08年、拓殖大学レスリング部監督に就任（最優秀監督賞を7回受賞)。09年にはダンスパフォーマンスユニット「WORLD ORDER」を立ち上げ、話題になる。全ての活動を通じて「WE ARE ALL ONE」というメッセージを発信し、共感を集めている。

GENTOSHA

やりたい事をすべてやる方法
2013年4月20日　第1刷発行

著　者　須藤元気
発行者　見城 徹

発行所　株式会社 幻冬舎
〒151-0051 東京都渋谷区千駄ヶ谷4-9-7

電話:03(5411)6211(編集)
03(5411)6222(営業)
振替:00120-8-767643
印刷・製本所:中央精版印刷株式会社

検印廃止

ISBN978-4-344-02377-2 C0095
幻冬舎ホームページアドレス　http://www.gentosha.co.jp/

この本に関するご意見・ご感想をメールでお寄せいただく場合は、
comment@gentosha.co.jpまで。

佐々木譲

Joh Sasaki

密売人

角川春樹事務所

密売人

装幀　多田和博
写真　ＰＰＳ

プロローグ

十月も下旬近くの北海道・釧路《くしろ》市では、朝六時の気温はプラス五度ぐらいがふつうだ。東京の感覚で言えば、十二月の末の朝に近い冷涼さ、いや寒さと言える。この時期、早朝に港で働く者たちは完全に冬装備となる。つまり厚手のジャケットにオーバーパンツ。ニットの帽子と軍手にゴム長靴という格好だ。

だからその朝、係留してある自分のサンマ棒受け網漁船にやってきた船長は、岸壁の下二メートルの位置の水面に浮いている男の姿を見てまず、薄着すぎないか、と感じたのだった。薄茶色のジャケットに、焦げ茶のズボン姿。防寒着を身につけていないのだ。これでは風邪《かぜ》を引くぞ。

次の瞬間、船長は気づいた。問題なのは、この男が薄着ということではない。海面にうつぶせに浮かんでいるということだ。薄着だろうと完全防備だろうと、海面にそんな格好で浮かんでいれば、風邪の心配は必要なくなる。

船長はしばらくのあいだ、その男が冗談でその姿を取っているのではないかと疑った。この自分を驚かせるため。あとあと酒の席で、自分の驚愕《きょうがく》ぶりを笑うために。船長は視線を上げて、岸壁の上を見渡した。周囲に、にやついて自分に目を向けている者はいない。早朝のこの岸壁にいま、ひとの姿はほかにふたつ三つあるばかりだ。どれも漁船員だろう。

もう一度、浮かんでいる男を見た。後頭部が薄い。中年男なのだろう。その男は、冗談にしてはもう長すぎる時間、顔を水につけたままだ。

船長はその場から踵《きびす》を返すと、市場の方角に向かった。教えてやらねばならない。警察への連絡もやってもらおう。船長は、だだっ広くも感じられる岸壁を大股《おおまた》に横切った。市場の建物に入る最後の十メートルばかりは、小走りになっていたかもしれない。

市場はすでに表のシャッターが上げられている。空っぽの広い空間は、外よりもまだ冷えているように感じられた。この季節の早朝だ。冷房は無用なので、人工的に冷やされてはいないはずだが。建物の奥に、ガラス窓を大きく取った事務所があって、灯《あかり》がついている。すでに事務所にはふたりの男が来ていた。

船長は事務所のドアを開けると、顔見知りの年輩の職員に言った。

「死体が浮かんでる。おれの船の脇だ」

職員は、目を大きくみひらいた。

船長はうなずいてから、その職員の背後の日めくりカレンダーに目をやった。

十月二十四日だ。

船長は、ふいに根拠のない不安に囚《とら》われた。おれは前夜、居酒屋で正気を失ったりしなかったろうか。自宅に戻った時刻は何時だった？　記憶の欠落はなかったろうか？

警備員は、病院の本棟を六階から一階まで、巡回しながら降りてきたところだった。

この病院は二十年以上も前、末期ガンと診断された患者が、深夜に理学療法室で首吊《つ》り自殺を遂げたところだ。警備員が勤務する警備会社の先輩警備員がこれを発見した。以降代々の警備員には、この自殺の一件が細部まで伝えられている。死体の状況から、現場の様子、発見した警備員本人の動転ぶり、その後の対処のあれこれ……。もちろん配置される警備員をからかうために話されるのだが、自殺死体など見たこともない新人警備員にとっては、それは聞かないほうがよかった怪談だった。深夜の病院内を回っているあいだ、かたときもその話が頭から消えることはない。廊下の曲がり角にくるごとに、ドアのガラス窓から奥をのぞくたびに、どこかの病室で入院患者が呻《うめ》くたびに、その自殺死体を思い浮かべることになるのだ。

きょう、この函館《はこだて》セントラル病院を警備している彼は、六十一歳。JRを定年退職した後、半年前からこの仕事に就いた。この病院を担当することになって、四カ月目である。病院であるし、日中の勤務とちがい、体力や格闘技の腕が必要になることは少ない。むしろ、彼のように初老でひとあたりの柔らかな男が望まれる勤務場所なのだ。彼も最初の二週間は恐怖と戦いながら、深夜の警備を続けたものだった。しかしいまはもうその事実は意識の下層のほうに閉じ込めてしまった。そのことを思い出すのは、勤務中のほんの数瞬のことでしかない。理学療法室の前まできても、そのことを思い出さずにすむことのほうが多くなっていた。

だから、きょう一階まで降りて、北側の廊下の端、通用口のドアのガラスに血の飛沫《しぶき》跡のようなものを見たときも、自殺死体のことは思いださなかったのだ。

それはガラスドアのちょうど腹のあたりの高さに、三つ四つとついた汚れだった。右手の下のほうから、飛んだように見える。二時間前の巡回のときはどうだったろう。外は暗く、ガラスを透過する光はなかったのだ。この血痕《けっこん》があったとして、自分は気がつかなかったかもしれない。

そのガラスドアに近づいて、白手袋をはめた手を伸ばした。ちょうど血痕の位置に指を当てて、そっとぬぐってみた。手袋の指先を見てみたが、血はついてこない。ガラスの外側についているのだ。

その通用口の外側は職員用の駐車場だ。当直の医師や夜勤の看護師の自家用車が二十台ほど並んでいる。通用口のすぐ右手には、ツツジの植え込みがあるはずである。

ドアの外、右手の地面に目を向けた。広いてのひらがあった。てのひら。てのひらの先には当然腕があり、腕は胴体につながっているはずだ。

警備員はドアのロックをはずすと、ドアを外側に開いて、通用口のステップの上に立った。

壁から二メートルほど離れた位置、植え込みの手前にひとが倒れている。白っぽいパジャマを着た男だ。仰向《あおむ》けで、頭の下の砂利が赤黒く染まっていた。頭の一部が陥没しているように見えた。

それ以上、確認する気力がなかった。さんざん聞かされてきた首吊り死体のことが、生々しい画像として脳裏に浮かんだ。警備員はさっと振り向いてなんとか悲鳴を殺すと、胸ポケットから会社との連絡用の電話を取りだした。携帯電話に似ているが、回線は専用のものだ。

「函館セントラル病院、ひとが倒れています。ええと、本棟の外です」

自分が何をどのような順序で報告しなければならないか、意識することができなかった。

十月二十四日午前六時十五分。死体発見。本棟北側通用口外。と、時刻場所をこのような順序で報告するのが正しいのだったか。

「男です。入院患者かもしれません。血が、ええと、血を出して、倒れているんです」

そこまで言ってから突然思いついた。

「飛び下りかもしれません」

警備員は一歩駐車場に出て、上を見上げた。この建物は六階建て。屋上もある。この病院の入院患者が六階から身を投げたというのはありうることだ。

前回の巡回のときには、もうここに倒れていたのだろうか。それが気になった。警備員として、丁寧で慎重な巡回を怠ったとは言われたくなかった。たぶんそう判断することは、手当ての額に影響してくるだろうから。

駐車場の端のほうから、ひとり中年の女性が歩いてきた。もう顔なじみだ。厨房《ちゅうぼう》の責任者。警備員に笑みを向けてくる。

ちょっと待って、と彼女を止めようとした。しかし、身体《からだ》が動かず、制止の声も出なかった。

彼女は、通用口の手前五メートルほどのところまできて足を止めた。視線はすでに、警備員の右手の地面に向いている。無警戒に目を向けてはならぬものが、そこにある。

遅かった。彼女は口を押さえて、短く悲鳴を上げた。警備員には、その悲鳴はまるで自分の喉《のど》の奥から出たもののように聞こえた。


男は谷の下のほうに大きな物音を聞いた。爆発音にも似た音。短くブオオンと響いた。ただ、自分も知っている発破の音とはちがう。岩盤を破裂させたような音ではなかった。

男はホテルの庭の南側、谷のほうに目を向けたが、塀に遮られて何も見ることはできなかった。

このラブホテルは、小樽《おたる》市の南にあって、完全に人目を忍ぶことができた。近くには水源の湖があり、浄水場の施設がある。周辺は広葉樹の自然林とカラマツの人工林とがまじりあった森林だ。つまりそれほどに山の中ということだった。小樽市南部の軽産業エリアの中、谷に沿ってゆるい上り坂の道路を数キロ走ってたどりつける。ホテルの百メートルほど手前で民家はなくなるし、ピンクの建物自体も、完全にコンクリート塀に囲まれている。

しかも深夜零時という時刻。空はたぶん曇り空なのだろう。星明かりひとつなく、まわりは闇《やみ》だ。目をこらせばようやく、塀ごしに谷の向こう側の尾根がなんとかわかるくらいだった。

ガレージのシャッターを下ろしてから、自分の国産四輪駆動車に身体を入れると、助手席で女が言ってきた。

「いま何か音がした?」

「ああ」男はサイドブレーキを戻しながら言った。「下のほうで、爆発みたいな音が聞こえたな」

「何かしらね」女は時計を見た。「急いで。うちのひと、帰ってきちゃうじゃない」

「ああ」

男はギアをドライブに入れて、四輪駆動車を発進させた。四千六百ccV型八気筒のエンジンは、そのサイズにふさわしいエンジン音を上げて、滑《なめ》らかにラブホテルのガレージ前から動き出した。

「あれ、なんだろ?」と女が言った。

「さあ」

「爆弾とか」

「ほんとかよ」

敷地からゲートをくぐって出ると、すぐに斜面下で北海道道六九七となる。山奥に進めば小樽峠、その先は赤井川《あかいがわ》村だ。その道の正面右手、水源池に通じる道の奥のほうが少し明るく見えた。照明がついている、と思ったが、すぐに打ち消した。ちがう。この明かりのゆらぎは、何かが燃えているせいだ。いまの爆発音と関係があるのだろうか。

道路まで出ると、右手、水源池に通じる林道の奥、斜面の少し下のほうで、何か燃えているものが見えた。男は好奇心に駆られて、四輪駆動車を少しだけ右手方向に進めた。湖畔林の中で、燃えているものが見えた。黒っぽい固まり。こんもりしたものだ。

「クルマかな。燃えてるぞ」

女が、助手席で頭を下げて、フロントウィンドウごしにその炎に目をやった。

「いやだ、クルマ？」

「なんだろ。事故かな」

「あの道、入っていけるの？」

たしかに、水源池周辺は立ち入り禁止だ。林道も水源池の作業道も、一般車が進入できないようすべてチェーンでふさがれている。

「錠だけはずせば」

女は調子を変えた。

「行くことないよ。関係ないんだから」

「だって」

男は炎を気にしながらさらに四輪駆動車を進めた。脇道の入り口が見えてきた。まっすぐ下ってゆくと、湖畔に出るはずだ。

男は脇道に入る入り口の前で四輪駆動車を停《と》めた。燃えているクルマがはっきり見えた。窓から炎が噴き出ている。炎の先は、黒い煙となっていた。クルマがこんな時刻に、こんな場所で燃えていることは異常だ。ここは深夜にひとがやってきて面白い場所ではないし、そもそもクルマを燃やして楽しむという趣味にも適切とは言えない場所だ。

男はジャケットの胸ポケットに手をやり、携帯電話を取りだした。

女が鋭く言った。

「何すんのよ！」

「通報してやろうと思ってよ」

「どこに？」

「警察か、消防に」

「何よ、あたしたち、事情聴取されるじゃない。そんなことできるわけないでしょ」

「だって、何かあったんだぞ、あれ」

「どうだっていいでしょ。行こう」

「だって」

「行ってったら。あたし、もう帰らなきゃならないんだから」

「通報だけでも」

「駄目だって」

男は溜《た》め息をついた。そのとき、道の前方にふいにヘッドライトの明かりが見えた。

「出して」と女が叫んだ。

男はしかたなく、あらためて四輪駆動車を発進させた。

五十メートルも進んだとき、対向車とすれちがった。運転手の姿はわからない。でも、相手が白っぽいバンタイプのクルマであることはわかった。乗っていたのは、浄水場の職員なのかもしれない。ルームミラーを確かめると、すれちがったそのクルマが谷の上のほう、浄水場の建物の入り口のところで、停まったのがわかった。赤いブレーキランプがついたのだ。いや、すぐにハザードランプとなったのかもしれない。

男は腕時計に目をやった。深夜零時十二分。すでに十月二十五日だ。

1

津久井卓《つくいすぐる》巡査部長は、札幌《さっぽろ》市の中心市街地の西はずれ、北海道神宮参道入り口に近い歩道の上で、冷たい缶コーヒーを飲み干した。

十月のこの季節、朝七時という時刻では、気温は十度以下だ。薄手の防寒ジャケットかコートなしではいられない。昨日よりも気温は二度ばかり下がっているのかもしれない。空は見事に十月らしい快晴で、地面の熱が逃げたのはこの天候のせいかもしれなかった。いま津久井は、オリーブ色の私服の防寒ジャケット姿だった。

北海道警察本部の独身寮から歩いて五分という場所だ。目の前の幹線道路を東に三キロメートル行くと、北海道警札幌方面大通《おおどおり》警察署がある。そのすぐ手前の交差点を左折して一ブロック行ったところには、ミラーグラスで覆われた北海道警察本部の高層ビルがあった。つまり道警の警察官にとっては、通勤にもきわめて便利な場所に独身寮は建っている。ただ、このあたりは札幌市内でも最高級住宅地に分類されているエリアだった。札幌市内でもっともフレンチ・レストランの集中する場所でもあるのだ。安月給の地方公務員には、少し居心地の悪さを感じる住宅地でもある。そもそも寮の周辺には、一杯飲み屋も居酒屋もない。安酒を飲もうと思えば、寮に住む若手警察官たちは、二キロほどの距離を歩いてJR桑園《そうえん》駅か琴似《ことに》駅周辺に行くしかないのだ。

空になったコーヒー缶を左手にさげて東方向に目をやっていると、ゆるい坂道の下のほうから、サイレンを鳴らして近づいてきたクルマがあった。白い大型のセダンだ。脱着式の赤色警告灯も回転させている。いわゆる覆面パトカーというタイプの警察車だ。津久井は車道との縁石からもう一歩離れた。

　セダンは津久井の真ん前で急停車した。助手席のウィンドウはすでに降りており、見知った男が内側から津久井にあいさつしてきた。北海道警察本部機動捜査隊の長正寺武史《ちょうしょうじたけし》警部だ。短く刈り揃《そろ》えた髪に、角張った顔立ち。さぞかし格闘技が強かろうと想像できる、肩幅の広い中年男だ。

「聞いてるな？」と、長正寺が言った。

「ええ」津久井は答えた。「係長からの電話で飛び起きました。長正寺さんを応援しろと」

「おれから、回してくれと頼んだんだ。後ろに乗れ。現場は小樽の山の中だ」

「はい」

　ドアを開け、津久井は運転手のすぐうしろのシートに腰をおろした。

　セダンが再発進してから、助手席の長正寺が身体《からだ》を半分ひねって訊《き》いてきた。

「警務部付きから、まだ解放されないとはな」

「このとおりです」

「いい加減、捜査員に戻してやればいいのになあ。遊軍としても、十分な実績は挙げてるんだから。一昨年の強姦《ごうかん》殺人犯逮捕もそうだし」

　津久井はいま、北海道警察本部警務部の教養課拳銃《けんじゅう》指導室に配属されている。一時、名目だけ釧路方面帯広署配属となったことはあったが、その後、その直前までの警務部教養課に戻ったのだ。さらにその前は警察学校の総務部で営繕係にいた。津久井が裏金問題をめぐる北海道議会の調査特別委員会で証言したことが直接の理由と推測できる、見せしめの懲罰人事だった。それ以前は、津久井は道警本部生活安全部の銃器薬物対策課の捜査員だった。いま津久井が道警本部警務部配属なのは、警務部が津久井を直接監視下に置くということである。これ以上反組織的言動は許さないという無言の圧力だった。ただし一方で、優秀な捜査員を遊軍として本部に留《とど》めておく、という、誰か知らぬ幹部の意志が働いているようにも見える。津久井はいまは、その配置について懲罰、監視という意味合いを意識せぬよう努めていた。どっちみち職場では上司も同僚たちも津久井が汚物であるかのように、距離を置いて接している。首輪をつけて小突きまわされているわけではなかった。十分に甘受できる境遇のうちだった。

津久井は長正寺に言った。

「ま、いつかは戻れるでしょう」

「内示めいたものはないのか」

「全然」

「お前自身の希望は？　古巣か？」

「銃器薬物対策課のころは、いろいろありました。もうありえないでしょう」

「組織犯罪対策局かってことだ」

「捜査員が向いてるとは思うんですが」

「機動捜査隊に欠員が出る」長正寺が運転席の捜査員を手で示した。「この竹内《たけうち》って男、警部補試験に受かった。来年、どこかの所轄に異動だ」

竹内と呼ばれたその捜査員が笑って言った。

「おれが出ることを心待ちにしてるんですか」

「逆だよ」と長正寺が言った。「お前が出たあとの大きな穴を、どうやって埋めようかと悩んでるんだ」

津久井は言った。

「おれを受け入れたいなんて言い出すと、係長も目をつけられますよ」

「もう時間は経《た》ってる」

「それより、きょうの件を詳しく」

そのとき、助手席の前面に搭載されている方面本部系無線機が、受信を知らせる小さな信号音を上げた。通信司令室からだ。スピーカーから、男性の声が聞こえてきた。

「機動捜査隊一号車、長正寺係長どうぞ」

長正寺がマイクを取って応《こた》えた。

「長正寺」

「津久井捜査員とは、どうなりました?」

「いま拾った。このクルマだ」

「了解。その点だけ確認でした」

「きょう、うちの班は小樽の事案に専念することになってる。このあと隊内への指示はおれが直接出す。そういうことでいいか?」

「司令室を通さずに?」

「そのほうが、確実だ」

「かまいません。要所要所で連絡を」

「わかってる」

長正寺は方面本部系無線機のマイクを装置に戻すと、視線をフロントグラスの前方に戻した。セダンはいま、札幌市の琴似エリア方向に向かって進んでいる。たぶん札幌西インターチェンジで札樽《さっそん》自動車道に乗るのだろう。

長正寺は、前方に目を向けたままで言った。

「昨夜、というか、きょう深夜、小樽の奥沢浄水場でクルマが炎上した。浄水場職員の通報で小樽署と消防が駆けつけた。一時間ぐらいで鎮火。中から焼死体が発見された」

「ひとつですか？」

「ああ。男女不明」

「どっちのシートで？」

「助手席」

「検視は？」

「いま向かっている」

「自殺かもしれないんですね」

「焼死体の両手首に、手錠みたいなものがかけられている」

津久井は驚いて確認した。

「手錠？」

「それを確かめる」

まさか、警察がらみの事件ではあるまい。だとしたら、これは気の重い捜査になるが。

長正寺が、津久井の動揺に気づいたかのように言った。

「通販で買える玩具《おもちゃ》の手錠でも、そこそこ使い物にはなる。それかもしれない」

「そうだとしたら」

長正寺は言った。

「殺人。もしかすると、生きたまま焼いたのかもしれない」

プロ、という言葉がすぐに頭に浮かんだ。手錠を用意して、被害者を拘束した。浄水場というからには山中にあるのだろうが、人目につきにくい場所までクルマを運んだ。そこで車内にガソリンのような可燃物をまいてから点火。クルマはすぐに炎上して、中の人間は焼け焦げた……。

いや、と津久井はすぐに自分の思いつきを否定した。山中とはいえ、燃やせば発見される率は高まる。しかも、手錠だって現場から発見されるのだ。手錠から、購入者もたどりうる。派手で、大事な証拠を残す殺害方法。誰かを殺さねばならなくなったとして、プロがそんなに稚拙な殺人方法を選ぶだろうか。まるで、事件を起こしたから捜査してくれと大声でアピールしているようなものではないか。暴力組織のプロがやった殺人事件なら、むしろありきたりの殺害方法を選んで、その死体は海にでも放《ほう》り込むだろう。浄水場までクルマを運んでいるのだから、貯水池の中にクルマを沈めてもよいのだ。殺害方法とその隠匿のしかたが荒っぽすぎる。プロがこんなことをするだろうか。

長正寺が訊いた。

「津久井の被疑者プロファイリングは？」

「まだ現場も見てないのに」

「これだけの情報なら、どう判断するかってことだよ」

「もう事件性ありということでいいんですか？」

「自分で手錠をかけてから点火、ってこともないわけじゃないだろうけど、レアケースだよな」

「死体が助手席にあったというだけで、事件性は九十パーセント確実だと思います」

「その場合の、被疑者像は？」

「被疑者自身はクルマで現場から去ったと考えられますから、現場までクルマ二台できている。複数犯です」

「主犯は？」

津久井は思いつくままに言った。

「男。五十歳以下。暴行傷害の前科あり。サディスティック傾向。喫煙者」

「喫煙者、と判断する根拠は？」

「点火用の道具を何か持っていた。ライターか、マッチか、火のついたタバコか」

「マル暴かな」

「被害者がどんな人間かで変わってきますね。被害者がマル暴なら、確実に被疑者もマル暴」

「被害者が素人なら」

「範囲を拡《ひろ》げる必要があると思います。被疑者も素人の可能性もないではない」

「これほどの派手な殺人でも、か」

「素人にも、ときおり驚くくらいに派手な犯罪をやってのける人間がいるじゃないですか。その場合、玩具の手錠が用意されてるってことは、性的倒錯者の線が強くなるかな」

長正寺は、また運転席の捜査員に顔を向けて言った。

「どうだ。やっぱりお前の穴を埋めるのは、津久井じゃないか」

竹内というその捜査員が笑って言った。

「おれよりずっと戦力になりますよ」

テストだったのか、と津久井は思った。いまの質問もそうだが、たぶんこの事件を応援しろという指示自体が、機動捜査隊側の合否判定試験なのだ。

なにせ機動捜査隊は、北海道警察本部の中でも、刑事畑の職員なら一度は配属されたいと願う花形セクションだった。機動隊員にとっての特殊急襲隊、交通課警官にとっての白バイ隊に当たると言えるかもしれない。機動捜査隊は、通常は私服で覆面パトカーによるパトロール任務に就くが、重大事件が起こったときは、真っ先に現場に駆けつけて初動捜査にあたる。そうして多くの場合、捜査一課が動き出す前に、あるいは捜査本部が設置される以前に、被疑者を特定し逮捕してしまう。殺人や強盗事件ばかりではなく、大勢の捜査員の投入が求められる緊急事案にも差し向けられる。立てこもり事件が発生した場合は、まず機動捜査隊を中心に突入班が編成されることにもなっていた。凶悪犯と接触する可能性が最も高い部隊であるから、捜査隊員は私服でも常時拳銃を携行する。

だから希望の配属先として機動捜査隊を挙げる若い刑事課捜査員は多い。もちろん狭き門だ。そして多くの場合、欠員の補充は機動捜査隊側の誘いで決まる。誘われたときは、その捜査員についての資格審査は終わっているということであり、捜査員には誘いがあったとき、断る道は事実上存在しない。

機動捜査隊か、と津久井は思った。正直なところ、機動捜査隊に配属されることは多少望まないでもなかった。とくにあの左遷、見せしめ人事のあと、本部内で遊軍捜査員的に扱われることが増えてきてからだ。本部の遊軍捜査員ということは、つまり機動捜査隊とほぼ任務が重なるということであり、それは捜査員として面白みのある仕事が続くということにもなる。見せしめ人事が終わったあとは機動捜査隊、というコースは、拒《こば》む理由もなかった。

それでも津久井は、控えめに言った。

「いまのプロファイリングが、とんでもない見当違いかもしれませんよ。とにかく現場を見ないことには」

ドライバーがセダンを中央車線に出して加速した。セダンは、目の前を走っていた小型の乗用車を追い抜いた。

津久井卓巡査部長の乗ったセダンが札樽自動車道札幌西インターチェンジに向かって走り出したその時刻からほぼ一時間の後だ。北海道警察本部から南方向ほぼ三キロメートルの距離にある小学校の正門前で、白い軽乗用車が急停車した。西九丁目通りと呼ばれている市道だ。

ちょうど登校時刻で、正門に通じる歩道には児童たちが連なっていた。高学年の子供たちはひとりであったり、友人と並んでの登校風景だけれど、低学年の子供の半数近くは親が手を引いている。親がふたり三人の子供を連れている姿もあった。隣り近所の子供も一緒に登校させている親たちだ。それも、圧倒的に母親が多い。父親の姿はその時刻、歩道上にひとりも見当たらなかった。正門の脇では小学校の女性教諭が立って、登校する児童たちに目を配り、おはようの声をかけていた。

歩道上にひとり、大人に手を引かれずに歩いている女の子がいた。ほかの児童とお揃いの黄色い帽子。ランドセルにはやはりお揃いの黄色い交通安全用カバーがかけられている。

急停車した軽乗用車からひとりの男が飛び下りた。四十歳前後と見える、小柄な男だ。明るい色のジャケット姿だ。男は、ひとりで歩いているその女の子に近寄った。

「若菜《わかな》ちゃん！」

女の子は立ち止まり、瞬《まばた》きした。その男の出現に驚いているようだった。

男は女の子に何ごとかささやくと、軽乗用車の歩道側のドアを開けて、女の子の背を押した。女の子はとまどいを見せて、歩道の児童や保護者たちに目をやった。正門前に立つ女性教諭の顔にも。

男はかまわずに女の子を助手席に押し込んだ。

ドアがばたりと音を立てて閉まった。男はすぐに運転席側に回って乗り込んだ。軽乗用車はすぐに発進した。西九丁目の通りを、北方向にだ。軽乗用車は最初の通りを左手に曲がった。その先で通りは石山《いしやま》通りとも呼ばれる国道二三〇号にぶつかる。

歩道上で、多くの子供たちがぽかりとこの様子を見ていた。

正門前に立っていた女性教諭も、軽乗用車が角を折れて消えてから、口を開けた。

「あれって……」

この様子を見ていた母親がすぐ近くにいた。

女性教諭は訊いた。

「あの子、誰か知ってます?」

問われた母親も、驚きを顔に残したまま応えた。

「若菜ちゃんだと思う。米本《よねもと》若菜ちゃん。二年二組」

「男のひとは?」

「さあ」

「じゃあ」

母親が言った。

「誘拐?」

女性教諭は、それに応えずに振り返り、正面玄関に向かって駆け出した。

佐伯宏一《さえきこういち》がコート姿で捜査車両を降りたのは、午前八時四十八分だった。七分前、点呼の直後に課長の伊藤成治《いとうせいじ》警部から、今朝通報のあった車上狙い現場に行くよう命じられたのだ。佐伯はたったひとりの部下、新宮昌樹《しんぐうまさき》の運転する車両で、札幌市旭ヶ丘《あさひがおか》の集合住宅の前に到着したのだった。札幌市街地の西側、藻岩山《もいわやま》の山裾《やますそ》を南北に走る幹線道に近い場所だ。

敷地境界に腰の高さの化粧レンガの塀を回らした集合住宅だ。建物自体の壁面は白で、十二階建てと見えた。外観デザインから、グレードの高い住宅なのだと想像がついた。

正面にはゲートがあり、ゲートの右手に屋外駐車場がある。ざっと見たところ、二十台ほどは駐車できそうな広さだ。ただしホワイトカラーの出勤時刻だ。いままだ停まっているのは、五、六台だ。そのうちの一台、銀色の高級セダンの前に別の制服警官がいて、その脇でスーツ姿の中年男が途方に暮れたような表情を見せている。

朝の空気は、ひんやりとしている。昨日よりも、体感温度では二度か三度下がったかもしれない。空は十月の札幌らしい快晴で、その青空を、このエリアに林立する集合住宅が幾何学的な輪郭で区切っている。西方向の建物の窓には、朝陽《あさひ》が強く反射していた。

制服姿の大通署地域課警官が近寄ってきた。三十代なかばかと見える、体格のいい警官だ。

佐伯は身分証明書を見せて言った。

「刑事課の佐伯です。被害は？」

警官は応えた。

「一台の通報だったんですが、いま二台目を発見しました」

「ここで?」

「奥のほうです」警官は振り返って、銀色のセダンを指さした。「あのクルマの助手席側ウィンドウが割られて、中から鞄《かばん》がなくなっていました」

「もう一台は?」

「建物の裏手です。同じようにやられています」

「近所でほかに通報はないのかな」

「聞いていません」

佐伯は、車両の運転席から降りてきた新宮と共に、銀色のセダンに向かった。

新宮が言った。

「山鼻《やまはな》でも、二週間前二件起きていましたね」

山鼻警察署の管内でも、集合住宅の駐車場で車上狙《ねら》いが二件続けて起こっていたのだ。その報告は目にしている。佐伯は、その二件の発生現場を思い起こしながら言った。

「環状通り沿いってことになるな」

銀色のセダンまで行くと、助手席で濃紺の作業服姿の警官が鑑識作業中だった。

佐伯は、被害者らしきスーツの男に身分証明書を示して訊いた。

「鞄を盗られたそうですね?」

「ええ。助手席に置きっぱなしだった」

「どんな鞄?」

「ふつうのビジネスバッグです。黒いナイロン地」

「ノートパソコンなんかを持ち歩くものですか?」

「そのとおりです。中身はノートパソコンだった」

「では、ノートパソコンをやられたということですね」

「そうです。鞄よりもパソコンのほうがずっと高い。買ってまだ半年なのに」

「鞄の中には、ほかには？」

「外付けのハードディスク・ドライブに、データ通信カード」

何を言われたのかわからなかった。佐伯は新宮の顔を見た。新宮はうなずいてくる。彼はそれが何のことかわかっているようだ。なら、説明してもらう必要はない。

「昨夜帰宅は？」

「十一時」

「で、いま気づいたんですか？」

「八時半ちょうどくらいかな。乗ろうとして、ガラスが割れていることに気づいた」

「盗難防止装置などはつけていないんですね？」

「つけていることはいるんですが、誤作動で鳴り出すことが続いて、何度か近所に迷惑をかけてしまって。それ以来オフにしています」

「八時半にガラスが割れていることに気づいて、すぐ通報ですか？」

「ええ。ちょうど通いの管理人さんが出てきたときで、すぐに管理人さんに見せた。通報したのは管理人さんです」

「管理人は？」と、佐伯は横に立つ警官に訊いた。

「あっちです」と、警官は奥を指さした。建物の正面からは、陰になっている位置だ。敷地のもっとも奥まったところになるだろうか。

黒っぽいワゴンタイプの車が停まっており、その脇にスーツ姿の中年男と、ブルーの作業着姿の初老の男が見えた。スーツの男は携帯電話を耳に当てている。そのクルマでも、鑑識係が作業中だった。

佐伯は被害者の男に被害届けを出すように言ってから、ワゴン車のほうに向かった。

管理人は、五十歳代の小太りの男だった。住宅管理会社の社員で、ウィークデイの八時半から五時までの勤務だという。今朝は八時二十五分に管理人室に入ったとのことだった。着替えて、まずゴミ集積所を点検し、そのあと駐車場をひとまわりした。このときは、ガラスが割れたクルマがあることには気がつかなかったという。

管理人室に戻ったとき、住人のひとりが飛び込んできた。すぐにそのクルマを見て、車上狙いだと判断、警察に通報したとのことだった。

「こちらのクルマは？」

管理人は言った。

「通報してから、駐車場を回ったんです。一台ずつ見ていって気がついて、そこにクルマのオーナーさんが降りてきたので、教えた」

管理人が手で示したその住人は、まだ携帯電話中だ。ちらりと佐伯たちを見てから身体をひねり、半分背中を向ける姿勢となった。

「ほかには、ガラスを割られたクルマは？」

「ありません。二台だけ」

佐伯は鑑識係に近寄って訊いた。

「何か出た？」

「一応、内側から指紋が。でも、犯人のものかどうかはわかりません」

「ガラスはどういうふうに割られている？」

「たぶん小型のハンマー。先の尖《とが》ったやつですね。テープなどは貼《は》っていませんが、ドアの外に新聞紙が落ちていました」

鑑識係はビニール袋に入れた新聞紙を見せてくれた。スポーツ紙だ。

「これをガラスに当てて、音を小さくしたのかもしれません。こっちからの指紋は持ち帰って調べます」

山鼻署管内での手口はどうだったろう。大通署に戻って確認する必要がある。消音材として新聞紙を使う手口が同じだとしたら、同一犯の可能性はいっそう高まる。

佐伯はまた管理人に訊いた。

「このマンションでは、以前にも車上狙いはありました？」

「五年前にあった、と引き継ぎを受けています。犯人は捕まっていないようです」

「屋外の防犯カメラは？」

「通用口の前だけ」

「自転車置き場にもない？」

「自転車置き場は、屋内なんです」

「メモリーカードをお借りします」

「通用口が映ってるだけですが、どうぞ」

スーツの男がやっと携帯電話を切って、佐伯たちの方に顔を向けた。髪を七三に分けた、高級官僚とも、大手企業の若手幹部とも見える男だった。セルフレームの、流行《はや》りのデザインの眼鏡をかけている。

佐伯はまた身分証明書を提示して訊いた。

「何をやられました？」

「いや、何も」

「何も？」

「ええ。クルマには何も置いていなかったから」

佐伯は、奇妙に思った。ガラスを割られたクルマは二台だけ。車上狙い犯は手あたり次第にクルマの中を探ったのではない。金目のものがありそうか、それを確認してからガラスを割っている。なのに、何も置いていなかった？

「グラブボックスの中はどうです？」

「たいしたものは入れていません。それこそ、グラブとサングラスとか」

「犯人は、何かめぼしいものを見つけてガラスを割ったんだと思いますが」

「ほんとうに、何も置いていなかった」

「鞄も？」

「ええ」

その男は、自分の両手を拡《ひろ》げた。何も持たない習慣だ、とでも言ったように見えた。

この男は、盗難防止装置は最初からつけていないとのことだった。あまり信頼していないという口ぶりに聞こえた。

佐伯は言った。

「被害届けを出してもらいたいのですが」

「被害はありませんって」

「このクルマ、おいくらですか？」

「え？」

「このクルマの値段」

「四百万ぐらいですが」

「ガラスを割られている。被害があるじゃないですか」

あ、という表情を見せてから、男は言った。

「わたしが泣けばいいことでしょう。たいした被害じゃない。もう出社しなくちゃならないんですが」

鑑識係が、助手席から身体を抜いて言った。

「指紋がいくつか」

佐伯は男に言った。

「お手数ですが、指紋を取らせてもらえますか」

「どうしてです？　わたしは被害者ですよ」

「ということは、やはり被害はあったんですね？」

「いや、そういう意味じゃなく。犯人じゃない」

「犯人の指紋を、消去法で特定するために必要なんです」

「あっちのクルマとこのクルマと、両方から出た指紋が犯人のものでしょう。すいません。もう仕事に行かなきゃならないんです」

「被害届けはどうされます？」

「ガラス一枚のことで、警察のひとを振り回すのは恐縮です。泣き寝入りしますから」

男はわざとらしく腕時計を見た。スーツの袖口《すそぐち》からのぞいたのは、佐伯でもひと目でブランドを言い当てることのできる高級時計だった。

佐伯は訊いた。

「お名前は？」

吉野夏樹《よしのなつき》、と男は名乗り、名刺を佐伯に渡してきた。会社名が記されている。

日本能率開発システムズ

男の肩書は、北海道支店長だった。

「クルマに乗ってゆきますが、かまいませんね」

横で鑑識係がうなずいた。

「かまいませんが」と佐伯は吉野という男に言った。「ガラスが割れたままで？」

「ディーラーに寄ってゆきます」

吉野は、クルマを回り込んで、運転席のドアを開けた。

佐伯は周囲を見渡してから、駐車場の端へと歩いた。管理人も佐伯に一歩遅れてついてきた。

クルマが駐車場を出ていったところで、佐伯は管理人に訊いた。

「賃貸のひと？」

「そうですが、どうしてです？」

「品川ナンバーだった。転勤かと」

「二年、いや、二年半になるかな」

「家賃はおいくらの部屋なんです？」

「三十万。最上階です」

札幌では、高級集合住宅の中でも高い部類の家賃だろう。広さは百平米ほどか。

佐伯の横で新宮が口をすぼめて呼気をもらした。

「ウィンドウ割られても、被害には感じないですね」

佐伯はうなずいて新宮に言った。

「近所を聞き込みしよう」

「まずこのマンションですかね」

「周囲のマンションの管理人からだ。まだ通報されていない被害があるかもしれない」

「はい」

佐伯は、駐車場のその場で周囲を見渡した。あと、防犯カメラが設置されていそうな場所はどこだろう。どこのカメラなら、この駐車場も写角のうちに入れていたろう。


札幌方面大通警察署生活安全課の小島百合《こじまゆり》巡査長は、もう一度スチール・ドアを強くノックしてから大声を出した。

「米本さん、米本さん。警察です。開けてください。お子さんの件です」

言い終えてから、耳を澄ました。中で物音は聞こえない。ひとの声も、子供の泣き声も、家事の音もテレビの音声も。

小島百合は、同僚の塚本《つかもと》巡査部長に目をやった。彼も、どう判断すべきか迷っているようだ。この集合住宅三階の部屋に、米本の家族はいないのか。それとも親たちが、単にチャイムもドアのノックも無視しているだけか。まさか部屋を間違えてはいないはずだ。学校に登録されている住所、建物の三〇二の部屋。ただし表札はかかっていない。

二十分前に、生活安全課に中央区の小学校からの通報が回された。登校時、小学校二年生の女子児童が、男の運転する軽乗用車に乗せられて学校正門前から消えた。男はブルーのジャンパー姿で、四十歳ぐらい。痩《や》せた、小柄な男だったという。

児童の保護者からは、この日学校を休ませるという連絡は入っていない。学校に登録されている母親の携帯電話に電話を入れたが、電源は切られているようだ。連絡が取れない。軽乗用車に乗せられるとき、女子児童はさほど抵抗を見せてはいなかった。父親か、あるいは顔見知りであった可能性もある。しかし登校直前、学校正門近くでいきなりクルマに乗せて消えたのだ。事件かもしれない、というのが、通報の要旨だった。

小島百合は相棒の塚本と一緒に、まず小学校に向かい、様子を見ていた女性教諭から話を聞いた後、市電通りに近いその集合住宅までやってきたのだった。少女はこの建物の三階に、両親と一緒に暮らしていることになっている。学校の話では、父親は一度も学校行事に姿を見せたことはないという。

管理人のいない、四階建ての集合住宅だった。米本若菜という少女の両親がどういう生活をしているのか、仕事や勤め先、生活のサイクルなどがわからなかった。少女は毎日、母親が学校のそばまで連れてきて、少女を見送ったあと、母親は市電通りに向かうのが常だったとのことだ。勤めに出ているのだろうが、学校には職場は伝えられていなかった。

携帯電話も不通。小島百合はその意味を考えた。近所の住民の目撃情報によると、若菜という少女が南十三条の通りを学校に向かい出してから、ほぼ四十分が経過している。母親の職場がどこにあるかはわからないが、まだ九時前だ。バスなり市電なり地下鉄なりの中ということだろうか。出勤途中なので、携帯電話に電源を入れていない、ということかもしれない。ありうることだった。

小島百合は、学校で教えられたその番号にもう一度発信してみた。やはり、まだ不通だ。電波の届かないところにいるか電源が入っていないというメッセージが流れる。

携帯電話をポケットに収めると、年長の塚本が言った。

「左右、聞き込みしよう」

この建物の外廊下には、四つのドアが並んでいる。右から二つ目が米本若菜の住む住戸だ。

「わたしが右を」

「ようし」

小島百合は、廊下を移動して、右隣りのドアの脇のチャイム・ボタンを押した。すぐに内側で、はあいと声があり、三十代の女性が顔を出した。

「聞こえていたので」と女性は言った。素顔のままで、ジャージーの上下を着た女性だ。主婦なのだろう。「何があったんです?」

「隣りの若菜ちゃんをご存知ですか?」

「ええ。二年生ですよね」

「さっき、学校の前から急にクルマに乗って消えてしまって。男のひとが乗せたそうなんですが」

女は目を丸くした。

「それって、誘拐されたってことですか?」

「いいえ。まだわからない。お母さんとも連絡が取れないんです」

「働いてるんですよ。勤め先は知らないけど」

「お父さんをご存じですか」

「ええ。何度か見かけています」

「どんなひとです？」

「ふつうの。四十ぐらいでしょうかね。ときどき夜の遅めの時刻に帰ってきて、昼過ぎに出て行くって仕事をしてるみたい」

「じゃ、いまの時刻はいるはずですよね」

「だけど、クルマないでしょ」

その主婦は、外廊下に出てきて、手すりごしに駐車場へ目をやった。

「いないですね」

小島百合も駐車場を見下ろして訊いた。

「クルマ、どんな種類かわかります？」

「クルマの名前まではわからないけど、白い、軽乗用車。黄色いナンバープレートって、そうでしょ？」

「ええ。番号を、ひとつでもふたつでも覚えています？」

「ううん。気にしたこともなかったな」

「お父さんは、若菜ちゃんを可愛《かわい》がっていました？」

「ええ。一緒にいるところ見たことがあるけど、若菜ちゃん、なついてましたよ」

「お母さんとも仲がよかった」

「ふつうに仲がよかったと思う」

「大きな物音を聞いたり、夫婦喧嘩《げんか》の声とかは？」

「とくに何も」

「お父さんは、雰囲気として、どんな感じです？」

「というと？」

「サラリーマン・タイプとか、職人ふうとか」

「あ、そういう言い方だと、ちょっと軟派な感じがあるかな。客商売かもしれないって雰囲気がある」

しかも深夜に帰ってくる仕事、ということは、飲食店勤務だろうか。それとも風俗店の従業員か？あるいは単に勤務時間が日によって変わるということか。

「ふだんはスーツ姿？」

「そんなに何度も見ていませんけど、ジャケットとかジャンパーみたいなの。ネクタイ姿は見たことがないな」

「メガネは？」

「かけてる。っていうか、昼間、サングラスをかけてるところを何度か見た」

「お洒落《しゃれ》なんですね」

「そうでもないのよ。目が悪くて、しかたがないからかけてるみたいな。お洒落でかけてるんだとしたら、軽とは釣り合っていないでしょ」

左手で、塚本が礼を言っている。三〇四のドアの前だ。

ドアが閉じられたので、小島百合は主婦に小さく頭を下げて、玄関口を離れた。塚本も、その住戸のドアから退いた。

小島百合は外廊下を塚本のほうに歩いて訊いた。

「どうでした？」

「三〇三は留守のようだ。いまそこの奥さんの話では、今朝、米本の父親があわててクルマで飛び出していった」

「白い軽乗用車？」

「函館ナンバー」

「お母さんのほうは？」

「その前に子供の手を引いて出た。そのまま勤め先に行ったんじゃないかっていう」

「最初はいつものように子供を登校させるつもりだったんですね。だけどその十分か十五分の後、お父さんが学校まで走って、子供をクルマに乗せた」

「家には戻っていない」

「親権争いでも起こっていたんでしょうか。夫婦仲は悪くないように聞いたけれど」

「あるいは何か突発事態。身内の誰かが死んで、急に遠くに行くことになったとか」

「でなければ、病気。診察の予約を忘れていて、あわてておお父さんが迎えに行った。あの先生の目に映ったほど、異様なことじゃなかったのかもしれない」

「その程度のことなら、教師なり、そばにいる父兄の誰かにひとこと言わないか？」

そうかもしれない。もっとも、育児にあまり慣れていない父親なら、教諭やほかの父兄をあまり知らない。彼らとのつきあい方もわからず、いきなり誘拐のように連れていってしまったということも考えられるのではないか。

塚本が、階段のほうを指さして言った。

「大家との契約書には、父親か母親の勤め先も書かれているんじゃないか」

そのとおりだ。この建物が賃貸物件を多く持つ不動産業者の所有であることは、一階の壁の表示でわかっている。事務所に連絡すれば、教えてもらえるだろう。小島百合は塚本と並んで階段を降りた。

一階まで降りてから、小島百合は念のためにと、もう一度米本若菜の母親の携帯電話に発信した。

すぐにつながった。

女の声。

「うん？」

親しい調子。誰かべつの人物からの電話と誤解したようだ。モニターの確認さえしなかったのだろう。

「警察です。お子さんのことでちょっと」

「あ」という、戸惑いの声。

「切らないで」小島百合は早口で言った。「若菜ちゃんのことです。お母さんですよね」

「ええ」

「きょう、若菜ちゃんが登校していません。学校の前でクルマに乗せられたところが確認されています」

「それ、うちのひとです。ちょっと急用ができて、学校を休ませたんです」

「学校には連絡しました？」

「まだ。これからします」

「いま若菜ちゃんはお母さんのそばに？」

「ええ」

「ちょっと声を聞かせていただけます?」

「どうしてです?」

「事件じゃないと確認できるので」

「ええと、その」

「いるんでしょう?」

「いま、ちょっとうちのひとが」

「どこなんです?」

「ちょっとまだ着いていないんです」

「お母さんの職場に?」

「ええ」米本若菜の母親は言った。「すいません。とりこんでいるんです。一本大事な電話を待っているんで、切ります」

「ちょっと待って」

「心配いりません。若菜は誘拐されてませんから」

電話が切れた。小島百合は、横でやりとりを聞いていた塚本に、口の動きだけで、母親、と告げた。再発信したが、こんどはコール音が響くだけ。やがてコール音も切れて、「この電話は電波の届かないところにいるか……」というアナウンスに変わった。

あきらめてオフボタンを押し、携帯電話を畳んだ。

「迎えに行ったのは父親らしい。母親は、そのことは心配していなかった。承知のことだったみたい。ただ」

「何だ?」

「妙に焦っていた。気がかりは、子供のことじゃなくて、何かべつのことみたいな」

「父親のこととか」

「それもあるかもしれない」小島百合は可能性のひとつを思いついた。「児童虐待を疑われて、必死で否定したような」

「実の父親じゃないのか」

「そこは確認してみないと」

「事件性を母親が否定したんだ。どうする？」

「職場だけでも、あたっておきます。さして手間じゃないし」

小島百合は、エントランスの壁に貼ってある不動産会社の案内に目をやった。連絡先事務所の所在地と電話番号が記してある。小島百合は電話番号を入力して、つながるのを待った。

2

そこは、小樽の市街地から五キロばかり山中に入った谷だった。とはいえ、周囲は人口希薄地というわけでもない。浄水場施設のほかにも、道道六九七号線沿いにいくつもの町工場とか事業所があり、その合間に民家が建っている。土建会社の資材置き場とか、倉庫らしき建物も目についた。途中の道の案内を見ると、浄水場の下には、ラブホテルもあるらしい。

浄水場施設の真下、谷側に、水源池に通じるらしい脇道の表示があった。湖畔へ降りてゆけるようだ。道の入り口はちょっとした駐車スペースとなっており、四台の警察車が停《と》まっている。入り口に黄色い規制テープが張《は》られていた。ゲートのポールの脇に、チェーンが丸められている。

長正寺が降りて、テープをはずした。セダンはその規制線の中の道へと入った。

燃えたというクルマは、脇道の入り口から二十メートルばかりの場所にあった。林にかこまれた、道の上だ。地面の上で黒く焼け焦げ、タイヤは燃え尽きて、ぺたりとへたりこんだ格好だ。その周囲に、制服警官や濃紺の作業服姿の鑑識係たちが七、八人いた。腰をかがめ、あるいは膝《ひざ》をついて、燃えたクルマの周囲から遺留品や証拠品を探している。

白いセダン車の横の地面には、黒っぽいビニールの袋。ちょうど寝袋ほどの大きさだ。中は焼死体なのだろう。道の下、水源池の湖畔で、水面をのぞきこむようにして鑑識係がひとり四つんばいになっていた。吐いているところなのかもしれない。

長正寺に続いて津久井たちがセダン車を降りると、年輩の制服警官が敬礼して近づいてきた。長正寺が身分証明書を見せて名乗った。

その制服警官は、小樽署地域課の浅野《あさの》という巡査部長だった。

「何かほかには?」

「ガソリン缶が、水源池の水面に」

「タイヤ痕《こん》は? 二台目のクルマがいたはずだけど」

「乾いているのと、砂利敷きなので、まだ出ていません」

「死体を見せてくれ」

「どうぞ」と、小樽署の浅野は黒いビニール袋の方に歩きだした。

「男?」

「ええ。男です」

「指紋なんて、取れそう?」

「無理でしょう。じつは、助手席から引っ張りだすとき、焼けた肉が一部落ちてしまいまして、ひとり、ゲロを吐いてます」

「新人かい？」

「今年四月配属。初めての死体で」

「みんな一度は通過する」

津久井は長正寺たちと一緒に死体を詰めたビニール袋の脇にしゃがんだ。長正寺が白い手袋をした手で、ビニール袋のジッパーを下ろした。真っ黒になった死体が出てきた。口が大きく開いている。悲鳴か絶叫を上げながら、焼かれたということかもしれない。眼球は眼窩《がんか》からこぼれおちそうになっていた。着ていたはずの衣服は、わずかにしか残っていない。ところどころ肉の表面がそぎ落とされ、ピンクの組織が覗《のぞ》いている。

長正寺は、ジッパーを死体の腰の位置まで下ろした。両手があらわになった。

両の手首に、手錠がかけられていた。ひと目でわかる。日本の警察が使っているものではない。玩《おも》具《ちゃ》だ。左手首の時計は、ブランドもののように見えた。しかし偽ブランド品かもしれない。ひと目では判別できない。

「手錠は警察のじゃない」と長正寺が言った。「これが殺人だとして、被疑者は警官じゃないってことだな。ありがたいことだ」

ジッパーをまたもとの位置まで戻すと、長正寺が立ち上がった。

「財布とか、カード類は？」

「見つかっていません」

「携帯電話は？」

「捜索中です」

長正寺が津久井に視線を向けてきた。殺人だな、と同意を求めている。

津久井はうなずいた。自分で手錠をかけて自殺する者はいるかもしれないが、自殺の前に財布と携帯電話をわざわざ処分する者はいない。財布の中には運転免許証が入っていたはずであり、電話は自分の関係の証明でもある。自殺者はふつう、身元不明の死体として発見されることを望まない。たいがいの場合、自死を社会的に認知されたいと願う。もちろん死んだこの人物が、携帯電話を持っていなかったという可能性もゼロではないが、身分証明となるものすべてを放棄しての自殺はレアケースだ。他殺と考えてよい。

「強盗かな」と長正寺が言った。「財布がないんだ」

津久井は言った。

「時計に手をつけていません。一見ブランド品ですから、カネ目的ならあの時計も奪っていたでしょう」

「じゃあ、どうして財布がないんだ？」

少し考えてから津久井は答えた。

「現金だけは、奪っても足がつかない。強盗目的じゃないけれど、駄賃として盗《と》ったか」

「じゃあ、怨恨《えんこん》という読みなんだな？」

「まだそこまで言い切れませんが、手錠をかけて焼くというのは、懲罰もしくは処刑というふうにも感じ取れます」

「携帯電話がない理由は？」

「焼かれる前に、まず拉致《らち》があった。拉致の場合は、携帯電話を奪うところから始まります。被疑者の番号が登録されていたのかもしれない。被害者の人間関係のどこかに、被疑者がいる可能性もある」

長正寺はまた浅野に訊《き》いた。

「通報者は？」

「浄水場の職員です。いまそっちの管理事務所の中。簡単に話は聞いてあります。通報の直前、大型の四輪駆動車とすれちがっているそうです」

「敷地の中で？」

「いえ。ここに上がってくる道道。浄水場入り口の少し手前ということでした」

長正寺が、焼けたクルマのほうに移動した。

「車種は何だ？」

「マツダの5ドアです」と浅野が答え、車種を口にした。地味な大衆車だ。「年式はまだ確認していません。ナンバーは、旭川《あさひかわ》です」

「旭川ナンバー？　はるばる焼かれに小樽まで走ったのか」

浅野は、長正寺のつぶやきには応《こた》えずに言った。

「サイドのポケットから、車検証が出てきています。ビニールカバーはひどく焼けているんですが、持ち帰って調べれば、所有者もわかるでしょう」

「登録ナンバーの問い合わせはしていないんだね？」

「自分はしていません」浅野は首を振った。「現場保全を最優先させました」

長正寺と浅野とのやりとりが途切れたので、津久井が質問した。

「ここは、小樽市民であればよく知っている場所ですか？」

浅野は周囲を見渡してから言った。

「市街地からも遠くないし、多少は知られているでしょう。行楽地としては、朝里《あさり》ダムのほうがメジャーですが」

「土地勘がなければ、来れない？」

「行き当たりばったりで来る場所じゃないですね」

津久井はうなずくと長正寺たちから離れ、北側の斜面に上がってみた。現場全体を俯瞰《ふかん》してみたかった。

水源池周辺は広葉樹の森林だった。多少カラマツの人工林もあるので、キノコ採りにやってくる市民もいるかもしれない。春であれば、山菜採りの市民が。でもこの季節はさほどひとが来るべき理由はないように思えた。

現場を見る前から気になっていたことが、あらためて思いだされた。これが殺人であることは十中八九確かだろうが、被疑者はなぜクルマを燃やしたのだろう。クルマを燃やした場所からまっすぐにあと三十メートルも移動させれば、クルマは水源池に落下、湖中に落ちる。少しのあいだ犯罪を隠すつもりなら、湖に沈めるほうがいい。燃やすというのは、妙に派手だった。水源池に向けてクルマを押すなり走らせるなりするのが手間だったせいか。だとしても、その場合死体だけ湖に放《ほう》り込むのでもよいはずだ。クルマはべつのところで放置すればすむ。いや、そもそも小樽という港町で、わざわざひとを殺すために山奥の水源池まできて火を放つ必要はないだろう。人目につかない岸壁はいくらでもあるのだ。

斜面を戻ると、長正寺が言った。

「浄水場の事務所に行く。第一発見者から話を聞く」

「わたしも？」

「ああ。ほかの面々は、現場で遺留品探しを応援する」

その浄水場の管理事務所までは、二、三百メートルという距離だった。脇道手前で道道を右手に折れて上ってゆくと、北側の斜面上にある。宿舎も併設されており、発見者はその宿舎に住む二十代の小樽市職員だった。

管理事務所の隅で、長正寺が訊いた。

「そのときのことを、もう一度話していただけますか」

メガネをかけた、ひょろりと背の高い青年は答えた。

「市街地に友達に会いに行っていて、帰ってきたのが深夜だったんです」早口だった。テンションが高い。発見の興奮が残っているのだろう。「一瞬爆発音みたいなのを聞いたあと、ダムに折れる道の下のあたりで銀色の四輪駆動車とすれちがいました。すれちがった後、水源池の方で何か燃えていることに気づいた。木立ごしに、明るくなっていたんです」

「正確には、その時刻は？」

「十二時十五分すぎかな。脇道の入り口のところまできて、燃えているのはクルマだとわかった。危ないと思ったんで、バックして道まで戻って。それから宿舎に戻り、所長の携帯に電話。それから消防と警察に通報です。時刻は記録に残ってるんでしょ？」

「ええ。燃えているのを見てから通報まで、五分くらい？」

「十分、はかかっていないと思います」

「それから、もう一度見に行ったんですね」

「消防車を待って案内しようと。先に消防車が一台きて、消防車だけを水源池のほうに送って、それから一分たったあたりでパトカーがきたんです。そこで一緒に水源池へ。少し火が弱まるまで、警察のひとと話していました。宿舎に戻って眠って、起きたら警察のひとがきて、死体があるって」

「小樽市街からこの六九七号線に入って、四輪駆動車以外にクルマとすれちがっています？」

「ええ。何台か。五、六台、いやもっとあったかな」

「中に不審なクルマなんてありませんでした？」

「たとえば、どんなクルマですか？」

「猛スピードだったとか、ヘッドライトが片方だけとか」

「いいえ。気がつかなかった。あったのかもしれないけど、まったく意識していなかったし」

「昼間、あの場所で、誰か目撃しています？　ひとか、クルマを」

「いや、ぼくは見ていないな」

「何か思い出したら、電話を」

長正寺と津久井は、事務所にいたほかの職員ふたりにも、最近不審なクルマを見なかったか訊いた。ふたりとも見ていないとの答だった。

燃えた現場に戻ると、捜査車両を運転していた竹内が近づいてきた。手帳を開いている。

「クルマの持ち主、わかりました。アカマツジュンイチって男です。クルマは旭川市で登録。盗難届けは出ていません」

竹内が、自分のメモを津久井に見せてくれた。

赤松淳一《あかまつじゅんいち》、と書かれている。

竹内がつけ加えた。

「昭和四十年二月三日生まれ」

長正寺が訊いた。

「現住所は？」

「まだわかりません。旭川でクルマを登録したのは七年前なんですが」

長正寺が津久井を見て言った。

「まだこの登録者が被害者とは決められないな」

「もし財布から現金を抜き取っていたとしても、財布自体はこの近くにあるでしょうね」

「水源池の中か」

「ダイバーを手配する。何かほかの物も出てくるかもしれない」

津久井は言った。

「そこの浄水場の下のラブホテル、あたってきます」

長正寺がうなずいて竹内に言った。

「お前も津久井と一緒に行ってくれ」


大通署に戻る捜査車両の中で、新宮が運転しながら言った。

「あの吉野って男、引っ掛かりますね」

いまクルマは環状通りから北一条通りに折れたところだ。五、六分で大通署に戻ることができる。片側二車線の北一条通りはすでに朝の通勤ラッシュの時間も過ぎて、自家用車の車線規制は終わっている。片側二車線両方ともクルマで埋まっているが、流れは円滑だった。

佐伯は助手席で、応えた。

「盗犯は、クルマの中を一台一台確認してから窓ガラスを割っているんだ。被害がないはずはない」

「かといって、盗品を助手席に置いておくような男にも見えませんでしたね。きちんとした勤め人なんでしょう？」

佐伯は、名刺入れから吉野の名刺を指先で慎重に取りだした。指紋採取は拒んでいながら、名刺は素手で渡してくる。大ごとにするのがいやだということなのだろう。自分の指紋が警察で調べられること自体は、心配していない。犯罪者ではない。少なくとも、指紋を採取されて露顕するような犯罪は犯していない。

「何をやる会社だかわからないが、被害はそうとうに価値のあるものだな」

「やっぱり被害はあったという判断ですね」

「表沙汰《おもてざた》にしたくないもの」

「風体次第では、クスリかと疑いたくなりますが、何でしょう」

「まずは車上狙《ねら》いを片づける。山鼻署の記録にも目を通す必要があるな。いったん署に戻ってから、出向こう」

前方の交差点の信号が赤となった。新宮がクルマを徐行させ、一台前のクルマのうしろで停めた。横断歩道を、母子連れと見えるふたりが、談笑しながら渡ってゆく。母親らしき女のほうは三十歳前後、女児のほうは五、六歳だろうか。

新宮がそのふたりを目で追いながら言った。

「ＤＶＤに焼いた児童ポルノとか。被害届けを出していなければ、盗犯が逮捕され押収品からそのＤＶＤが出てきても、自分とのつながりはばれない」

「やつは、指紋を気にしていない」

「じゃあ、データかな」

佐伯は新宮に顔を向けて訊いた。

「なんだって？」

「データです。かたちになったものじゃなくて。指紋のつきようもないデータが、被害品目」

佐伯は言った。

「とりあえずは車上狙い逮捕。被害届けのあったものについて当たるぞ。あの男のことは、あとまわしだ」

「はい」

信号が青に変わった。新宮がふたたびクルマを発進させた。


そのラブホテルは、水源池に入る脇道入り口の市街地寄り、百メートルほどのところにあった。道道を折れて三十メートルばかり上った位置にゲートがあって、これをくぐるとホテルの建物に到着するのだ。ピンクの外壁の二階建てで、一階がガレージ、二階に部屋という造りと見えた。ガレージのシャッターが下りていればその部屋は使用中。上がっていれば空きだ。たぶん精算も室内の機器を通すシステムなのだろう。管理人とはまったく顔を合わせることなく利用できる。ただし、出入り口に防犯カメラは設置されているはず。必要とあらば、利用した自動車のナンバーを読み取ることができるだろう。

オフィスは建物のゲート寄り、その裏手にあるようだ。機動捜査隊の竹内勉《つとむ》巡査部長が捜査車両を裏手へと回した。小さな駐車スペースがあって、従業員のものらしき軽乗用車やリネン・サービスのバンが停まっていた。いくらかグレードの高いセダンも一台。これはおそらくマネージャーのクルマだろう。

オフィスのドアを開けて中に入ると、真正面のグレーのデスクの向こうで、中年男が顔を上げた。電話中だ。

津久井は竹内と並んで、その雑然としたオフィスを進み、警察手帳を示した。

血色のよい丸顔の中年男が電話を切って、少し不安そうな顔で言った。

「あの燃えたクルマの件ですか？」

「そうです」と竹内が言った。「気づいていました？」

「消防車の音が聞こえたときに、気になって外に出て見ましたよ。池のほうで燃えているのが見えた。朝になってから近くまで行ってみて、クルマの中でひとが死んでいたと知りました。お巡《まわ》りさんから聞いたんです」

「こちらのマネージャーさん？」

「ええ。支配人です」

男は名刺を出してきた。このラブホテルの支配人という肩書だが、親会社がまたべつにあると読める名刺だった。倉木《くらき》という男だ。

竹内がさらに訊いた。

「昨夜も、倉木さんがずっと？」

「ええ。ふだんは八時で交代するんですが、昨日はこのとおり、朝まで。もうじき代わりますが」

「昨日、クルマが燃えた時刻に、こちらでは何かトラブルなどありませんでしたかね。お客同士の」

「いえ、とくに」

「ここは何部屋あるんです?」

「十八」

「昨日深夜は、お客はどのくらいいました?」

「ウイークデイですからね。満室にはならなかった。午後から、十二、三組かな」

「クルマが燃えた時刻にいたのは?」

「夜遅くにきて、今朝まで泊まりの客がふた組。もう出ています。夕方から夜にかけてやってきて、十一時すぎに帰っていったのが十組くらい。あ」倉木は、頬《ほお》をなでながら言った。「十二時を回ってから出ていった客もひと組あったな」

「防犯カメラ、見ることできます?」

「いいですよ」

倉木はデスクのうしろを振り返り、モニターを操作した。

二台並んだモニターのうちのひとつで、その時刻の記録の再生が始まった。カメラはゲートから宿泊棟へと通じる舗装路の途中に設置してあった。ゲート前で徐行するクルマを、撮影している。

倉木が深夜十二時のあたりから早送りして、一台のクルマが出てゆくところでノーマルの再生速度に戻した。夜間の照明の下なのであまり鮮明とは言えない画面だったが、それでも車種はすぐに判別がつく。白か銀色の、トヨタの大型四輪駆動車だ。前部席に乗っているふたりの顔はわからない。

この四輪駆動車は、主に建設業界の関係者が乗るクルマだった。あるいはその業界の関係者とみな

された い男が。また一時は、日本でもっとも盗難台数の多いクルマとしても、警察官には知られていた。大がかりな窃盗団が盗んで偽の輸出証明を取り、ロシアや中東に輸出していたのだ。津久井は画面を見ながら、かつて自分の先輩格の捜査員である大通署の佐伯宏一が、このクルマの窃盗団を追っていたことを思いだした。あれは北海道警察本部で「最悪の一週間」とも呼ばれた時期の前後のことだから、もう五年前のことになる。

竹内が倉木に言った。

「止めて」

画面が静止した。

時刻の表示は、十二時九分だ。

「クルマはなんだ?」

竹内に訊かれて、津久井はそのグレードを答えた。

「新型ですね」

あのクルマについてなら、グレードや年式ぐらいまでは判別できた。

浄水場の職員は、銀色の四輪駆動車とすれちがったと言っていた。これのことだろうか。だとしたら、クルマの炎上に気づいていたのは、このクルマのドライバーのほうが先だ。しかし消防への通報は一本だけ。このクルマは炎上を目撃しながら、通報しなかったことになる。もっとも、このところ暴行や事故を目撃しても通報しない市民が増えてはいるのだ。関《かか》わりになりたくないと、知らぬふりを決め込む市民が年々多くなり、そのため犯罪事件の捜査は確実にやりにくくなっている。このクルマの場合は、たぶん通報しにくい事情を持ったカップルが乗っていたのだろう。

しかし、炎上が始まった時刻とほぼ同じタイミングで、脇道のすぐ近くを通過しているのだ。ドライバーは何か目撃しているかもしれなかった。先を走る不審車両とか、人影とか。

「ナンバー、読み取れるかな」と竹内が言った。

津久井は目を細めてそのナンバープレートを見つめた。地名と分類番号、それにひらがなはすぐに読み取れた。しかし、四桁《けた》の数字が読み取りにくかった。

「52・38ですかね。いや52・88かな」

「もう一回、前から再生してくれ」

倉木が、テープを少し前から再生しなおした。動いている画像のほうが、読み取りやすかった。末尾二桁の数字は、38とわかった。

「けっこう」と竹内が言った。

倉木がテープを止めてから訊いた。

「あんなところで、自殺なんですか」

津久井は答えた。

「まだわかりません」

「そのうち、幽霊の噂《うわさ》なんか立たないで欲しいですけど」

津久井たちは倉木に礼を言って、そのラブホテルの事務所をあとにした。


そこは大手クリーニング店の工場だった。建物の横手の駐車場には、いま三台のトラックが停まっており、荷室にキャスター付きの大きな籠《かご》が次々と積まれてゆくところだった。駐車場の広さを考えると、十五分も前にはたぶん、十台以上のトラックがここに並んでいたのだろう。

集合住宅の管理会社から聞き出した、店子《たなこ》・米本弘志《ひろし》の勤め先だった。米本の家族が住む場所から豊平川《とよひら》を越えて三キロほどの距離。国道三十六号線にも近い、少し埃《ほこり》っぽく乾いた印象のある軽産業エリアの一角だ。米本弘志は、ここでもう二年働いているという。

不動産管理会社の入居申し込み書からは、母親のほうの勤め先はわからなかった。無記入だったのだ。そのころは専業主婦だったのかもしれない。父親のほうの勤務先だけを知ることができた。

籠を押しながら、工場長が言った。

「きょうのシフトは早番。だから八時五分すぎだ。携帯に電話が入ったよ。病院に入っていた父親の容態が悪くなったので、緊急に見舞ってくる。二日三日休むことになるってね。せめていったん出社してくれるんなら、やりくりもしやすかったんだけど」

小島百合は訊いた。

「親御さん、どちらにいると言っていました?」

「東京。東京の病院」

「実家ではなく?」

「違うっしょ。おれ、あいつから実家が東京だったたって話、聞いていなかったんだよな。本籍は江差《えさし》のはずだし」

「嘘《うそ》を言っていると?」

「病院ってことだったから、難病であっちで治療しているってことかもしれない。詳しいことは、米本は言ってなかった」

「東京には、家族で行くと?」

「そういう意味に受け取ったよ」

四十代の工場長は、籠を二トントラックの荷室に積むと、両手を払ってから小島百合たちに向き直った。

塚本が工場長に訊いた。

「米本さんは、家族の話をよくしていました？」

「いいや。だけど娘がいることは知っていた。携帯の待ち受け画面も、娘とのツーショットだったよ」

「奥さんとは仲がよかったんでしょうか」

「知らないけど、べつに悪くはなかったんじゃないの。ねえ」工場長は口調を変えた。「ほんとにあいつ、何かまずいことしたんじゃないの？　真面目《まじめ》な男だけど、あんまり厄介ごとを持ち込まれるようだと、困るなあ」

小島百合はきっぱりと言った。

「何にも。さっき言ったように、娘さんを学校から連れ帰った事情が気になってるだけですよ。この程度のことで、厄介だなんて思わないでください」

「そうだけどさ」

塚本が言った。

「念のために、米本弘志の携帯番号、教えてもらえますか」

「いいよ」

工場長は携帯電話を胸ポケットから取りだした。

その転送が終わったところで、小島百合たちは捜査車両に向かった。

工場長の話では、東京にいる米本弘志の親が容態悪化、それで米本ファミリーは急遽《きゅうきょ》、東京に向かうことにした。仕事は数日休む、と連絡があったという。入院していたようだから、死を覚悟しろという連絡であったのかもしれない。

つまり小学校前でのできごとは、拉致でも誘拐でもない。ただ父親が娘を東京に連れてゆくためにあわてて登校直前の娘を連れ帰っただけ、ということになる。母親も、娘が登校しなかったことを心配しているようではなかった。父親が娘をクルマに乗せたのだと、確信しているようだった。

でも、と百合は思う。米本若菜が母親と学校に向かったとき、まだ米本の父親の容態急変は米本ファミリーに伝えられていない。伝えられたのは、米本母子が学校へ向かっている途中のことであり、父親の米本弘志は連絡を受けると即座に上京することを決めた。たぶん米本は妻の晴子《はるこ》にもただちに電話して、一緒に行こうと言ったのだろう。弘志は学校へと自分の軽乗用車を走らせ、正門前から娘を連れ戻した。

しかし、いくらあわてて親もとに駆けつけるにしても、荷造りがあるだろう。葬儀を覚悟しなければならないというときに、普段着のままでは行けない。ところが母親も、住居に戻った気配はない。通勤着のまま、米本弘志と若菜に合流して、ＪＲ札幌駅か千歳《ちとせ》空港に向かったということだろうか。

どうも納得が行かない。米本晴子の電話での応対も、米本弘志の職場への連絡内容も、米本若菜連れ去りと見えたものの説明にはなっているが。

塚本が、駐車場から表通りにクルマを出してから言った。

「納得できないって顔だな」

百合は塚本に顔を向けて言った。

「ええ。動きが急すぎて、ひとはほんとにここまで即座に旅行を決めるもの？　と思ってしまう」

「旅行というよりは、親の死に水を取るための帰郷だけど」

「帰郷じゃない。本籍が江差ということは、実家もそうでしょう。どんな病気か知らないけれど、ほんとに父親は東京の病院に入院していたんだろうか。重い病気なら余計に、しょっちゅう見舞いに行ける距離の病院に入ってもらうはず。子供ならね」

「やっぱり事件性があると？」

「いいえ。もう事件性があるとは疑わない。でも、腑《ふ》に落ちない」

「父親の容態急変が嘘だったとしても、何かそれに近い事情があったんだろう。もっと複雑な事情。それを説明するのが面倒なとき、わかってもらえそうもないとき、ひとはごくごくわかりやすい嘘をつくさ」

「その複雑なほんとの理由のほうにも、事件性がないといいけど」

塚本が言った。

「何か想像できるのか？」

「いいえ。でも、最初に思った親権争いというのはどう？」

「両親は離婚訴訟中じゃないようだぞ」

「若菜ちゃんのほんとうの父親、いえ、ほんとうの母親かもしれないけど、もうひとり当事者がからんでいるとか。連れ去りの危険が切迫していたので、とりあえず身を隠した」

「なるほど」塚本も同意したように見えた。「モンスターが近くにきていた。だからこれほどあわただしく逃げたってことか」

「どうです？」

「もうひとりの当事者、っていう部分がちょっと説得力に欠けるかな。ただ、モンスターと表現することのほうが、リアルだ」

「じゃあ、そのモンスターって何?」

「わけがわからないからモンスターなんじゃないか」

百合は肩をすぼめた。

わけがわからないままだけど、今朝の女児連れ去りについては、事件性なし。生活安全課が出る事案ではない、ということでいいのだろう。署に戻ったら、係長にはそう伝えるまでだ。

塚本が、捜査車両を加速した。


佐伯の直属の上司は、伊藤成治という二歳年上の警部だった。身長百八十センチで百キログラムという肥満体だ。それでも彼はこの一年で四キロ落としたと自慢している。あと赤ん坊をふたり分減らせば、医師から厳命された数値になるとのことだ。

佐伯が、車上狙いの一件を報告するためその伊藤のデスクに向かうと、彼は椅子《いす》から立ち上がって言った。

「会議室に行こう」

佐伯は身体《からだ》の向きを変えて、会議室へと歩き出した。

うしろで伊藤が、いま一緒に現場から帰ってきたばかりの新宮に命じたのが聞こえた。

「新宮、おれには烏龍茶《ウーロン》。佐伯には、ええと」

佐伯は振り返って自分で新宮に指示した。

「コーヒー、砂糖抜き」

会議室に入ると、伊藤は椅子に浅く腰かけ、両腕を頭のうしろに回して言った。

「どうだった?」

佐伯は伊藤の斜向《はすむ》かいに腰をおろして言った。

「山鼻署管内で続いていた車上狙いと同一犯でしょう。手口も一緒ですし、被害がモバイル・パソコンという点も同じです」

「直接被疑者につながる物証なんて出たか?」

「鑑識結果待ちです。このあと、山鼻署と情報交換してきます」

「合同でやるか?」

「あちらさんのやる気次第。引き渡せということであれば、それでもかまいません」

「淡白だな」

「そんなことはありません」

「いまノートパソコンって、いくらぐらいするんだ?」

「七、八万円からあります。いっときから考えると、ずいぶん安くなった」

「中古ショップに持ち込んだところで、うま味がある品物でもないだろうに」

「だから、被害者のほうも、気がゆるむんでしょうね。クルマの中に置いたきりにするんですから」

伊藤は椅子の上で腰の位置を直すと、こんどはテーブルの上に両手をついた。

「あんたが刑事課の遊軍じゃ、道警も宝の持ち腐れだ。あんたに車上狙いを担当させるのは、いくらなんでももったいないってものだ」

佐伯は応えた。

「専務職員としてやれるんですから、十分ですよ。どんな事案でも、仕事には変わりはありません」

「じつは、警部昇進試験の件だ。警務から、内々に感触を引き出している」

警務部は、職員の人事全般を担当するセクションだ。異動、配置から昇格降格全般を管掌する。人事に必要な情報を集めるために、職員ひとりひとりの私生活を含めた監察もおこなう。昇進試験を実施するのも警務部だ。試験を受けさせるかどうか、合格したとして、どんな待遇、役職を与えるかということも、警務部が決める。警務部により監察を受けて素行不良と評価されたり、思想的な偏向があるとみなされた職員は、よいポストを与えられない。逆に言えば、道警職員の生殺与奪の力を持っているのが警務部ということになる。

伊藤が言った。

「あんたが、警部昇進試験を受けて合格する見込みはあるかということを、何度かべつべつの本部警務部の職員から聞き出した」

「そこまでやっていただいたのですか」

佐伯は、かつて道警のスキャンダルが一気に噴き出した「道警最悪の一週間」と呼ばれる時期、公然と組織に逆らった。裏金問題で北海道議会に証人として呼ばれた津久井卓巡査部長を、組織の妨害をはねのけて議会に送り届け、同時に生活安全部長による女性警官殺しを暴いた。大通署刑事課に配属されてほぼ一年という時期だ。それがために、完全に組織の裏切り者という烙印《らくいん》を押され、盗犯係のさらに遊軍、という盲腸のような立場に放り出されたのだった。自分と行動を共にした若い捜査員ひとりだけが部下だ。

しかし佐伯はこの待遇にくさることなく、地道に仕事で実績を挙げてきた。もともと有能な捜査員であるのだし、いくらなんでもそろそろ、その実力にふさわしい階級に引き上げ、ふさわしい役職を与えるべきではないか、という見方が広まっているらしい。その空気を、佐伯自身もなんとなく感じてはきているのだった。ただ、そうだとしても、組織に逆らったことの懲罰は終わったと最終的に判断するのは警務部であり、もっと言えば警察庁から送られてきている道警ナンバーツーの警務部長の腹次第ということになるのだった。警務部長が首を縦に振らないかぎり、佐伯は昇進試験を受けることもできない。そして警務部長のそうした判断は、警務部一、二課長の進言によって決定される。

伊藤は言った。

「いまの警務部長は、半年前に着任したキャリアだ。最悪の一週間当時の生々しい記憶はない。東大卒のキャリアだから清廉潔癖なはずもないが」

佐伯は微笑した。それは、東大法学部卒に対する偏見だ。どんなことにだって、例外はある。

伊藤は続けた。

「そういう男だけど、みっともないことはしないほうがいい、という程度の美意識はあるらしい。一課長がお前に警部昇進試験を受験させると推薦すれば、拒むことはないだろう」

警務部に目をつけられている職員は、昇進試験を受けたいと希望を口にした段階で、遠回しに告げられる。絶対に合格することはない、止《や》めておけ、と。いまの伊藤の言葉では、佐伯について、受験など無駄だという反応はなかったと考えていいのだろう。もっとも警部昇進試験は、幹部昇進試験ということである。試験は厳しいものになる。現場実務の知識だけでは合格しない。求められる法律知識のレベルが高くなる。社会常識全般についてのテストも生半可なものではないという。そして合格した場合は、東京の府中にある警察大学校でほかの県警の合格者たちと共に、また数カ月の寮生活、合宿生活を送って、幹部として必要な知識、常識を叩《たた》きこまれるのだ。警務部としても、警察大学校での教育に耐えられそうもない職員を、まちがえても合格させるわけにはいかないのだった。知識水準についても、人格、素行の面でも。昇進試験以前の段階で、警務部は職員を評価する。

「感触は、悪くないんだ」と伊藤は言った。「それとなく一課長の橋場《はしば》にあたってみた。お前は受験できる。合格点を取れば当然昇任ということだ。つぎの試験、受ける気はあるか？」

佐伯は素直に言った。

「係長にそこまで言っていただけるなら」

「ひとつだけ、心配なことがある」

「何です？」

「あんたが、試験前にまたうちの役所に楯突《たてつ》くようなことがあったら」

佐伯はすぐに伊藤の言葉を遮った。

「わたしはいままで、楯突いたことなんてありませんよ」

伊藤は笑った。

「ぶつかった、でも、逆らった、でもいいがさ。要するにうちの偉いさん連中を不愉快にするようなことがあったら」

「偉いさんたちは何が不愉快なのか、わかりません」

「わかってるはずだぞ、佐伯」

「ま、多少は」

「それがあると、試験を受けることさえできなくなる。だから合格までは、自重しろ。どんなことがあっても」

「努力します」

「お前自身であることをやめろ、と言ってるわけじゃない。ときには柔軟になってもいいだろってことだぞ。警部になれば、平のときには戦えなかった相手とも戦えるようになるんだ。だったら、その階級、その武器を手にするまでは、しばらくは警務部理想の警官でもいいだろ」

一理ある言葉だ。佐伯はうなずいた。

「そうしますよ」

「なんなら、受験前に橋場一課長にあいさつだけしておくか」

「必要ですか？」

「いや。ふつうなら無意味だ。ただ、お前は特別だし、橋場は自分の地位に敬意を払われることを喜ぶタイプらしいから」

「とりあえずは、ふつうの手続きどおりで」

会議室のドアがノックされた。いいぞ、と伊藤が応えた。

ドアを開けたのは、新宮昌樹だった。ふたつの紙コップを手にしている。

「お茶を持ってきました」

「ちょうどいい」と伊藤が言った。「きょうの車上狙いの件、読みを聞かせてくれ」

「はい」

新宮は会議室の中に入って、テーブルに紙コップを置いた。


津久井が竹内と共に現場に戻ると、長正寺が機動捜査隊のもう一台の覆面セダンの脇でコートのポケットに両手を突っ込み、あたりの様子を眺めている。鑑識係たちは、遺留品捜索の範囲を少し拡《ひろ》げたようだ。平坦地の奥のほうでも、地面を凝視しながらゆっくりと移動していた。

津久井たちが近づいてゆくと、長正寺が顔を向けた。

「何かあったか？」

竹内が答えた。

「ちょうど炎上した時刻に出て行った四輪駆動車があります。白もしくは銀色。浄水場職員が目撃したクルマと特徴が似ています。番号はわかりました」

「持ち主を調べて、何か目撃していないか当たれ」

「はい」

「こっちでいま、赤松名義の運転免許証が見つかった。水面に浮いてた。被害者は赤松淳一でまちがいないな」

竹内が訊いた。

「免許証だけですか？　財布は」

「免許証だけが浮かんでいた。住所が旭川」

覆面パトカーから捜査員のひとりが降りてきて、長正寺に報告した。

「赤松って男、前科がありました。平成八年に旭川で詐欺罪で逮捕。実刑三年半」

「どんな詐欺だ？」

「カネのある老婆を騙《だま》して、利殖話に巻き込んだ。被害届けの出た金額が八百万」

「マル暴じゃないな」

「ちがうようです」

「だけどカネで恨みを買ってることは確実か。ずっと旭川在住なのか？」

「本籍は紋別《もんべつ》です」

長正寺は、その捜査員に指示した。

「お前と田中は、旭川に行け。この赤松淳一って男の周辺を洗うんだ。トラブルがなかったかどうか、カネ、怨恨両面で」

「はい」

指示された捜査員は、あらためてセダン車に乗った。長正寺が離れると、セダン車は急発進して現場から出て行った。

小樽と旭川とのあいだは、高速道路を使って二時間少々だ。正午ぐらいには到着して、被害者の周辺で聞き込みが可能だろう。

長正寺が振り返り、機動捜査隊の部下ふたりに指示を出した。

「おれたちは本部に戻るぞ。ここは鑑識に任せて、検視の報告を聞く」

「死体はもう運ばれたんですか？」

「五分前に出た。北大法医学教室」

ありがたいことだ、と津久井はふいに思った。ニューヨーク市あたりでは、毎日多くの変死体が出るから、ニューヨーク市警察は自前の法医学研究所や死体置き場を持っているとか。しかし北海道警察本部管内では、変死体はせいぜい一週間に一体出るだけ。検視の専門職員を抱えておく必要はない。その都度、協力関係にある大学の法医学教室で検視解剖をしてもらえばすむのだ。

「行くぞ」

長正寺が、覆面パトカーの助手席に乗り込んだ。津久井も後部席のドアを開けて、さきほどと同じシートに腰を下ろした。

竹内がセダンを発進させた。

小樽市街地につながる道道六九七を走り出してから、長正寺が言った。

「被害者は、免許証をたぶん財布に入れていたはずだ。被疑者が財布からわざわざ抜き取って捨てた理由は何だろうな」

運転しながら竹内が言った。

「被害者の身元特定を遅らせるため、と、ふつうに考えていいんじゃないでしょうか」

「だったら、水に浮くようなものを水源池に捨てるか。じっさいあっさり水面で見つかったんだ。どうだ、津久井」

津久井は、現場に到着したときに一度思いついたことを口にした。

「被害者の身元確認。被疑者は狙った相手がほんとうに赤松淳一かどうか確かめたのでは？　免許証で本人を確認してから、殺害」

「ということは、被害者と被疑者は、直接の面識はなかったことにならないか。さっきお前は、殺害の手口に懲罰、処刑の意味を感じるとも言った。見知らぬ相手に懲罰？」

津久井は返答に詰まった。いくらなんでも、詐欺師相手にそれは非現実的か。被害者が暴力団員であれば、組織としての懲罰、という見方も可能だろうが。それとも、この赤松という詐欺犯は、じっさいは暴力団の準構成員ぐらいのワルなのか。旭川に向かった捜査員たちからの、被害者の身元についての詳しい報告を聞きたいところだ。

長正寺がさらに言った。

「さっき、携帯電話がないことの理由に、被害者の人間関係のうちに被疑者がいる、とお前は読んだぞ」

津久井は、自分の読みに自信を失って答えた。

「その蓋然《がいぜん》性もある、という意味です。拉致したので、被疑者は通報されたりしないよう、携帯電話を奪う必要があった。携帯電話がないのは、その意味のほうが大きいように思います」

「どうもまだ、何が起こったのかもよく見えてこない事案だな」

機動捜査隊が現場に到着してからまだ一時間もたっていないのだ。起こったことの全体が見えてくるまで、あと半日やそこいらの時間は必要かもしれない。筋読みができるようになるのは、そのあとだ。


デスクに戻ると、佐伯は新宮に指示した。

「札幌管内で、車上狙いのデータから、手口と盗品が共通するものを洗い出してくれ。この二カ月だけじゃないはずだ」

新宮が訊いた。

「車上狙いの前科のある者もリストアップしましょうか。同じ手口を使っていた盗犯を」

「それはおれがやる」

新宮が微笑した。

「チーフ、このごろパソコン・スキル身につけましたね」

「馬鹿にするな」佐伯は半分本気で怒った。「最近は、携帯でメールも打ってるだろう」

「了解、という返事以外、もらったことありませんよ」

「十分用は足りてる」

「やっぱり、逮捕歴のある盗犯、おれが調べますよ」

佐伯は少しためらってから言った。

「そんなに言うなら」

新宮が声を出さずに笑い、それから真顔になった。

「きょうはみなさんとランチの日ですが、覚えています？」

忘れていた。親しい同僚たちと顔を合わせる機会も減っているので、ランチを一緒にしようかということになったのだ。夜の約束は、しばしば誰か彼かの土壇場キャンセルという事態になる。しかし昼であれば、なんとかその時間、全員がやりくりして合わせることはできる。何かの拍子に津久井が言い出して、小島百合も同意したのではなかったろうか。携帯メールでそれぞれの意志確認があって、この日一緒にランチと決まった。

せっかくだから、多少は質の高いレストランの個室を予約しようということになった。ちょうど大通署からも道警本部からも近い場所に中規模のシティ・ホテルがあり、ここのレストランのランチ・サービスはコスト・パフォーマンスが高いと評判だった。ランチ・セットの値段も、地方公務員のたまさかのランチ代としてはなんとか許容範囲だ。小島百合が予約して、きょうそこでランチを一緒に取ることになっている。集まるのは、佐伯、新宮と、津久井、それに小島百合の四人の予定だ。それをつい佐伯は失念していた。

「覚えている」と佐伯は答えた。「五分前に出るぞ」

津久井は、北海道大学医学部のその法医学教室司法解剖室に入って、小さく身震いした。検視解剖がおこなわれるその司法解剖室は、強めに冷房されていたのだ。たぶん二十度前後。しかし白いタイルとステンレス製の什器《じゅうき》で構成された清潔な司法解剖室は、じっさいの室温よりも低く感じられるのではないか。体感気温はたぶん十八度以下だ。

津久井と長正寺、それに竹内の三人は、司法解剖室の外で白衣とマスク、帽子を身につけていた。さらにゴム手袋。白衣を着ながら長正寺が、細菌兵器培養室にでも入るみたいだ、とぼやいた。しかし、津久井はこの手続きには共感できる。変死体を見るとき、スーツやジャケットという普段着では、自分の日常感覚が動揺する。酷《ひど》いものを見ている、という生理的嫌悪感が湧《わ》くことを止められない。しかし白衣とマスクといった、非日常的な衣類を身につければ、自分の皮膚の感受性にひとつ化学的なバリアが生まれる。変死体は、科学的な分析の対象となる。とくに自分たちのように、けっして数多く変死体を見てきているわけではない職業人には。

やはり白衣の若い助手に案内されて、部屋の中央のステンレス台に近寄った。台の上は盛り上がっており、黒いビニールシートがかかっている。

台の向こう側には、白衣の男性が立っていた。マスクのために顔は判別しにくいが、六十歳近い年齢だろう。

長正寺が名乗って近づくと、相手も言った。

「福地《ふくち》です。まだ検視は途中ですが、ここまででわかったことはお話できます」

「死因は?」

福地は、解剖台の上のビニールシートを少しだけ持ち上げた。焼け焦げたひとの頭部と見えるものがそこにあった。

「焼死です。第三度熱傷。部分的には炭化して四度も見られます。上気道粘膜も火傷《やけど》しています。とりあえずの判断ですが」

「ということは」長正寺が焼死体を冷徹な目で見下ろして訊いた。「クルマが燃えたときは、この男は生きていたということですか？」

「ええ。死体が焼けたんじゃない。焼け死んだのです。周囲で可燃物が燃えて一酸化炭素が発生、この男性はそれも吸っている。ガス中毒、酸欠が同時に起こっていますね」

「ほかに何か、気になる点はありますか？」

「左頬が挫傷《ざしょう》していました。硬いものに顔をぶつけたか、殴られたかしたのでしょう。肋骨《ろっこつ》も二本折れていた」

「殴打で？」

「打撲」

「鈍器でしょうか」

「頬も肋骨も、少し丸みのあるものを当てられたような傷と見えます」

「拳骨《げんこつ》とか？」

「可能性はありますが、なにぶん皮下組織まで焼けているので、断定はできない」

「刺し傷とか、銃創とかはどうです？」

「ありません。そうそう」

福地は、ビニールシートの上で指を走らせた。鉤《かぎ》のかたちにだ。

「組織に、焼けた合成繊維が食い込んでいました。シートベルトでしょう」

津久井は思った。被害者は手錠をかけられていたわけだから、シートベルトはそのまま拘束道具と同じ役割を果たしたことになる。安全のための器具が、いわば拷問具の代用品となったというわけだ。

長正寺がまた訊いた。

「歯型は取れますね？」

「ええ。これから調べるところです」

「ほかに何かありますか？」

「まだ、いまのところ言えるのはこの程度です」

「また来ます」

司法解剖室を出て、津久井たちは控室で白衣を脱いだ。

長正寺が言った。

「いったん本部に戻ろう。赤松淳一の身元について、調べられるだけ調べる。詐欺事件の捜査報告書を取り寄せて、当時の捜査員から概要も聞き出そう」

津久井は時計を見た。

午前十一時二十分になっていた。

きょうは、先輩捜査員である大通署の佐伯たちとランチをすることになっている。いまから本部に戻れば間に合うだろう。


小島百合は、上司への報告を終えると、自分の席に戻ってバッグをデスクに置いた。

時計を見ると、午前十一時四十分になろうとしていた。きょうは佐伯たちとランチを一緒に取る約束をしている。署から二ブロック離れた場所にあるシティ・ホテルの、秋の豪華ランチ・プラン。夜は高くてとても行けないレストランが、平の公務員でも出せる金額でそこそこのランチを出してくれるのだ。仲間うちで一緒にランチでもという話が出たとき、百合はすぐにこのレストランを思い出し、予約した。ランチであれば、仲間たち、とくに佐伯宏一が仕事を理由にすっぽかすことも滅多にあるまいと期待できた。店を予約してあればなおさらだ。

隣りのデスクの職員が、読むかい、と地元ブロック紙の朝刊をデスクの上に滑らせてきた。部に届けられている新聞のひとつだ。課長から始まって、職員たちが順に回し読みをすると、百合のもとにその新聞が渡ってくるのは、だいたいこの時刻になる。

百合は新聞を手元に引き寄せて、社会面を開き、見出しにさっと目を走らせた。ついで第二社会面。ローカルの記事に何か自分の仕事にからんだ記事が載っていないかを探した。

生活安全課がからむような事案はとくになかったが、函館発信の十行ほどの記事が目に入った。

函館セントラル病院で転落死

二十四日朝、函館市五稜郭《ごりょうかく》の函館セントラル病院駐車場脇で、入院中の為田《ためだ》俊平《しゅんぺい》さん（66）が倒れているのが見つかった。屋上には為田さんの使っていた車椅子が放置されており、警察は為田さんが病気を苦に自殺したものと見ている。

その横にもうひとつの警察発表の記事。

釧路港の死体、身元判明
二十四日朝、釧路港で発見された死体は、同市末広《すえひろ》町のタクシー運転手、飯森周《いいもりまこと》（45）さんと判明した。飯森さんは前夜から行方がわからなくなっていたが、昨日になって乗務するタクシーが釧路市昭和で発見されていた。売り上げ金などはそのまま残されており、警察は事件性はないと判断している。

ふたつとも、昨日死体が発見されている。昨日の午後にでも、函館、釧路それぞれの方面本部でマスコミ発表があったのだろう。

それともうひとつ。留萌《るもい》市で、キノコ採りに山に入って行方不明になっていた七十歳の女性が発見されたという記事。

百合は新聞を畳むと、生活安全課の談話用応接セットがあるコーナーまで歩いて、その新聞を今朝のほかの新聞の山の上に重ねた。

塚本がソファのひとつで、全国紙を読んでいる。彼と目が合った。奇妙な表情をしていた。

「どうしました？」と百合は訊いた。

塚本が、面白くなさそうな顔で言った。

「どうやら、知ってる男が死んだ。何か事件に巻き込まれたな」

「札幌で？」

「函館」

「転落死したというひと？」

「読んだのか」

「ええ、いま。どういうお知り合いなんです?」

「いや、おれの直接の知り合いじゃない。だけど、この名前、見覚えがあるんだよなあ」

百合はもう一度自分がいま読んだばかりのブロック紙を取り上げて、第二社会面を開いた。函館セントラル病院の転落事故の記事。

転落死した入院患者の名は、為田俊平と出ている。

「為田というひとですね」

「前の同僚が、こういう名前の男と親しくしていた」

「どんなひとなんです?」

「スナックをやっていた。もともとは、札幌で興行関係の仕事をしていたとか聞いた」

「コウギョウ?」

「芸能の興行だ。うんと以前は、サーカスとかの仕事にも」

「この記事では、自殺と断定されたように読めますね」

「早々とそう決めつけていいんかな。多少いかがわしい連中とつきあいもあったはずだから」

そんな男が、塚本のもと同僚と親しかった。それが意味するところはなんだろうか。

塚本はそれ以上この話題を引っ張らなかった。

「さて、そろそろ飯だ。あんたは?」

「きょうは、外で」

「特別なランチか」

「たまにはね」

百合は塚本に微笑を向けて、応接セットのそばから離れた。

津久井は、長正寺や竹内と一緒にその映像を見つめた。現場から一キロほど離れた天神十字街という交差点の防犯カメラの録画だ。道道六九七号は、この交差点で左に曲る。正面から直進してきて右に折れる道路は、国道三九三、通称赤井川国道である。交差点の東側角にあるコンビニエンス・ストアが、表を通過するクルマの一部を記録している。赤井川国道の交通量は多いが、谷を西の水源池方向に上る道道六九七の交通量はさほどでもない。クルマが放火された時刻が特定できれば、その道道を下ってきたクルマのうちどれが犯行に関係がありそうか、かなり絞り込むことができる。

画像はメモリーカードからパソコンに取り込まれたもので、しかもモノクロ。夜というせいもあり、あまり鮮明ではなかった。どうにかクルマの種類が判別できる程度だが、それでも捜査範囲を狭めるためには役立つだろう。

パソコンを操作する若い捜査員が言った。

「通報の時刻の前後三十分ずつを、早送りしてみます」

三分ほどの長さにまとめられていた。水源池方向に上ってゆくクルマ、下ってくるクルマが、二十台ほど確認できた。

捜査員が、つぎに一台ずつをとびとびの静止画で見せてくれた。捜査員は、通報から二分後だというクルマの映像を止めて言った。

「これが目撃された四輪駆動車だと思います。このクルマがもしラブホテルを出たクルマだとしたら、この前五分ぐらいのあいだに通った四台のうちどれかが、被疑者のものです」

セダンやバンタイプのクルマが、五分のあいだに四台続いてコンビニ前の天神十字街交差点を通過していった。

「ただ」とその捜査員は言った。「通報六分前に、この四輪駆動車が通っています」

白か銀色と見える大型の四輪駆動車だ。

長正寺が言った。

「浄水場職員が見たのは、この四駆の可能性もありか」

津久井は言った。

「ラブホテルの映像と時刻が合いません。ゲートを出る以前ということになる」

長正寺が言った。

「ラブホテルの四駆、オーナーを調べて、動きの正確な時刻を出してくれ。それと通報時刻を基準にして、被疑者のクルマを特定する」

長正寺は、津久井に目を向けて指示した。

「もうひとつ。この天神十字街交差点の下にも、もうひとつコンビニがあったな」

「一・五キロ下、奥沢十字街交差点にサンクス。下り車線側でした」

「そこの防犯カメラの映像もチェック」

「行ってきます」


新宮昌樹が、佐伯にプリントアウトの束を渡してきた。十数枚のコピー用紙だ。佐伯は一枚目に目を落とした。この七年間の車上狙いの被害届けが並んでいる。それも、集合住宅の駐車場を深夜に狙ったもので、クルマの窓ガラスを割ってドアを開け、車内から鞄なりそのほかの貴重品なりを盗んだという手口のものだけの集計だという。すべて犯人未逮捕の事案である。

新宮が説明した。

「時効になっていない七年前の分から調べました。この手口がはっきりと傾向として現れてきてるのは、二年前からです。大谷地《おおやち》署と清田《きよた》署管内に集中していましたね。九月十月で七件。十一月に三件。十二月に一件。このあとぴたりと収まって、去年の秋になってから、こんどは円山《まるやま》署で四件。山鼻署管内でまた三件。そして不思議なことに一月からまたなくなるんです。見落としているのかもしれませんが」

佐伯はプリントアウトを読みながら言った。

「手口をひとつひとつ見てゆく必要はあるけど、同一犯の匂《にお》いがぷんぷんするな」

「途中ブランクがありますが、それぞれの年の事案、別人と考えた方が自然では？」

「雪の季節は、タイヤ痕、靴痕が残る。それを避けているんだろう。同じ人間の発想だ」

新宮は怪訝《けげん》そうだ。

「夏場、まったくないのはどういうことなんでしょう？」

「朝が明るい。夜更かししてるひとの目もある。秋の夜長だけ犯行と決めている」

佐伯は、一枚のプリントアウトを束から抜き出して言った。

「このナビを盗もうとした未遂の事案は、べつだ」

さらにもうひとつ、共通性の少ない事案をはずした。

「夕方のパチンコ屋駐車場もちがう」

「となると、残りの十六件が同一犯ですか？」

「円山署のはべつかもしれない」佐伯はもう一枚のプリントアウトもはずした。「この旭山の路上駐車のクルマの窓が派手に割られた件はちがう」

「品物の被害届けが出ていない分ですね」

「これはたぶん、違法駐車に腹を立てた誰かが窓に金槌《かなづち》でも叩きこんだんだ。車上狙いでじゃない」

新宮が、べつのプリントアウトの束を渡してきた。

「この七年ぶんの車上狙いの逮捕者のリストです。六人。似た手口の男が三人」

「あとの三人は？」

「執行猶予ひとり。すでに釈放されたのがふたり」

「その三人のやった事案も、全部整理してくれ。午後でいい。札幌市内の地図に、全部の事案を書き込め」

「はい」

「ランチ、行くぞ」

「はい」

新宮が席から立って、椅子の背にかけた上着に手を伸ばした。

3

そのホテルは、北二条通りに面して建っていた。札幌市の北二条通りから北側は、北海道庁の庁舎敷地を中心にして、官庁街が形成されている。北海道警察本部ビルも、この通りの北側に建っている。

官庁との接触の多い機関や団体も、この一角にビルを構えたりオフィスを持ったりしている。札幌市内でもっとも男たちのダークスーツ率が高いエリアだろう。

なのでこのシティ・ホテルの客は、大半が官庁街に用事で札幌にやってくる者たちだ。ビジネスホテルよりは多少格の上のホテルに泊まりたいが、観光客や高級官僚向けのホテルに泊まるには出張旅費が足りない、という客が、このホテルを選ぶ。建物の外観も内装もそこそこのレベルで、このところ北海道内外のビジネス客のあいだで人気が高まっているという。

指定されたレストランは二階だった。佐伯は新宮と一緒にロビーから広い階段を使って二階に上がり、そのレストランをめざした。

廊下に品のいい案内が出ていた。フランス語ふうの音感の名。フレンチの出るレストランなのだろう。

入り口で、黒いスーツのマネージャーに言った。

「小島で予約している」

「みなさまお待ちです」とマネージャーは言って、先を歩きだした。

佐伯たちはマネージャーについて、奥の個室へと向かった。十二時三分過ぎの店の中は、もう三分の一ほどテーブルが埋まっている。インテリアはクラシカルな調子を強調した、かなり凝ったものだ。

新宮が横を歩きながら言った。

「いつかこういう店に、夜に来るのが目標です」

佐伯は小声で新宮に言った。

「そういうことが夢だという女とはつきあうなよ」

「どうしてです」

「警官をやってるのがいやになる」

個室では、すでに津久井卓と小島百合が向かい合って席に着いていていた。二人とも私服である。

おひさしぶり、元気そうだなという、親しい者同士の型通りのあいさつがあったあと、佐伯は津久井に訊いた。

「本部での居心地、最近はどうだ」

津久井はピアノを弾くという変わり種の警官だ。長身で、いっときのバレーボール選手のように、精悍《せいかん》さと甘さの同居したような顔だちをしている。ときにそのマスクは軟派にも見える。かつて佐伯と一緒にヤクザ組織と接触するおとり捜査に抜擢《ばってき》されたのも、警官っぽさの薄いその風貌《ふうぼう》と印象のせいだ。

津久井が微笑して言った。

「機動捜査隊の長正寺係長から、手伝えという指示がありましたよ。今朝」

「異動ということか?」

「いまの配置のままでの応援です」

「長正寺は、できる警官が好きだ。何があったんだ?」

「小樽の浄水場でクルマが燃えて、焼死体が見つかったんです。他殺です」

「被害者はわかっているのか?」

「ええ。詐欺の前科のある赤松淳一って男。旭川にいた男のようです」

佐伯は驚いた。

「赤松淳一?」

「知ってるんですか?」

「詐欺で捕まった赤松っていう名前に、なんとなく聞き覚えがあるな」

「被疑者は、赤松を拉致して、玩具《おもちゃ》の手錠をかけて、クルマの中に閉じ込めて燃やした。何か強い怨《えん》恨《こん》があるような手口です」

ウエイトレスが四人分の食事の皿を運んできた。佐伯は会話をいったん止めた。

ウエイトレスが部屋を出ていってから、佐伯は、同じ大通署の小島百合に顔を向けた。

同じ職場で働くのに、彼女とはこの一週間ばかり、すれちがってもいない。

「最近は？」

小島百合が前菜にフォークを使いながら答えた。

「今朝、子供の誘拐騒ぎがあった。けっきょくなんでもないとわかったんだけど」

「どういうことだ？」

百合が、中央区の小学校からの通報を教えてくれた。学校の正門前で、登校途中の女子児童がクルマで連れ去られた、というものだったという。クルマから降りてきた男が、女子児童を拉致していったように見えた。

ところが、小島百合たちが現場に急行し、母親と連絡を取ったところ、急用ができたので娘に学校を休ませることにしたのだという。父親が娘を迎えにいった。誘拐ではない。心配いらない、とのことだった。

父親の勤め先でも、入院中の実父の容態急変で、欠勤すると伝えられているという。つまり、事件性はないことだとわかったのだ。ただ小島百合自身は、両親のその説明に十分納得できぬものを感じている。

百合が言った。

「山鼻小学校。若菜ちゃんっていう女の子。いくら父親でも、通学路でいきなり自分の娘をクルマに押し込んだら、まわりは誤解するわ」

「山鼻小学校の若菜ちゃん？」

「ええ、父親は父兄参観なんかにもほとんど参加していなくて、ほかの子供の母親なんかとも顔見知りじゃなかったみたいなの」

佐伯は、思い当たることがあって百合に訊いた。

「父親の名前は？」

「ヨネモトヒロシ」

「米本弘志？」

「ええ。両親とは直接は接触できていないんだけど」

「つまり、その親たちは、子供を突然学校から連れ戻して、旅行に出たと？」

「米本弘志の父親は、東京の病院に入院しているそう。東京に向かったんでしょう」

新宮が横から不思議そうに言った。

「知ってるひとですか？」

「若菜って娘のいる米本弘志なら知ってる。山鼻に住んでる」

百合も、佐伯の表情にただならぬものを感じたのかもしれない。

「お祖父《じい》さんの容態急変は、若菜ちゃんの登校まではわかっていなかった。お母さんが登校させ、それから出勤。それから五分ぐらいのあいだに電話でもあって、父親は若菜ちゃんを休ませると決め、学校正門前に急いだ。なんか、あわただしすぎるでしょう。たとえお祖父さんが危篤になったのだとしても」

津久井が訊いた。

「その米本弘志って男とは、どういうおつきあいなんです?」

「仕事上の、何だ」正直に答えることがためらわれた。たとえ親しい同僚に対しても。「おれの知ってる米本弘志なら、山鼻小学校に通う若菜っていう娘がいる。ただし、父親はもう死んでる」

津久井と百合と新宮が互いに顔を見合わせた。

津久井が、また佐伯に顔を向けて訊いた。

「もしかして、協力者《エス》ですか?」

そう端的に訊かれたら、答えるしかない。

「そうだ」

歓楽街ススキノの振興組合に勤めていた男だ。ただし、彼が不景気で前の勤めを辞めてクリーニング・チェーンに勤めてからは、あまり接触していない。仕事を変えたこと、もっと言えばススキノを離れた時点で、彼の情報源としての価値は大きく減じたのだ。

百合が言った。

「協力者だってことは、あっちの連中ともつきあいがある?」

「多少はあった」

「何かトラブルでもあったのかしら。いきなり子供を連れ帰って、親子三人、どこかに行ってしまったのだから」

佐伯は携帯電話を取りだした。この半年ぐらい米本弘志とは会っていない。いくら情報源としては使えなくなったにしても、それでもいろいろ人脈の多い男なのだ。そろそろ会っておく時期とは思っていた。

米本の番号を呼び出し、発信ボタンを押した。

米本は出なかった。この電話は電源が入っていないか、という例のメッセージが流れてくる。

佐伯は電話を切って、あらためて仲間たちの顔を見た。

「そういえば」と百合が言った。「昨日函館で転落死があった。今朝の新聞では、函館署では事件性ありとは疑っていないみたいだけど、生安の塚本っていう職員が、その男のことを知っているようだった。あの口ぶり、男は協力者だったとも聞こえたわ」

「なんて男だ？」

「為田、だったかしら。死んだ為田は、以前は札幌で興行関係の仕事をしていたとか」

興行。その言葉から連想する。芸能。芸能ビザ。外国人ホステス。外国人風俗嬢……。要するに、ススキノでは重宝されていた男ということになるのか。

「そいつ、転落死だって？」

「病院の屋上かららしい」

佐伯は新宮に言った。

「この店に新聞があるようなら、借りてきてくれ」

「はい」と新宮が立ち上がった。

百合が携帯電話を取りだし、話し始めた。

「塚本さん、さっきの函館の転落死の件ですけど、ちょっといいですか。

そのひと、塚本さんの協力者でした？

ああ、そういう関係でしたか。ええ、ちょっと気になったものですから。その後、どういう事件なのか、情報って入ってます？

そうですね、わかりました」

百合が携帯電話を切った。

佐伯が百合を見つめると、彼女は言った。

「自分とは協力者というほどの関係じゃなかった。だけど、その死んだ彼が札幌にいた当時、たぶん本部の誰かのエスだったろうって」

新宮が新聞を持って部屋に戻ってきた。ブロック紙だけではなく、全国紙も一紙。

津久井が全国紙のほうを受け取った。百合はブロック紙の第二社会面を開いて、佐伯に、ここ、と指さした。

「為田俊平……」

その字面を見て、佐伯は思い出した。聞いたことがある名だ。

百合が訊いた。

「知ってるひとですか？」

「札幌にいた」と佐伯は答えた。「ダフ屋をやったり、故買屋だったり、せこい犯罪をいろいろやってた」

「興行関係というのは、何の話だったのだろう」

「ダフ屋は興行関係だ。おれは一度ススキノで見たことがある」

「誰かと一緒のところでも？」

「ああ。本部の組織犯罪対策局の男と一緒にいた」

「警察と親しかったんですね」

この為田もエスだった。米本弘志からの情報だ。動物は自分と同種の存在を敏感に察知する。チンピラが同じチンピラを瞬時に見分けるのと同じことだ。警察の協力者だった米本は、同じようにススキノに生きる為田が、自分と同じ匂いを発していることに気づいていた。米本は、為田を見かけたときに小声で言ったのだ。やつもエスですよ、間違いありません、と。

津久井が自分の新聞から顔を上げた。

「もうひとつ、気になる事件がありますよ。釧路のタクシー運転手が死体で発見」

津久井が新聞を渡してきた。佐伯はその記事をさっと読んだ。いまのブロック紙にも出ていた記事だ。

こちらの名には記憶はなかった。

佐伯は津久井に訊いた。

「この男、知ってるのか?」

「知っているというわけじゃないんですが、おれが銃器薬物対策課にいたころ、先輩捜査員がこういう名前の男を協力者にしていました。いや、協力者というのはおれの想像です。ときどき会っていた」

「何をやってる男だ?」

「よくは知りません」

「ちょっと待て。昨日は、函館と釧路で、警察とつきあいのあった男が死に、きょうはやはり警察とつきあいのあった男が妻子と一緒に雲隠れした、ってことか。これは偶然か?」

百合が言った。

「新聞記事では、函館も釧路も、事件性があるようには書かれていません」

「ひとりは転落死。ひとりは水死。不審死だ」

新宮が言った。

「六百キロ離れて、同じ朝というか、深夜に起きた偶然」

津久井があとを続けた。

「きょう深夜には、旭川の詐欺犯が小樽で焼け死んだ。正確にはまだ被害者は特定されていませんが、ほぼ間違いないでしょう。手口は、処罰を感じさせます」

「被害者の、警察との関《かか》わりは？」

「犯罪者なんだから、ある意味ではあったんでしょう」

「詐欺はいつごろのことだ？」

「詳しくは聞いていません。午後には、被害者についての情報もだいぶ入るはずです」

百合が言った。

「その函館と釧路のふたりと、いえ、どちらかと、米本弘志が知り合いだったのかな。朝刊を読んで、米本弘志は驚いた。知り合いがおかしな死にかたをしたと」

佐伯がその想像を裏付けた。

「米本は、為田のことを知っていた」

津久井と新宮が、驚いたように佐伯を見つめてくる。そういうつながりなのですか、と言っている顔だ。

佐伯は、小島百合が思いついたはずのことを自分で要約した。

「米本は自分も危ないと判断し、すぐに娘を学校から連れ戻した。かみさんにも連絡、どこかで合流して消えたということか」

新宮が訊いた。

「米本弘志って男が、自分も危ないと思った理由はなんでしょう?」

佐伯の代わりに、百合が言った。

「三人がみな警察協力者だとしたなら、売った相手が同じだった。その相手から報復が始まった、と思った」

「つまりそれって、暴力団ですか」

「あわてて逃げなきゃならないくらいの相手なんだもの。外国マフィアとも考えられる。でなけりゃ暴力的なカルト集団。ほかには、新宮くん、何かある?」

「暴走族。あ、被害者の年齢が高すぎるか」

佐伯は言った。

「とにかく死んだ三人には、共通点がある。警察と親しかったという程度のことじゃないな」佐伯は津久井に訊いた。「釧路の飯森周って男は、誰と親しかったって?」

津久井が言った。

「銃器薬物対策課にいた、高橋恒雄《たかはしつねお》。去年定年退職です」

「函館の為田俊平は?」

百合が答えた。

「うちの生活安全課、塚本一平《いっぺい》が知ってる。協力者としていたのはべつの捜査員だけど、それが誰かはわからない」

「おれは、そいつが組織犯罪対策局の捜査員と一緒のところを見ている。たしか上野《うえの》という男のはずだ」

津久井が言った。

「本部に上野佳彦《よしひこ》って年輩の刑事がいました」

「角刈りのゴマ塩頭」

「それです」

「米本弘志は、おれの協力者だ。先輩捜査員から引き継いだ。大通署刑事課にいた工藤隆二《くどうりゅうじ》。六年前に定年」

津久井が言った。

「函館、釧路の変死に関しては、この記事だけでは、どういう事件なのか皆目想像できませんね。函館署も釧路署も、まだ何も背景に気づいていないようですが」

「そうだろうな。ただこれらの件に何かしらの関連があるとして、全然わからないことがある」

「なんです？」

「どうしてそれが、昨日きょうなんだ？」

ほかの三人がまた顔を見合わせた。


デザートを食べ終えるまで、北海道の別々の都市で起こったふたつの不審死と、殺人事件ひとつとのつながりについて、それぞれが想像しうることをなんでも口にしてみた。

津久井が言った。

「釧路、函館、小樽の被害者は、多少なりとも裏社会にも通じている男のようだ。三人は、かつて犯罪者仲間で、大きな事件に関わったことがあったのかもしれない。それがいまになって、仲間割れとなった」

百合が言った。

「仲間割れで三人が殺されるほどの犯罪って何だろう。子供同士のリンチ殺人ならともかく、みなそれなりの歳《とし》なのに」

佐伯が言った。

「儲《もう》けの大きな犯罪だったか。少なくとも数千万円奪った強盗。仲間をひとり殺せば、取り分は一千万程度は増えるとか」

新宮が言った。

「保険金殺人。警察の知らない保険金犯罪があって、その実行犯たちの仲間割れというのは？　保険金は、一億ぐらいはかけられるでしょう」

百合がスプーンで洋なしのシャーベットを口に運んでから言った。

「フレンチを食べながら、こういう話ができるわたしたちって、いやね」

津久井が訊いた。

「佐伯さんの想像は？」

佐伯は答えた。

「仲間割れだとしても、小樽の殺害の手口が気になるな。ビルの屋上から突き落としたり、川に放《ほう》り込むぐらいいなら、仲間割れという想像もできる。だけど、懲罰、処刑という殺し方となると、組織内の粛清と見たくなる。だけど被害者たち、そんな荒っぽい組織のメンバーとは思えない」

「堅気を装って、じつは暴力団の準構成員だったかもしれない」

「うちのマル暴担当たちを騙《だま》すことはできないだろう。もしそうならGリストに入っていたはずだ」

「米本弘志は？」

「絶対にちがう。だから今朝の米本の件は、奇妙だけれど、三つの不審死とは関係ないんじゃないか。少なくとも、いまおれたちが知ってる情報で判断するかぎりは」

「でも、ほかの三つは相互に関連がある？」

「偶然としては、できすぎてる。だけど函館と釧路では、ほぼ同時に不審死が発生だ。他殺だとしても、同一犯じゃない。小樽のは複数犯らしいと言ったな」

「被害者を拉致したのなら、どうしても複数犯です」

「被疑者側が、ひとも数もばらばらだということになる。その理由も、推測のしようがない。まだ関連があるとは判断できない」

「先入観を持たずに、小樽の事件、捜査にあたりますよ」

「それがいい。新聞発表しか情報がないのに、あれこれ決めつけるコメンテーターみたいなことは、おれたちがやるべきじゃない」

　百合が言った。

「みなさんのシャーベット、溶けだしてる」

　佐伯は目の前のガラスの小鉢に意識を戻した。


　津久井が道警本部の機動捜査隊のオフィスに入ると、長正寺がメモを手にして近寄ってきた。

「赤松淳一は、いま四十六歳。十五年前に旭川で詐欺罪で逮捕。三年半の実刑。この事件については、捜査報告書を旭川中央署から送ってもらうことにした。逮捕当時はフィリピーナと結婚して、パブをやっていた。かたわらインターネット中継局のシステムを売るセールス。服役中に離婚。服役後旭川に戻ったはずだが、現在、住所不明だ。旭川に行った連中が、身辺を捜査中」

津久井は訊いた。

「マル暴との関係はどうです?」

「詐欺罪だし、準構成員じゃないな。企業舎弟でもなかったろう。旭川の三六街《さんろくがい》でスナック経営だから、まったく接点がなかったわけじゃないだろうが」

三六街というのは、旭川の繁華街のことだ。札幌で言えばススキノにあたるエリアである。

津久井は訊いた。

「警察との関係は?」

「どうしてだ」

「なんとなく、警察にも親しい人間がいたんじゃないかと思うんです」

「根拠でも?」

津久井はいましがたのランチの際の会話については、語らなかった。みな世間話のように口にしたことだ。根拠は希薄なのだ。

「いや、パブ経営だし、殺害の手口を考えると、暴力団に嫌われてた男のようですから」

「とくに何も情報は上がっていないな」

そこに竹内が現れた。彼もメモを手にしている。

「四輪駆動車のオーナー、わかりました。久保田浩二《くぼたこうじ》。小樽市内在住、小樽市朝里の建材メーカー勤務です」

長正寺が言った。

「あたってくれ。前後の行動。時刻は正確に」

はい、と応えて、津久井は竹内と一緒にフロアを出た。


札幌方面山鼻警察署の担当捜査員は、五十代の警部補と三十代の巡査部長だった。小柄で小太りの年配者が飯田《いいだ》、長身痩軀《そうく》の部下が中村《なかむら》と言った。中村は、警察官には珍しく短めの髪にジェルをつけて立てている。

佐伯と新宮は、きょうの車上狙《ねら》いについての、簡単にまとめた捜査報告書と実況検分書を手土産に、山鼻署を訪れたのだった。互いの自己紹介がすむと、飯田が捜査報告書をパラパラと開きながら言った。

「環状線を北上ですね。うちの山鼻署管内で九月末と二週間前と二回、三件発生、こんどは大通署管内。つぎは、円山とか、宮ケ丘方面だと睨《にら》んでるんですが」

佐伯は言った。

「じつは、こちらにくる前、札幌方面で似た手口の車上狙いがなかったかどうか、あたってみました。去年も同じ時期に、円山署と山鼻署で連続して発生していますね。未解決ですが」

「それはおれも気づいてました。あちらの場合は、南郷通り沿いのマンションが順繰りに狙われた」

「ビジネスバッグだけを狙う同じ手口です。電話してみたんですが、円山署の担当は変わってしまっていて、引き継いだ捜査員ももう関心を持っていないようでした」

「その前の年も、大谷地署と清田署でありました。これも担当の捜査員と情報交換したんですが、清田署の手口は微妙にちがいましたね」

「というと？」

「ロックを、薄い板のようなものをドアに差し込んではずす、例の古典的な手口です。いまでは、少し古いタイプの乗用車にしか通用しない」

データベースからは、新宮もそこまでは調べきれなかったのだ。佐伯自身、手口原紙の精査は、一度おおまかに絞り込んでからのつもりだった。

「なので」と飯田が言った。「おれたちは、去年今年の事案に絞って捜査しています」

「車上狙いで、犯歴のある者が六人ばかり浮上してきました」

飯田は微笑した。

「承知です。執行猶予一人、釈放されたのが二人。執行猶予の男は、シロです。確認ずみ」

山鼻署の飯田たちは、一歩先行してそこまで捜査を進めていたわけだ。当然といえば当然だった。

それまで黙っていた中村という若い捜査員が言った。

「札幌市内の質屋、故買屋もあたっていますが、ノートパソコンとなると、シリアルナンバーで盗品かどうか同定できません。難しい捜査になっているんですが、もうひとつ、ネット・オークションも監視しています」

「数が多すぎませんか」

「札幌からの出品者に限って、被害届けの出たノートパソコンと同型品を出している人間を調べています。今年の一月以降になりますが」

「個人で、ノートパソコンを立て続けに出品している者、という条件ですね」

「そのとおりです。でもまだそれらしき出品者にはあたっていない」

「ネットを調べているのは、中村さんご自身？」

中村は少しだけ得意げな顔になった。

「署では、わたしがいちばんそっちのスキルがあるものですから」

佐伯は賛嘆の意味をこめてうなずき、新宮に目をやって言った。

「これはやはり飯田さんたちの事案だな。おれたちは、支援と協力に回ったほうがいい」

新宮も同意して小さく首を縦に振った。

飯田が、安堵《あんど》したように言った。

「佐伯さんの支援が受けられるというのは、なんとも心強い。わたしらが、がっちり確保してやりますよ。もう手応えはあるんです」

「おまかせします」佐伯は飯田たちに頭を下げてから、訊いた。「ところで、去年今年の被害者の中で、自動車のガラス以外の被害届けを出さなかったひとはいますか？」

「ガラスを割られたけど、何も置いていなかったので窃盗被害はない人物ということですね」

「そのとおりです」

「去年ひとり」

飯田が、佐伯の持つリストの中からひとりを指さした。

「この男性、南二十二条の高級マンション住まいで、クルマはドイツ車だったんですが、さいわいバッグやパソコンの被害はないとのことでした」

佐伯はリストのその人物の名前の前に、ボールペンで小さく丸を書いた。住所、つまり盗難現場のほかに、職業と勤め先も書いてある。大学の理事で、勤め先は札幌市郊外の文教エリアだ。

「ありがとうございます。こちらでわかったことは、すべてお伝えしますので、遠慮なく」

佐伯が立ち上がると、飯田たちも会議室のパイプ椅子《いす》から腰を上げた。


佐伯たちの載ってきたクルマは、山鼻署の駐車場から石山通りに出た。

北に向かってクルマを走らせながら、新宮が訊いてきた。

「山鼻署にやってしまっていいんですか？」

佐伯は助手席で前方を見たまま答えた。

「もうけっこう捜査を進めている。おれたちが思いつく程度のことは、飯田も読んでいた。出る幕はない」

「気のせいかもしれませんけど、チーフ、飯田さんたちに皮肉っぽく接してませんでした？」

「まさか。きちんと敬意を払ってたろう。どこでそんなふうに感じたんだ？」

「まかせると言ったときなんか」

佐伯はその直前のやりとりを思い起こして言った。

「一瞬上の空になったかな」

「何か気がかりでも？」

「ああ」

「教えてもらっていいですか」

佐伯は自分の思いつきを言葉にまとめてから言った。

「盗犯の狙いは、ノートパソコンじゃないように思った。これだけ安くなって、中古品なんて売っても二万になるかどうか。リスクと見合わない」

「簡単な犯罪だから子供もやるし、生活に切羽詰まった人間もやるんでは？」

「この盗犯は、秩序型だ。犯行には規則性がある。計算もできる男だ。二万程度でしか売れないノートパソコンを狙っていたんじゃない」

「なんです？」

「お前が言ったじゃないか。データだ。個人情報だ。ノートパソコンよりももっとカネになるものだ」

「ということは、犯人はノートパソコンを換金するんじゃなくて」

「データをカネに換えているんだ」

「つまり、ゆすり？」

「盗犯は、被害届けを出していない被害者と、接触している。今朝の男とはまだだろうが、去年の」

佐伯はプリントアウトに目を落として言った。「篠原克也《しのはらかつや》。去年の被害者のひとり、犯人はこいつと接触している」

「大学の理事でしたっけ？」

「篠原学園大学」

「あのハチャメチャ大学ですか」

たしかに篠原学園大学では何年か前、乱脈経営が話題になった。脱税で摘発もされている。理事長はもともと美容学校の経営者で、十五年ほど前に大学を設立したのだ。アート、芸能、国際文化といった、学生を集めやすい学科だけの文系大学。学生の大半は北海道の地方都市の出身者だという。脱税で摘発されたときは、理事長が自分の二人の愛人の手当てまで大学から出させていたとわかった。大学のセミナーハウスとして大沼公園に建てられた建物は、実質的に理事長の別荘だった。理事のひとりは文部科学省からの天下り役人で、年に二回、札幌で開かれる理事会に出席してもらうため、大学は東京在住のその文科省もとキャリアのために、年間二千万の給料を支払っていた。

もっとも、新宮が言うほどハチャメチャかどうかは微妙なところだ。美容、というキーワードで思いだせば、北海道拓殖銀行をつぶして自分たちはアメリカに遁走《とんそう》したあの美容院チェーンの経営者一族のほうが、やったことのスケールは大きい。彼らはさんざん北海道拓殖銀行からカネを引き出し、観光開発に投資するという名目で蓄財した。北海道でのリゾート開発は破綻したが、自分たちは別会社名義で溜《た》め込んだカネでアメリカの名門ゴルフ場を買収、移住してあちらでのうのうと暮らしているとか。バブルを逃げ切った悪玉だ。それに較《くら》べれば、篠原学園の理事長をめぐる話題など、可愛《かわい》いと言えるレベルのものだ。しかし若い新宮は、バブルの時代そのものを実感として知らない。篠原学園程度の乱脈さでも、ハチャメチャと表現したくなるのはわかる。

新宮が続けた。

「その篠原克也って理事は、息子のほうですよ。理事長は、旭ヶ丘に豪邸持ってるはずですから」

「住所は南二十二条の西十四」

「回ります?」

「行ってくれ」

すぐ前方を、軽ワゴン車が走っている。新宮がふいに車線を変え、中央車線からその軽ワゴン車を追い抜いた。

「無理しなくていい」と佐伯は言った。

「すいません」新宮が素直に謝った。「急にアドレナリンが」

落ち着け、と佐伯はもう一度注意した。

その四輪駆動車のオーナーは、かなり緊張した面持ちで津久井たちの前に現れた。

小樽市の東はずれに近い工業団地の中、建築資材メーカーの事務所である。会社は、敷地の広さから見て、さほどの規模ではないようだ。従業員三十人前後だろうか。

現れた男は四十歳前後か。豊かな髪と、角張った顎《あご》。グレーのスーツ姿だ。

久保田浩二、という名前だとわかっている。事前の電話では、彼は営業部長とのことだった。やりてなのだろう。

「そっちの応接室へ」と、久保田は言った。

応接室に入ると、久保田は少し声をひそめた。

「どういうことでしょう？　協力しますが、おおっぴらになりますか」

竹内が、津久井の隣りで言った。

「いえ。情報を知りたいだけです。昨日、浄水場の上のラブホテルを利用していますね？」

竹内の声は、ふつうの会話のときの音量だ。応接室のドアごしに、事務所の外にはもれないだろうというレベル。

それでも久保田の目が落ち着きなく左右に動いた。

「ええ」

「出たのは何時ごろです？」

「十二時少し過ぎかと思いますが」

「少しというのは？」

「十二時五分ぐらいか。十分にはなっていなかったと思う」

「出たあと、水源池のほうで、クルマが燃えているのを見ましたか？」

「ええ、いえ」

「見たんですね？」

「ええ。何かが燃えているのはわかった。クルマかどうかはわかりません」

「燃え始めたばかりのようでした？　それとも、もうかなりの燃え方だったでしょうか」

「さあ。木立ごしだったし。あ、でも」

「でも？」

「爆発した音みたいなのを聞きましたよ。燃えてるのを見る直前に」

「それはラブホテルを出るところで、ということですか」

「そうです。ちょうどシャッターを下ろしたときで、自分はクルマの外にいたんです。それで聞こえたんでしょう」

「ホテルのゲートを出て、すぐに水源池のほうで何かが燃えているとわかって、クルマを停めました？」

「いえ」

「通報もしていませんね」

「その」久保田は苦しげに言った。「何が起こっているのかわからなかったし、急いでいましたし」

「そのまま通り過ぎた？」

「ええ」

竹内がメモを取る手を止めて、津久井を見た。質問を交代だ。

津久井は訊いた。

「クルマには同乗者がいましたね？」

久保田は困惑気味の目を津久井に向けてきた。

「このことに関係ありますか」

「時間の経緯をはっきりさせたいのです。水源池の下で、久保田さんの四輪駆動車とすれちがったクルマがあります。あの四駆は目撃されている。燃えたクルマとは無関係だと知りたいのです」

「無関係です」

「それを確認したい。ラブホテルを出たあと、クルマが燃えているそばを通り過ぎて、そのあとどこに行ったか」

「まっすぐ下りてきて、桜町《さくらまち》の市営住宅のそばに行って、それから望洋台《ぼうようだい》の自分のうちです」

「それを同乗してくれるひとが証明してくれると思うんですが」

「わたしが、何か疑われています？」

「いいえ。ただ、久保田さんのクルマが目撃されたクルマと同じなら、それ以上そのクルマを調べる必要がなくなります」

「その、人妻なんです。連絡は取らないでくれるとありがたいんですが」

竹内が訊いた。

「名前と、携帯の番号だけでも」

「向こうの家庭にトラブルを起こしたくないんです」

津久井が言った。

「わかります。そのひとの名前と電話番号を。そして、その市営住宅に着いた時刻は？」

しぶしぶと久保田は答えた。

「安田里奈《やすだりな》」

久保田は携帯電話を取りだして、十一桁《けた》の番号を口にした。津久井はその番号をメモした。

「市営住宅入り口に着いたのは、十二時二十五分ごろです。時計を見た。女が、その、同乗者が、こんな時刻になってしまったと言ったので、記憶してます」

竹内が訊いた。

「ラブホテルに入ったのは何時ごろです？」

「十時過ぎです。二十分ごろ」

「そのときは、水源池では何か見えました？」

「何も。気づかなかった」

「ホテルで、何かトラブルのような音は聞いていませんか？　喧嘩《けんか》とか、大声を出している人間がいるとか」

「ホテルで？　いいえ」

「ホテルを出たあと、水源池近くで一台のクルマとすれちがっていますが、覚えています？」

「ええ。乗用車だと思いますが」

「ほかに、水源池の付近とかで、気になるクルマなどありました？」

「いいえ」

久保田がふと何かを思いだしたような顔となった。

「何か？」

「奥沢のコンビニ。桜町に行く前に、コンビニに寄って、消臭剤を買おうとしたんです。そのときに、ガソリンの臭《にお》いがして、不思議に思った。自分のクルマとか服に臭いが移ったかと」

ガソリンの臭い。ということは、そこに被疑者が立ち寄ったということはないか。

津久井は今朝見てきた現場周辺の様子を思い起こした。奥沢十字街のコンビニということは、浄水場の現場から真下に下がって二・五キロくらいか。市街地に近く、交通量も多い交差点だ。ただ、ひとをひとり焼死させた人間たちが立ち寄る場所としては、現場から近すぎるようにも思う。時間で言えば、せいぜい五、六分の距離だろう。被疑者たちはとにかく現場から離れることを最優先させていたはず。防犯カメラの存在も想定していただろうし。

津久井は訊いた。

「十二時十分過ぎに、そこに客がいたんですね」

「いたと思う」

「駐車場には、クルマは?」

「いや、なかった。おれのクルマを入れたときは、空っぽだった」

「なのに、客がいたというのは」

「あ、ちょっと待ってください」

久保田は額に汗をかきはじめた。偽証しているというわけではないはずだ。協力の気持ちはあるが、ただ緊張のあまり、記憶がまだ完全には整理されていないのだ。なかばパニックになっているのだろう。

「駐車場にはクルマはなかった。そのすぐ先の歩道際に一台停まっていた。妙に思った。コンビニの駐車場に入れればいいことだから」

「ひとの姿は?」

「そのときは見なかった。そこでは。店の中にいる気配があっただけです。ひとが店の奥のほうで動いた。ガソリンの臭いは、店の中にもあったかもしれない。いやちがう」

久保田の額には、いよいよ汗が噴き出している。

「ガソリンの臭いは、店の中に入って気づいたんだ」

「駐車場の外に停まっていたクルマの種類は?」

「乗用車。ふつうの小型車です」

「色は?」

「白、かな。白っぽかったと思う」

「ほかには、何か?」

久保田は首を振った。

「いや、いま思い出せるのはこのぐらいですよ」

津久井は竹内の顔を見た。彼はうなずいた。十分だろうということだ。津久井は久保田に名刺を渡して、もし何か思い出したら電話を、と頼んだ。

久保田が名刺を見てから言った。

「その、安田さんにも、電話するように伝えましょうか」

その人妻の都合のよいタイミングで話を訊いてくれ、ということのようだ。

竹内が言った。

「ご迷惑がかからないように訊きますよ」

久保田は不服そうだったが、異論ははさまなかった。

事務所の外に出てから、竹内が訊いてきた。

「どう思う?」

「嘘《うそ》はないでしょうね」と津久井は言った。「浄水場職員の目撃したクルマが、久保田の四輪駆動車です。犯行時刻がほぼ特定できた」

「ガソリンの臭いの件は?」

「被疑者の服にも、多少こぼれてついていたのかもしれない。もしかしたら引火して火傷《やけど》も負った。それで、防犯カメラに写る危険を犯しても、コンビニで包帯なりなんなりを緊急に買う必要があった」

「となれば、奥沢のコンビニの防犯カメラには、被疑者の顔が録画されてる」

「マスクぐらいはしたでしょうが」

「行こう」

竹内が捜査車両に向かって足早になった。津久井も大股《おおまた》に後を追った。


そこは、地上七階建てのビルだった。あまり大きな敷地を占めてはいない。集合住宅の規模としては、むしろ小さいほうだろう。総戸数は二十前後だろうか。しかしコンクリート打ち放しふうの外壁とか、床から天井まである大きさの窓とか、洗練された都会風の外観だ。ファミリー向けの住宅ではない。まちがいなくデザイナーの手の入ったマンションだ。

ロビーに入って管理人室の受付で、警察手帳を見せた。すぐに管理人がロビーに出てきた。六十代の、退職公務員という様子の男だった。

佐伯は訊いた。

「去年、ここで車上狙いがありましたよね。十月に」

管理人は、佐伯と新宮の顔を交互に見て言った。

「ええ、たしかに。犯人、捕まったんですか」

「いいえ、まだなんですが、ちょっとお訊きしたいことが。あのときの被害者の篠原さんはいまいらっしゃいます？」

「平日ですからね。外出してると思います」

「大学のほう？」

「さあ。円山のほうにも、大学の付属施設があったんじゃなかったかな」

「ご家族はいますか」

「あのひと、ご家族はべつのところに住んでる。ここは、仕事場みたいな使い方してるはずですよ」

「住んでるわけじゃないんですか？」

「住んでることは住んでるけど」

「毎日いるわけじゃない？」

「いや、いますよ、だいたいは」

「でも、ご家族は別ということは、ひとり暮らし？」

「そうだと思います。ただ、わたしも通いなんで、そんなに顔を合わせるわけじゃないんです」

どことなくやりとりがかみ合っていない気がした。佐伯の質問が、ごくあたりまえの市民の生活を前提にしているせいかもしれない。

佐伯は、管理人室の横にある郵便受けに目をやって言った。

「部屋は七〇〇でしたか。ゼロゼロという数字は何なんだろう」

「七階は一戸だけなんです。最上階なんで、いわゆるペントハウスってやつですよ」

「一戸で、ワンフロア全部を使っているんですか」

「ベランダも広いですけどね。部屋は二百平米ぐらいあったんじゃないかな」

新宮が、口笛でも吹きそうな顔をした。

「二百平米でひとり暮らしですか」

「パーティをするのが好きな方のようですよ。お客を大勢招いて。昨日もあったはずです。きょう午前中に、業者さんが片づけにきていた」

「なんの業者さんです？」

「パーティ料理。バーテンダーから、すし職人までいたようです」

「駐車場を見せていただいていいですか。篠原さんのところ」

「二台分あります。どうぞ」

管理人は、ロビーの奥へ歩いてスチールのドアを開けた。外はピロティ形式の駐車場になっている。六台分のスペースがあった。その向こう側には、十台分ほどの広さのオープン型の駐車場。いまピロティ部分には、二台の乗用車が停まっている。もっとも奥にあるのは、ドイツ製のスポーツカーだった。銀色だ。

「あのクルマが、篠原さんのセカンドカーですよ」

「ファーストカーは？」

「通勤で乗っていったんでしょう」

管理人が、車種を口にした。かつてはその筋の幹部の専用車という趣もあったドイツ車。窓ガラスを割られたのは、そのファーストカーのほうだ。記録でも、やはりドイツ製のセダンということになっていた。

新宮が訊いた。

「クルマがお好きなひとなんですね？」

管理人は、よく知らないというように首を振った。

「さあ。二台ありますから、そうかもしれない」

佐伯は訊いた。

「七階の家賃はおいくらくらいです？」

「賃貸じゃありません。篠原さんはオーナーですよ。というか、このマンション全体が篠原一族の所有。だから最上階に、自分の好みの部屋を造った」

「特別な造りなんですか？」

「入ったことはないんですよ。だけど、音楽を大きく鳴らしても大丈夫、踊っても下には響かないって造りらしい。清掃の業者さんの話だと、映画に出てくるアメリカの金持ちのマンションみたいだとか」

「どこがどうなんだろう？」

「ホテルみたいなんでしょう。そうそう、ベランダには泡風呂もあるとか」

佐伯は新宮に目を向けた。新宮がまた口笛をこらえたようだ。目だけを丸くして。

「このマンションで、篠原さんと親しいひとは、どなたです？」

「さあ。あまりつきあいはないと思いますよ」

管理人は、篠原の情報をほとんど持っていない。佐伯はそれ以上質問するのを止めた。

「どうも、ありがとうございました」

「また、車上狙いが出てるんですか？」

「ええ。山鼻と、中央区と」

「ご苦労さまです。警察から何か注意のビラでも出ていれば、掲示板に貼っておきますよ」

「とくにありません。でも、車上狙いに注意、ぐらいのことは、管理人さんに書いていただいてもいいかもしれませんね」

礼を言って、佐伯たちは駐車場の隅に停めた捜査車両に戻った。

クルマを西十五丁目の通りに出したところで、新宮が言った。

「あの脱税摘発のあと、少しは改善されたかと思っていましたが、篠原学園は懲りていませんね。理事が、南二十二条のペントハウス。高級車が二台」

新宮の言わんとしているところはわかった。

「ネタがあれば、強請《ゆす》ってやりたくなるか？」

「そういう犯罪者が出てくることは、なんとなく理解できます」

「篠原学園と、篠原克也について、少し調べる必要があるな。盗まれたデータは、経理がらみのものかもしれないという気もする。国税庁の目を逃れたものが、まだあるのかもしれない」

「やりますよ」と、新宮は楽しげに言った。

津久井は竹内と一緒にそのコンビニの店内に入った。

あらかじめ電話で、きょう零時過ぎに勤務していた店員にきてもらうことになっていた。本来なら深夜シフトの彼は九時過ぎでなければ出勤しないのだが、近くに住んでいるとのことで、店長が呼んでくれたのだ。もうひとり、深夜に勤務していた店員がいるが、彼は住まいが小樽市の北のほうだという。規定の出勤時刻前に呼び出すのは難しいとのことだった。

カウンターの中で、ブルーの制服を着た男がふたり並んでいる。

五十代の男と、二十代前半の男。年配者が店長で、若いほうが今朝までの深夜シフトのアルバイト店員だ。今井《いまい》という青年だ。

津久井が今井に言った。

「きょうの深夜十二時過ぎにきた客を思いだして欲しいんだ。十二時から十二時半ぐらいのあいだに来た客。覚えているだろうか」

質問内容を店長に電話で伝えてあったので、今井はすぐに答えた。

「ええ。五、六人きていますが、何人かははっきり覚えています」

今井は、まず四十代ぐらいのスーツ姿の男を挙げた。銀色の四輪駆動車で来たという。口臭止めと、消臭スプレーを買っていった。

ついで、マスクをかけた長身の男。ガーゼと、氷をひと袋、それにソフトドリンク、眠気防止ドリンクなどを買っていった。

ほかに三人ほどの客があったというが、津久井はそのガーゼを買っていった男のことを訊いた。

「どんなクルマに乗っていた？」

「クルマじゃありませんでした。歩いてやってきたんです」

「マスクをかけていたと言ったね」

「ええ。深夜にフルフェイスのヘルメットかぶって入ってくる客とか、マスクしてる客とか、ちょっと怖いじゃないですか。だから、少し身構えましたよ」

「顔はわからない？」

「目しか見えなかったから」

「帽子はかぶっていた？」

「いいえ。短め。七分刈りか、スポーツ刈りって感じで」

「年齢は見当つく？」

「ううん」今井は顔をしかめた。「あまり若くないですね。三十以上、四十前後かもしれない」

「服装は？」

「ジャンパー。丈の短いやつ。色は紺かな。グレーにも見えたか」

「ジャンパーは、汚れていなかった？」

「ううん、どうだったろう」

「ほかには？」

「そうそう、ガソリン臭かったんだ。それで、印象に残った」

「何か話した？」

「いいえ。とくに。向こうも黙ってカネを出して」

「素手だね」

「ええ」

火傷していたとか、傷があったとか、という答を期待したが、今井はとくに何もつけ加えなかった。

津久井はさらに訊いた。

「その客はカウンターを触った？」

「いや、触っていないと思う」

「スーツの男は、同じタイミングで入ってきたのかな」

「先にマスクの男。それからすぐ表に四駆が停まって、スーツの男が入ってきた。おカネを払って出ていったのも、スーツの男が先ですよ。そのあいだ、マスクの男はうしろの」今井は店のもっとも奥のガラスケースを指さした。「あっちのほうで、ソフトドリンクを選んでた。スーツの客が出ていってから、レジにやってきた」

「やっぱり歩いて行ってしまったんだね？」

「そうです。交差点寄り、市街地のほう」

竹内が店長に言った。

「防犯カメラは、何台です」

店長は、レジのうしろを手で示して言った。

「そこに一台。客を真正面から撮ります。レジを横から撮るのが一台。奥のほうが見えるように一台。駐車場全体を撮るやつが一台」

「カードお借りします」

「いいですよ」

店長がカードを用意しているときに、津久井の携帯電話に長正寺から電話があった。

レジカウンターから離れて電話に出ると、長正寺は言った。

「旭川に行った連中からの報告だ。被害者の赤松淳一は、六年前に旭川から小樽に移っている。こいつはひとり身。家族なし。以前はスナック経営。小樽の住所は、最上《もがみ》ってとこだ。いまお前たちはどこだ？」

「小樽です。奥沢十字街ってところの近く」

「じゃあ近いな。最上ってとこに向かってくれ。最近何をやっていたのか、どういうつきあいがあったのか調べるんだ。住所、メモできるか」

津久井はボールペンを取りだして言った。

「どうぞ」

メモを終えて携帯電話を切ると、竹内がカードを入れたビニール袋を持って近づいてきた。

「係長から電話。赤松淳一は、小樽の住人だった。最上ってところに六年前から住んでた。身辺調査の指示だ」

オーケー、と竹内が言った。


小島百合は、あらためて米本晴子に電話してみた。

夫、米本弘志の父親が危篤で東京に行く、という事情が嘘だとわかったのだ。米本若菜が誘拐、拉致されたのではないことはわかったにせよ、米本ファミリーには何か身の危険を感じるような切迫した事情があると推測できるのだ。その場合、子供である若菜の保護を名目に、警察が動くこともできる。事情次第、そして米本晴子が正直に打ち明けてくれるのであれば。

しかし、電話は不通だ。電波の届かない所にいるか、電源が入っていない、というメッセージ。米本晴子は、たぶん非通知設定の番号もしくは見知らぬ誰かの番号からの電話には出ないと決めているのだろう。そのことは逆に、米本ファミリーが抱えている事情の深刻さを窺《うかが》わせる。子供の若菜を巻き込むようなトラブルでなければよいのだが。

十度のコールのあと、百合はオフボタンを押した。

ランチのとき、佐伯が言った言葉がまた思いだされた。

「ただこれらの件に何かしらの関連があるとして、全然わからないことがある。どうしてそれが、昨日きょうなんだ？」

百合は自分のパソコンのメモ帳を開き、きょうのランチのときに出た名を入力してみた。

飯森周、釧路で死体発見。警察と接触がある。道警側の接触者は、本部銃器薬物対策課にいた高橋恒雄。去年定年退職。

為田俊平、函館で転落死。やはり警察とつきあい。道警側の接触者は、本部組織犯罪対策局、上野佳彦。四年前に定年退職。

そしてきょう百合が関わることになりかけた米本弘志。かつては大通署刑事課、工藤隆二の協力者。工藤は六年前に定年退職。

共通点は、明快だ。

飯森も、為田も、道警の捜査員と接触があった。それが協力者と呼べるほどの役割だったかどうかはわからない。しかし、米本については、佐伯がはっきり認めた。自分のエスであり、工藤隆二から引き継いだと。

もうひとつ、捜査員の側はすでに三人とも定年退職している。つまり、彼らが協力者であるとしても、いま現在のことではない。少し前の時期のことになる。時期が共通しているとしたら、六年以上前。幅を見るなら、六年から十年という範囲だろうか。

三人が何か犯罪仲間、共同正犯である可能性はどうだろう。三人とも、本部もしくは札幌方面大通署の捜査員と親しかったのだ。六年以上前は、みな札幌にいたのかもしれない。一緒に何かやろうとして、できないことはない。

またエスは、裏社会の事情に詳しいわけだから、逆に言えば彼らから信用されるだけのいかがわしさがあることが資質の条件となる。前科があるとか、違法すれすれの仕事に手を染めているとか。そうでなければ裏社会には近づけないし、情報も得られない。エスとしては使えない。

六年以上前の何か。三人が共通して関わった犯罪。あるいは事件。もちろんそれは、彼ら三人が実行したという意味ではなくて、接点があった、という程度の関わりでもいいのだけれど。

しかも捜査員三人のうち、ひとりは銃器薬物対策課所属、ひとりは組織犯罪担当、もうひとりも刑事課だ。推測できる共通点は「マル暴」という点か、あるいは少し広げて「裏社会担当」ということか。

六年以上前の、暴力団か犯罪者がらみで、これら三人が何かしら関わったと思えること。

何だろう。

暴力団を担当していない自分には、警察職員ではあっても、ごくごく表面的な情報しか耳に入っていない。すぐにこれと思い当たるものはなかった。

六年以上前。

もしそれがちょうど六年ぐらい前のことだとすると、それは「北海道警察最悪の一週間」とも呼ばれた時期の前ということにもなる。つまりまだ郡司《ぐんじ》警部事件も発覚せず、裏金問題で道警全体がパニックになっていた時期にあたるのだが。あのときも、郡司警部が使っていた協力者が、拘置所の中で不審死した。

ということは、郡司警部の拳銃《けんじゅう》摘発が賞賛されていたのと同様、マル暴担当の部局が押せ押せで暴力団と向かい合っていた時期ということになるか。警察庁による暴力団壊滅指示のあと、全国の県警本部がとくに日本最大の広域暴力団組織に対して、徹底した摘発、立件を進めていたころ。暴力団対策法の抜け道や不備が、関連する法律、制度の整備によって補われ、暴力団封じ込めに勢いがついたころだ。たしか行政官庁は、公共工事から反社会的勢力の完全排除を決めたし、金融機関は証券口座も銀行口座も開かせないようになった。反社会的と見なされた人物の情報は、警察当局から即座に金融機関に伝えられるようになった。さらに全国各地の暴力団排除条例の施行も急ピッチで普及、みかじめ料、事務所の提供など暴力団に便宜を図った側も罰せられるようになった。

その時期に、北海道では何があったろう。

刑事課のフロアに行って、誰か捜査員をつかまえようかとも考えた。佐伯に、いまの思いつきを伝えるだけでもよいかもしれない。佐伯は盗犯係だけれども、同じ刑事課のフロアにいる者として、六、七年前の道警の暴力団対策についても情報は耳にしているだろう。百合の思いつきから、新たな視点に気づくかもしれない。ただ、いまは車上狙いの捜査で不在だろうと予想できる。

デスクで顔を上げると、今朝も同行してくれた塚本の姿が見えた。トイレから帰ってきたのか、手をハンカチで拭《ふ》きながら、自分のデスクに向かってくる。彼も多少は知っているかもしれない。

百合は塚本に訊いた。

「うちで、六、七年前に何か暴力団がらみの大きな摘発なんかありましたっけ。協力者の情報が生きた、っていうような」

「協力者情報で？」と塚本が首を傾《かし》げた。

「大物の逮捕でも」

「これが三年前なら、大阪府警と合同捜査のあれだな。一の字の」

一の字とは、広域暴力団の代名詞ともなっている日本最大の組織のことだ。組織の代紋が、丸に一つ線の入った「新田《にった》ひとつ引き」なのだ。そこから、警察関係者はその広域暴力団のことを、一の字と呼ぶ。

塚本は続けた。

「組事務所の敷地の不動産取り引きをめぐって、若頭を宅建業法違反で逮捕したやつ」

その件であれば、少しだけ百合も耳に入れた。当時、警察庁は若頭逮捕のためにはどんな法律でも使うと宣言し、相手もまさかと思っていたような宅建業法違反で若頭を逮捕したのだ。敷地の取り引きは資格なしの違法行為だった、というのが理由だ。道警本部がその内偵捜査の一翼を担ったという。購入資金の出所が、北海道の銀行にあった架空口座だった。ただし若頭を三ヵ月拘置したけれども、けっきょく不起訴で釈放という事案だった。暴力団の幹部が宅建業法違反で逮捕というのも、あまり格好のつかないことだけれど、立件できなかった警察にとっても、みっともないことだった。もっとも警察庁にしてみれば、どんな微罪であれ、また結局は不起訴であれ、広域暴力団のナンバーツーを三ヵ月社会から隔離できたというのはポイントということだったのだろう。

「それは三年前でしたね。気になるのは、六、七年前ぐらいの」

「今朝の米本若菜ちゃんの件と関係するのか？」

「まだ全然わからないのだけど、塚本さんが言っていた函館の為田俊平のこととは、関係がありそうに思うの」

塚本はうなずいた。

「あれかな。トップの逮捕に続いて、警察庁が直参組長を片っ端から逮捕しろと指示した。全国で直参組長二十五人を逮捕、北海道では誠志会《せいしかい》の大曾根《おおそね》徹男《てつお》に手錠をかけた件」

「いつごろでしたっけ？」

「郡司事件の少し前だ。暴対法違反で、子分のやった恐喝事件の責任を取らせた。無理筋に思えた逮捕だったけど、けっきょく実刑判決が出たな」

「どのくらいでした？」

「五年か、六年だったかな。そういえば」塚本が視線をオフィスの壁に向けた。カレンダーがかかっている。「ちょうど震災直後に、一の字の総長が府中刑務所を出た。大曾根もそろそろ出てくるころじゃないか」

「現行犯逮捕じゃなかったんですね」

「しばらく内偵があったはずだ」

それは、エスの協力なり、周辺からの情報提供なりがあった、ということでもある。

「ありがとうございます」

「笑っちゃうけどよ」塚本はまだ語りたいようだ。「総長の母体、愛知の勇久会《ゆうきゆうかい》と言えば、警察とも徹底対決することで知られた組だったぞ。捜査員の住所調べ上げて、猫の死体を置いたり、子供に近づいたり。傘下の組長たちにも兵庫に参勤交代させて、文句を垂れる組長は容赦なく除名して、勢力を拡げてきた。なのに総長の出所のときには、放免祝いもできなかった。警察庁が、やったら即座に再逮捕と脅したせいだ。武闘派の面目も丸つぶれだったろう」

「あのとき、放免祝いはなかったんですか」

「おとなしく地味に、兵庫にお帰りあそばした」

百合にも、暴力団の放免祝いとは何かについての知識はあった。暴力団幹部が服役を終えて刑務所を出ると、子分や兄弟組織の幹部は放免祝いという儀式でその幹部の出所を祝う。お勤めご苦労さまでしたとねぎらい、出所後のいっそうの活躍、健康を祈念するのだ。それが出所後最初の食事の場にもなるわけだから、馳走《ちそう》が提供される。もちろん酒もタバコも。さらに祝い金も。

しかし警察の側からすれば、放免祝いとは反社会的な行為を賞賛する儀式である。堂々と実施されることは、警察を挑発し、愚弄することでもあると言えた。暴対法施行後、各警察本部は放免祝いの実施に敏感になり、釈放当日、レストランや宴会場を借り切っての放免祝いはやらせないようになった。しかし暴力団にとっては、放免祝いは自分たちの結束を確認しあうためにも絶対に欠かせない行事である。時期をずらして実施してよい行事でもないし、省略してよいことでもなかった。たとえ豪華な食事や酒は抜くとしても、関係者が迎えることだけは止めるわけにはいかない。暴力団は、幹部出所の日には、高速道路のサービスエリアを使ったり、刑務所近くの河川敷などにテントを張って実施するようになった。この形であれば事前に情報がもれにくいので、警察も規制しにくいのだ。

しかし、あの広域暴力団の総長の出所については、警察庁が絶対に放免祝いはさせないと決めた。六年の服役を終えて総長が出所するとなれば、刑務所前から報道陣が追いかけることは明白だ。結果として、犯罪者を賞賛する行事が、全国に放送されたり記事になったりするのである。やれば規制、関係者の逮捕も辞さないという警察庁の強硬方針に対して、一の字幹部と勇久会がどう対応するかが注目された。それまで警察とは徹底対立の姿勢を貫き、反対派の組を粛清してきた組織である。もし放免祝いをやらなければ、組織全体をまとめてゆくのが難しくなる。離反が、あるいは総長交代の動きが出てくる。総長再逮捕の危険を犯してでも、総長の放免祝いはあるだろうというのが、おおかたの見方だった。

塚本は教えてくれた。

しかし総長は、府中刑務所を出ると、迎えにきた七人の側近と共に品川駅に移動、そこで新幹線に乗り換えて、兵庫に向かったのだった。放免祝いを強行する、という関係者の見方ははずれた。するとこのあと、勇久会支配のもとで粛清されたり冷や飯を食らっていた組織からは、公然と総長批判が出るようになったのだ。放免祝いもできなかった男が、おれたちの上に君臨していてよいのか？　警察のケツをなめるような総長のもとで、おれたちはしのぎをやってゆけるのか、と。以来半年、その広域暴力団の内部で、六代目総長の退陣と、新総長への襲名がひそかに語られるようになってきているという。べつの言い方をすれば、七代目総長の座をめぐって、この半年、有力組長たちが蠢《うごめ》き始めているのだった……。

百合は訊いた。

「交代は、近々なんですか？」

「まさか」と塚本は首を振った。「そっちの事情、詳しいわけじゃないけどよ。総長となれば、手にするカネと利権が半端なものじゃない。いまの総長だって、簡単には手放さない。だけど、ただでさえ強圧的に締め上げて組織の結束をはかってきた男だ。いったんへたれと思われたら、求心力はたちまち落ちる。誰も総長命令などには従わなくなる。抗争となるかもしれないが、六代目はそのときあんがいあっさりと座を譲るかもしれんな」

「七代目の候補はもう挙がっているんですか」

「次はおれだと思っている組長は四、五人いるんじゃないか。連中の序列は複雑だけれど、抗争の中でその序列も整理されるさ」

「いっときみたいな抗争が、ほんとうに始まるのかしら。暴対法ができてからは、暴力団同士の撃ち合いでも重い判決が出る。抗争することのリスクは大きいでしょう」

「おれが直参組長のひとりなら、いまの総長と二番手を競わせて、どちらも摘発で組織実体がなくなったときに、三番手として推《お》されるという手を取るな」

百合は塚本のその読みに感嘆して言った。

「所轄の生活安全課には惜しいひとだわ」

塚本が真顔でうなずいた。

「おれもそう思うけど、格闘技は苦手なんだ。妻子を愛してるしな」

百合は微笑して、塚本に共感を示した。

4

そこは小樽港を見下ろす斜面に拓《ひら》かれた住宅街だった。

かなりの急斜面だ。じっさい、その住宅地の背後には、スキーゲレンデがあるのだ。住宅地の中の道路でも、十分に滑降競技は可能かもしれない。もともと平坦地の少ない小樽で、なんとか港に近い位置に住宅地を拓こうとしてこの斜面も削られ、家が建てられたのだろう。でも、自動車のなかった当時はこのあたりに住むことは足腰の弱い者にはかなりきつかったことだろう。いまでこそ自動車があるが、それでも雪の多い時期にこの住宅街をクルマで上ることは、やはりそれなりに困難が伴うだろうと思えた。

竹内が、そのアパートの前できつくサイドブレーキをかけて捜査車両を停《と》めた。

左手の路地に面して建っているのは、二階建てのアパートだ。スチール階段とスチールの外廊下。白いサイディングボード貼《ば》りで、一、二階にそれぞれ四戸ずつという、いわば規格型のアパートだった。

大家と連絡を取って、ドアを開けてもらうことになっていた。しかし大家らしき男の姿は見えなかった。津久井たちは、とりあえず部屋の前まで行ってみることにした。

赤松淳一の部屋は二号室と聞いてきたが、二号室の表札には名前が書かれていなかった。

そこに奥の部屋から、ジーンズ姿の女性が出てきた。四十歳くらいか。髪を茶色に染めている。津久井たちを見て、怪訝《けげん》そうな顔となった。

津久井は警察手帳を見せてから言った。

「警察なんですが、赤松淳一さんの部屋は二号室でいいのかな？」

女性が訊《き》いた。

「赤松さんが、どうかしたんですか？」

「どうも事件に巻き込まれたようなんです。何もないといいがと、訪ねてきたんですが」

「どんな事件？」

好奇心をまるで隠そうともしていない。

「まだ発表できないんですが、二号室でまちがいない？」

「そこですよ。あのひと、いつも人目を避けてるようだったし、なんか曰《いわ》くありげだなとは思ってたんだ。何があったんです」

「ですから」と竹内が苦笑まじりに言った。「それを確認しに」

「いっつも黒い毛糸の帽子に、サングラスでしょう。サングラスしないときは、伊達《だて》メガネ。サラ金の取り立てに追われてるのかなとも思ってたのよ」

津久井は訊いた。

「伊達メガネをかけてるときがあったんですか?」

「夜に何度か、すれちがったことがあるのよ。そのときはべつにメガネかけていないもの。伊達メガネじゃないとしたら、変装用じゃないの?」

「借金の取り立てなんて、じっさいに来たことがあります?」

「いや、見てないけど」

「ご家族はいるようですか?」

「なし」

「仕事は何をしていたんだろう?」

「昼間の仕事だよ。何かは知らない」

「お客などは、よく来ていた?」

「見たことはないね」

そこに、津久井たちの背後から声があった。

振り返ると、七十歳前後かと見える老人が近づいてくるところだ。キーの束を手にしている。大家なのだろう。

「警察のひとかい?」

津久井たちは警察手帳を見せた。

老人は、ちらりと手帳を見ただけで言った。

「令状なんていらないのかい？」

「どうやら被害者のようなんです」

「ということは、死んだの？」

「ええ。ただ、身元確認が難しい死に方なので、特定できるものを探そうと。赤松さんはクルマを持っていたと思いますが」

「赤いボログルマを持っていたね。部屋の前が駐車スペース」

「勤め先などわかります？」

「いや。入居したときは、まだ正式入社になってないとか言ってた」

「携帯の番号なんてどうです？」

「それは入居のときに聞いたな。うちに戻ればわかる」

大家は二号室のドアを開けた。

津久井は玄関口から中をのぞきこんだ。手前がダイニング・キッチン。奥が寝室のようだ。散らかっているが、荒らされたような形跡はなかった。津久井は持参したゴム手袋をはめた。

靴を脱いで竹内と一緒に中に入り、被害者同定の材料とできるものを探した。保険証がなによりいい。歯医者の診療記録がわかれば、歯型からあの焼死体が赤松淳一かどうかを確かめることができる。

ダイニング・キッチンの脇に、小さなチェストがあった。引き出しが五段ついている。下から順に開けてゆくと、三段目にさまざまなカード類が入っていた。ポイントカードやら会員証の類《たぐい》だ。奥を探すと、国民健康保険証が見つかった。津久井はその保険証をビニール袋に収めた。

竹内が、台所の脇の屑《くず》かごからレシート状の紙を持ち上げて言った。

「一昨日の買い物のレシート」竹内は全国チェーンのスーパーマーケットの名を口にした。「午後七時四十五分だ」

「買い物をして、この部屋に帰ってきているんだ。拉致は昨日ということになるかな」

「昨日の勤めの帰りかな」

津久井は引き出しの上から二段目を開けた。

名刺が輪ゴムでまとめられている。五十枚ほどの量だろうか。津久井はその束を手に取って輪ゴムをはずした。

チェストの上に一枚一枚載せていくと、気になる名刺が出てきた。

北海道警察旭川方面本部　刑事部捜査四課
八神一郎《やがみいちろう》

名前に心あたりはなかった。紙の酸化具合から考えて、この名刺は十年ぐらい前に刷られたものだろうか。

その八神という捜査員の名刺を脇によけてめくっていくと、五枚ほどあとにまた同じ名前の名刺が出てきた。少し新しいものだ。

所属は、北海道警察　札幌方面大谷地警察署刑事・生活安全課、となっている。

八神という捜査員が異動になったあとも、つきあいがあったということだ。かなり親しい関係だったのだろう。

津久井は残った名刺を少し慎重に一枚ずつ見ていった。

気になる名刺がまた一枚出てきた。

大日本政仁会《せいじんかい》　北海道支部　塾頭
勝又孝次郎《かつまたこうじろう》

その塾の所在地は旭川市の中心部だ。

政治団体ふうの名で作られた名刺だが、これは日本有数の広域暴力団の兄弟組織だ。その広域暴力団が、侠客《きょうかく》の名よりも政治団体の名を使うほうが利があると判断するとき、この組織を前面に立てる。

勝又孝次郎という男の名は、道警の職員ならほとんどが知っているだろう。札幌に本拠を持つ暴力団、誠志会の幹部でもある。そして誠志会は、日本最大の広域暴力団の直参だ。誠志会が旭川に進出する際、この勝又が大日本政仁会名義で事務所を構えた。地元暴力団と発砲事件まで起こしているが、けっきょく大日本政仁会が旭川を支配した。それはつまり札幌の誠志会、そして日本最大の広域暴力団が、北海道第二の都市・旭川の利権も押さえたということである。

竹内が、津久井の様子に気づいて隣りに立った。

「気になるものでも？」

「これを見てくれ」

津久井はチェストの上の三枚の名刺を示した。

竹内は名刺を眺めてから、合点がゆかないというように言った。

「年寄り騙《だま》してた詐欺犯が、警察の捜査員ともヤクザとも親しい？」

「フィリピン・パブを経営していたらしいから、どっちかと多少のつきあいはあってもおかしくはない。だけど名刺まで大事に取ってあるんだ。両方とも、そうとうに親しかったってことか」

「店の客か」

「この刑事の名前、知っているかい？」

「名前だけは聞いたことがあるな。旭川方面本部で、暴力団相手に身体《からだ》張っていた刑事じゃなかったかな。もう定年退職しているような歳《とし》のはずだ」

津久井は捜査員の名と暴力団員の名、それに暴力団員の肩書を手帳に写し取った。

玄関口で、大家の老人が言った。

「携帯電話の番号、わかったよ」

彼は自分の携帯電話で、自宅に電話をしていたようだ。夫人に調べさせたのだろうか。

津久井は大家が言う携帯電話の番号も控えた。携帯電話のあり場所は不明だから、うっかりこの番号にかけてはならない。いまもこの電話が生きているとして、その場所がわかるように段取りをつけてから、電話すべきだった。

津久井は訊いた。

「勤め先はやっぱりわかりません？」

「聞いてないんだって」

「入居のとき、ここは保証人は必要なんですか？」

「ああ。いちおうね」

「契約書には、きっと保証人の名前と連絡先も書かれていますね」

「書いてもらってる」大家は津久井を見つめてうなずいた。「警察のひとだったよ」

竹内も驚いた様子で大家に視線を向けた。

大家は言った。

「札幌の警察署にいる刑事さんだ。八神、とか言わなかったかな」

津久井は竹内と顔を見合わせた。


デスクでパソコンのモニターを睨《にら》んでいる佐伯のもとに、新宮がやってきた。プリントアウトを手にしている。

佐伯はモニターから目を離して訊いた。

「面白いことが出たか？」

新宮が言った。

「篠原克也は、七年前にセクハラで訴えられています。大学の教え子に」

佐伯は新宮からプリントアウトを受け取って目を落とした。

篠原克也という大学の理事について、公表されている情報をすべてコピー&ペーストしている。さらに警察のデータベースからも、あるだけの情報を集めてきたようだ。

新宮が自分の席の椅子《いす》に腰をかけると、佐伯のそばに椅子を寄せてきた。プリントアウトを佐伯と一緒にのぞきこめる体勢だ。

これによれば、篠原克也は現在四十二歳。学校法人・篠原学園の理事長、篠原忠男《ただお》の長男だ。札幌の公立高校を出たあと、東京の私立大学法学部に進学、卒業後、札幌に戻って父親の経営する理・美容学校の事務職員となった。

やがて篠原忠男は大学を設立、自分が理事長となり、長男の克也を理事のひとりとしている。

克也は、大学の理事であると同時に、学園の教授でもある。人間文化行動学、という講座を持っているらしい。その学科名からは、克也が何を教えているかはわからなかった。また、大学院を卒業しているわけでもない克也が、なぜ教授として学生を教えられるのか、その根拠もわからない。同族経営の大学では、そのための資格など、いくらでも融通が利くのかもしれないが。

セクハラ事件は、七年前に起こっていた。大沼公園にある大学のセミナーハウスで、克也が合宿中の女子大生を自室に呼び、性的ないたずらをしようとしたらしい。いったん札幌大通署に被害届けが出されたが、女子大生とのあいだで示談が成立、被害届けは撤回された。

そこまで読んだところで、新宮が横から言った。

「大学時代、彼は大学横断イベント・サークルの幹事でした」

新宮がプリントアウトのある部分を指さした。そこに、そのイベント・サークルの名が出ている。強姦、準強姦で幹部たちが逮捕された、あの有名なサークル名ではなかった。

そもそも、篠原克也の年齢がいま四十二歳ならば、あのサークルが活動していた時代とは時期がずれる。克也の大学時代ということは、あの事件からさらに十年ぐらい前のことになる。

新宮が言った。

「当時はさほど大きな話題にならなかったようですね。女子大生を飲み会のあと輪姦、という事件で逮捕。主導的ではなかったという理由で、不起訴処分」

「性犯罪がふたつか」

「法的には、この男は犯罪者じゃありませんが」

「ある種の性向を持った男だ、とは言える。しかも、繰り返されてる」

「時間の空白はありますが、そのかんほかに何もなかったと考えるわけにはゆきませんね」

「少なくとも、考えないのは警官の正しい反応じゃない」

「何か盗まれているのに被害届けを出さなかった理由も、なんとなく想像がついてくる」

「そこは慎重に反応しておけ」

新宮が、佐伯のデスクのパソコンに目を向けた。

「チーフは、あっちの男のほうですか」

「ああ。勤め先の日本能率開発システムズ。いかがわしいとこだぞ。二年前に、愛知県庁のシステム統一受注で汚職に関《かか》わってる。贈賄で名古屋支社長逮捕。五年前にも、福岡県庁で贈賄。このときは、本社営業部長が逮捕されてる」

「ＩＴの業者なんでしょう？」

「ホームページでは、システム開発、ソフトウェア開発ってことになってるな。自治体、公官庁が相手だ」

「きっと、役員は天下りだらけでしょう」

「いちいち調べる気にもならない」

「事情聴取しますか？」

「もう少し調べてからだ。案外、篠原克也以上の事案が出てくるかもしれない」

「うちの盗犯係の？」

「お隣りの知能犯係に手柄をやってもいいさ」

新宮が頭をオフィスの出入り口のほうに向けた。佐伯も目を向けると、小島百合が歩いてくるところだった。何か書類を手にしている。

百合は佐伯のデスクの前に立って、そのプリントアウトを差し出してきた。

「さっきの佐伯さんの疑問の仮の答」

「何だ？」

「なぜきょうなのかってこと」

佐伯はプリントアウトを受け取って、百合に訊いた。

「まず要約してもらえないか」

「明日、札幌の誠志会、里見組《さとみぐみ》の大曾根徹男が名古屋刑務所を出所する」

「あいつが、明日？」

佐伯はプリントアウトを読んだ。大曾根逮捕時の道警本部のプレス発表と、新聞記事だ。

コピー&ペーストされたテキストの最後に、二本の新聞記事。その広域暴力団系組長が立て続けに出所すること、暴力団が動きを活発化させないよう警察庁が注視していることが報じられている。大曾根の名古屋刑務所出所の日は、明日である。

顔を上げると、百合が言った。

「釧路や函館で死んだひとたち、この大曾根徹男の事件のとき、警察に協力したってことはないかしら」

「御礼参りか。だとしたら、警察全体に喧嘩《けんか》売ってるようなものだぞ。しかも市民ふたり」

「小樽の焼死体もそうかもしれない」

「徹底的に叩《たた》かれる。組織は壊滅する」

「でも、組長の出所が明日ということは、きっともう幹部は名古屋に向かっているでしょう。本部の組織犯罪対策局も、きっと幹部には何日か前から張りついているでしょうね」

「たぶんな」

「殺害自体は、組員がやっていないのかもしれない。御礼参りだけど、組織は動かしていないとか。組対がいま誠志会を監視しているということは、組の幹部には絶対のアリバイがあることになる」

「関連は見え見えだ。せっかく組長が出所するというのに、御礼参りをやって組織を危険にさらすこともないだろう」

「四月に、一の字の総長が出所したとき、放免祝いはなかったと聞いたわ」

「警察庁は、絶対やらせない方針だったはずだ」

「そのために、あの組、少し内紛の兆しとか」

そう言われて、佐伯は自分の背中がひんやりしたのを感じた。それって、ありうることか。たしかに暴対法以降の取り締まり強化で、暴力団の持つ利権は縮小している。鍋《なべ》にたっぷりと具が入っているうちは、誰も箸《はし》を出す順番に文句はつけないが、具が少なくなれば、鍋奉行の地位が欲しくなるのだ。あの組織はいま、奉行以外にはうま味の減った鍋の会だ。

顔色が少し変わったのかもしれない。新宮が訊いた。

「どういうことなんです?」

佐伯は新宮と百合の顔を交互に見てから、小声で言った。

「昨日きょう起こっていることの意味だ」

新宮が首を傾けた。

「ひとつは組長に、放免祝いの手土産」

「もうひとつは?」と百合。

「一の字の直参組織への、次に総長を出せる組織はうちだ、というアピール」

新宮が首を振った。

「リスクが大きすぎる」

「うまくいったときは、見返りも大きい」

「でも、いくらなんでも。そもそもそんなことを決断できるのは、組のナンバーツーぐらいでしょう。それが誰か知らないけど、御礼参りとわかれば、すぐに逮捕できる。三人の殺害指示。極刑です」

佐伯も、誠志会の序列がどうなっているのか、詳しいところは知らない。若頭の加治木《かじき》はいま大曽根の代わりに兵庫の総本部に週一回のペースで詰めているはずである。つまり最低でも週に二日は札幌を離れている。そのあいだ、若頭を代行する補佐とか代貸しが誰なのか、その名も知らなかった。

誰がそれを思いついて、指示を出したか。

想像をめぐらしていると、百合が言った。

「お役に立てた？」

佐伯は百合を見上げて言った。

「津久井に教えてやらなきゃならないな。こういう背景が想像できるぞと」

「米本弘志が、もし大曽根の事案に関わっていたとしたら、ヒットマンたちの次の標的は彼だわ」

百合は、小さく黙礼して佐伯たちのデスクの前から去っていった。

百合がエレベーター・ホール方向に消えるのを待ってから、佐伯は携帯電話を取りだした。

ランチの最中にも一度かけた相手だ。米本弘志。先輩捜査員から引き継いだ協力者。

やはり不通だ。相手は電源を切っている。

佐伯は米本弘志の風貌《ふうぼう》を思い起こした。痩《や》せていて、いつもひとサイズ大きいと思えるようなジャケットを着込んでいた。北海道の浜言葉っぽい訛《なま》りがあったが、あれは江差出身のせいか。服装からは一見お調子者に見えるが、少し観察すると、不器用な郡部出身者が無理に格好つけているのではないかと思えてくる。じっさい、根は真面目《まじめ》な男だった。少なくとも、結婚詐欺ができるタイプの男ではない。むしろその被害者になってもおかしくはない男に見えた。

先輩捜査員から紹介されたとき、彼はススキノの振興組合の職員だった。組合がキャッチバー対策で設けている案内所に勤めていた。その前はリネン・サービスの配達員だったと聞いている。

案内所では、彼は観光客に対して、健全、安全な飲食店を紹介するのが仕事だった。組合はもちろん組合加盟の店を紹介するために案内所を設けているのだ。またススキノには風俗営業店も多いけれども、案内所は、法律の範囲内でそれらの店も紹介する。もし案内が利用客の期待に反していた場合、案内所かススキノ交番にすぐ通報なり訴えがある。案内した職員の情報の出し方が追及される。

だから逆に言えば、案内所の職員は健全、安全な店と同時に、危険でいかがわしい店についての情報も、豊富に、しかも最新のものを持っていなければならなかった。じっさいに歩き回って、店の正確な所在地なり雰囲気なり料金も確かめておく必要もあったろう。米本は案内所の情報の精度を上げるために、組合の期待以上にこまめにススキノを歩き回り、ひとに会い、そのデータを更新していたようだ。多少の私費投入もしつつだ。それは必然的に、ススキノ界隈《かいわい》の裏社会の情報にも接するということであった。

一見軟派ふうとはいえ、カネがあるわけでもなし、遊び上手にも見えなかった。だから、彼がそれほど深く札幌の裏社会を知った情報通であることは、ススキノでは見抜かれていなかった。少なくとも組合の幹部や裏社会の連中たちにとっては、米本はススキノの歩くガイドブック、生のイエローページ程度の無害な男にしか見えていなかったはずである。

ただ、ごく少数の警官だけは、彼の頭の中に詰まったデータの価値を知っていた。彼が見聞きすることの意味を、理解することができた。ある時期、組合の案内所で働き出して一、二年目ころから、彼は道警本部の捜査員の、ひそかな協力者となっていた。

公安部門では、協力者の名は組織に報告される。担当者は決まるけれども、制度上は協力者との関係はけっして個人間のものとはならない。警察はその協力者に組織として関与する。

しかし各警察本部の刑事部門や組織犯罪対策部門では、協力者は担当捜査員との個人的な関係の中で生きる。捜査員は自分が協力者を持っていることを組織に報告しないし、ましてやそれが誰であるかを周囲に明かしたりはしない。それは筋のいい情報を継続して得るための慣習であり、協力者の身を守るための配慮である。そしてふつうはその捜査員が仕事を離れれば、関係は終わる。関係がひとひととの信頼と相性とに基づいている以上、役割だけの引き継ぎは難しいのだ。

例外がないでもない。米本弘志の場合がそうだ。佐伯は大通署刑事課に配属された年、先輩捜査員が定年退職するときに、米本を紹介され、彼と個人的な関係を作ることに成功した。以来七年、米本を協力者として、おもに窃盗事案についての情報をもらってきた。しかし二年前、彼はススキノを離れてクリーニング・チェーンの運転手となった。娘と一緒にいる時間を多くしたいのだ、と彼はその堅気の職場への転職の理由を佐伯に説明した。景気も悪くなったし、ススキノで生きることが楽しくは思えなくなったのだとも。いずれは札幌を完全に離れて、リゾート地でレストランかペンションをやってみたいとも夢を語っていた。

その後はさすがに、彼が伝えてくれる情報の質は下がった。それでもススキノで働いていたときの経験や人脈は生きており、佐伯もふた月に一度ほどは彼と会っていたのだった。

その彼が、このタイミングで、妻子を連れて消えた。何かから逃れるかのように。

それは、釧路、函館でほぼ同時に見つかった死体と、何か関係のある失踪《しっそう》なのか。それとも無縁のことか。もっと言えば、警察の協力者であったことが理由のひとつの失踪なのか、それだけでもはっきりさせたかった。関係ないとなれば、それは身に危険が及ぶような事態ではないのだと考えてよい。彼を協力者としてきた自分がやきもきしても始まらないことだと、そう判断しうる。

新宮が横で、何か指示待ちという顔だった。

佐伯はあらためて携帯電話を持ち直した。次は津久井にかけねばならない。

津久井はすぐに出た。

「はい」

「いま話せるか?」

「札樽自動車道に乗るところです。運転はおれじゃありません」

べつの捜査員が横にいるということだ。ということは、あまり込み入った話題は無理だろう。津久井のほうからも、話はしづらい。

「おれの言葉だけ聞いてくれ。きょうランチのときに、釧路、函館の不審死が話題になったな。どちらも警官とつきあいがあったと思える男たちのことだ。関係があるかどうかはわからないが、明日、札幌の誠志会の大曾根徹男が名古屋刑務所を出所する。それだけだ」

津久井は、問い返したりはしなかった。

「はい。了解です」

佐伯は電話を切ってから、新宮に言った。

「もう少し待て」

「そのあいだに何かやってましょうか」

「すぐだ」

次に電話したのは、米本弘志を佐伯に引き継いだ捜査員だ。もう定年退職しているが、札幌市内在住だ。中央区の大ホテルの警備係に再就職している。うまくゆけば、すぐに会うことができる。

相手が出たので、佐伯は言った。

「おひさしぶりです。伺っていいですか」

いくらか戸惑ったような声で相手は言った。

「いきなりだな。仕事のことか」

「ええ」

「職場知っているか？」

佐伯はホテルの名を口に出した。

「じゃあ、事務所でおれを呼んでくれ。警察だと言ってくれていい」

「十分後に」

携帯電話をポケットに収めてから、佐伯は立ち上がった。

「仕事じゃないけど、くるか」

新宮が憮然《ぶぜん》としたように言った。

「あたりまえじゃないですか」


その大ホテルは、大通署から西に五ブロック離れたところにあった。五年前にオープンした新しいホテルだ。クラスは三つ星だろうか。それもかなり四つ星に近いほう。中国人観光客が多いホテルとも聞いている。

先輩捜査員だった工藤隆二は、濃紺のスーツ姿で現れた。大通署刑事課の捜査員だったときよりも太ったように見えた。スーツの胸にネームプレート。警備・工藤、と彫られている。全体の印象はやはり、ホテルマンというよりは、スーツを着た体力系の仕事の男に見える。

工藤は警備係の控室の隅で、佐伯たちに椅子を勧めてくれた。

佐伯は今朝のブロック紙を工藤に渡して言った。

「昨日、釧路と函館で、不審死がふたつありました。どちらも、エスだったんじゃないかと推測できる男たちです」

「殺されたってことか？」

「方面本部は、他殺とは見ていないようです」

工藤は新聞記事を読んでから顔を上げた。

「気がつかなかった。だけど、為田という男の名前は聞いたことがあるな。札幌にいたはずだぞ」

「米本弘志も、今朝、あわてて妻子を連れてどこかに消えた」

「あいつが？」

「工藤さんに紹介いただいた米本です。ヒットマンでも恐れているような消え方なんです」

「エスが連続して死んだり、消えたりしてるってことか」

「小樽でもひとり、きょうの深夜死んでるそうです。ただし、米本は自主避難でしょう。いまのところ、事件には巻き込まれていない」

「それで、わざわざやってきた理由は？」

「米本は、何を売りました？」

工藤の顔にはっきりと動揺が表れた。聞かれたくないことであるのかもしれない。ずっと封印したままでいたかったとか。

工藤はいちど目をそらしてから言った。

「誠志会。何がなんでも大曾根を逮捕しろと上が躍起になったときだ」

「六年前ですね」

「ああ。警察庁が、一の字の壊滅を掲げて、直参組長は全部ぶちこめと指示した。北海道は、誠志会の大曾根徹男。あいつを挙げるために、当時の四課は大曾根の周辺の犯罪、違法行為を、ゴミ箱を漁《あさ》るように調べた。そのとき米本は、大曾根の私文書虚偽記載の一件を教えてくれた。企業舎弟が新しい事務所を開くとき、保証人としての自分の住所にかみさんのマンション名を書いたと」

「大曾根は、恐喝で起訴されています」

「別件のひとつだ。三つか四つ別件で勾留《こうりゅう》をつなげて、最後は恐喝で起訴したんだ」

「私文書虚偽記載が米本の情報だということは、向こうにばれました？」

「いいや。それはありえない。だけど、同時にいくつもの件での逮捕、再逮捕、勾留だ。周囲に警察のエスがいたとは、向こうも想像しただろうな」

「もうひとつ、誠志会は、協力者に御礼参りなどやりますか。むかしはともかく、いまはとんでもないリスクを負うことになりますが」

「やるさ。名古屋の勇久会とタイプは一緒だ。もともとは愚連隊だからな。博徒とはちがう。相手が捜査員だろうとかまわず脅してくる連中が構成員だ」

「捜査員まで？」

「おれも現役当時、うちの玄関先に、死んだカラスを置いていかれたことがあるぞ」

「露骨だ」

「前の里見組長が、そういう陰険なヤクザだった。体質は受け継いでる」

「組長はもう亡くなっているんでしたか？」

「いいや。隠居している」工藤は悔しげに言った。「ある意味じゃ、いいタイミングで大曾根に跡目を譲ったな。自分は畳の上で死ねる」

「いかがです？」と、佐伯は声の調子を硬いものにして訊いた。「一連のこの殺人、六年前の徹底摘発に対する誠志会の御礼参りだということは、ありえますか？」

「可能性はないことはない。おれはもう離れているから、確信もって言うことはできないけどな」

「その場合、それこそ徹底弾圧を招きますよ。市民三人を殺して、道警は黙っていない。組のリスクが大きすぎるようにも思えるんですが」

「殺されたのは警官じゃない。エスだ。警察だって、摘発のモチベーションは高くなれない」

「警察への挑戦です」

「なあ、佐伯」工藤は額に手をやって揉《も》んだ。「本部の組織犯罪対策局だって、長くて七年で交代の、素人のいるセクションになってしまった。いまじゃ専務職員とは名ばかり。マル暴と渡り合うだけの気概も体力もない公務員集団だぞ。だからいま、誠志会がエスばかり何人か殺したからと言って、本気で誠志会に立ち向かえるか。捜査員のうちの前に死んだカラスを置いてくる連中だ。家族があれば、腰が引ける。上がどれだけ発破かけようと、七年我慢すれば異動だ。いまの本部組対に、ここまで反撃してきた誠志会を相手にできるだけの力はないよ」

「それじゃあ暴力団の思う壺《つぼ》です」

「警官も生身だ。自分の家族を守りたい。危険にさらしたくない」

「いままでだって同じです」

「ちがう」工藤はきっぱりと言った。「暴対法ができて、そのあと六、七年前か、警察庁が一の字の徹底壊滅を指示して以来、やつらはほんとうに食えなくなってる。私文書虚偽記載で組長逮捕だぞ。

形式犯だ。勇久会会長みたいに、子分が銃刀法違反で、何も知らない組長が六年の実刑だ。以前なら考えられないような微罪で逮捕、刑務所送り。昔ながらのしのぎも成立しなくなってる。上の連中は逮捕覚悟で侠客の看板掲げてるが、日々実入りは少なくなる。義理掛けもままならなくなってるのが、いまの組長クラスだ」

工藤はいったん言葉を切った。佐伯がそこまでの言葉を理解しているか、確認しているかのような顔だ。佐伯はうなずいた。

工藤は続けた。

「子分たちもどんどん組を離れる。当然だ。小遣いさえ満足にもらえない。組長が仕入れてきたバッタ物やらミネラルウォーターを売ってこいと言われて、堅気をちょっと脅せばまたあっさり逮捕だ。組員はどんどん減っている。本部もそういう統計を発表しているし、体感でもそうだろう？」

ある。たしかに北海道でも、暴力団の影は薄くなったというのは肌で感じる。一の字が北海道に進出してきたときは、向こうも勢いがあった。抗争があればあるほど、連中の勢力が大きくなっていると感じられたものだ。しかしいまは、当の一の字でさえ、組員の数は往時の三分の二以下だろう。ましてや抗争に敗れた側の地元の暴力団は、もはや中小都市の祭礼を仕切るだけの力も失っている。

「だけど」と、工藤は口調を変えて言った。「しのぎが難しくなったからと言ったって、一度はおいしい想いをしたことのある中堅クラスが、あっさり堅気になれるか。こうなったらもう侠客の看板はいらない、実質本意、カネが欲しい、さいわい自分には犯罪のノウハウがある、となれば、どうなる？」

「マフィア化」と、横から新宮が言った。

最近よく言われるようになっていることだ。新宮の答は正解だ。

「そうだ。連中が俠客の看板を出していてくれるから、おれたちは狙《ねら》いを絞って取り締まることも、挙げることもできた。だけど連中が完全に地下に潜ったらどうなる。アメリカのマフィア同様に、事務所も持たず、看板も出さず、俠客同士の義理掛けからも降りて、裏ビジネスに専念するようになったら」

「取り締まりは難しくなる」

「連中の一部は、たぶん腹をくくった」

「連中とは、誠志会のことですか？」

「いや、一の字の一部。徹底摘発で食えなくなってる連中。勇久会に汁を吸われ、警察には摘発され、一の字であることがむしろ重荷になってるやつらだろう。もちろん誠志会も含まれてる可能性はあるけどな」

脇のデスクの電話が鳴った。すぐに工藤が受話器に手を伸ばした。館内専用電話なのだろう。

工藤がふたこと三言応《こた》えてから立ち上がった。

「すまんが、行かなくちゃならない」

佐伯も椅子から腰を上げた。いい情報をもらえた。工藤から引き継いだ米本弘志は、かつて誠志会の摘発のときに、組長の犯罪について情報を提供していたこと。その後の誠志会や、あの広域暴力団をめぐる状況についても、元の暴力団担当捜査員の読みには説得力がある。ただ現在の本部暴力団担当の捜査員たちの保身志向については、少し想像外であったが。

工藤に礼を言ってそのホテルを出ると、新宮が言った。

「さっきは横から余計なことを、すみません」

「マフィア化の件か。よく言われるようになったことだ」

「でも、ぼく自身は半信半疑なんです。裏ビジネスだって、侠客の看板があるからできることじゃありませんか。堅気が恐れてあっさり連中にカネを出すのも、連中が警察など恐れていないって顔で、堂々と侠客としてひと前に出て行くからです。組の看板がなければ、みかじめ料だってやつらに払う理由がなくなる。闇《やみ》金融がけつ持ちしてもらうにも、連中が堂々と暴力団の事務所を張ってるからだとは言えませんか」

「組織実態が見えなくなれば、堅気はいっそう連中を恐れる。ものごとの解決に、侠客の筋やら義理やらが通じなくなるんだ。相場もわからなくなるだろう。マフィア化することで、裏ビジネスはいまよりもうまいものになるかもしれない」

「それでも、堅気との接点となる人間がなくなるわけじゃありません。取り締まりも摘発も可能だ」

「相手が組織なら、警察組織も対抗できる。だけど、犯罪者たちが組織を名乗らずに裏ビジネスを始めたら、モグラ叩きになる。いまの警察の力で、足りるかどうか。暴力団対策法も、組織を持たなくなった犯罪者の取り締まりや摘発は想定していない」

「組織がなくなったら、一の字のバッジも盃《さかずき》の同盟関係もなくなったら、あの手の連中はもう犯罪者にもなれないように思うんですけど」

　ふと思いついた。

「やつらは、並の市民以上に現実的だ。損をすることはしない。御礼参り、の形に見えるけれども、べつの目的も想像できる」

「たとえば？」

「小島が言っていた読みだ。ひとつは、一の字内部での発言力アップ狙い。もうひとつは、誠志会つぶしという意味」

新宮は、納得できないという顔だ。首を振りながら言った。

「じゃあ、やっているのは北海道のナンバーツー勢力か、でなけりゃ一の字のナンバースリー以下の勢力？」

「誠志会と見せてエスたちを殺して、いちばん得をするのはそのあたりだ」

「一の字に抗争の兆しで、大曾根も明日放免。しかも今後はやる気満々となると」

「勇久会や誠志会は自滅してくれ、と願う組長もいるはずだ。その意を汲《く》んだ荒っぽい男たちが、はるばる北海道まで出張ってきて動いたとなると」

新宮がやっと合点がいったというようにうなずいた。

「機動捜査隊と、本部組対にも、その見方を教えてやらなきゃ」

「この程度のことは、機捜だってもう思いついているさ」

「昨日からきょうにかけて、死体で見つかった男たちが協力者だったこと、気がついているのはまだぼくらだけかもしれませんよ」

片側三車線の広い幹線道をわたってから、佐伯は新しい疑問が出てきたことに気づいた。

担当捜査員しか知らない警察協力者のことが、なぜまとめて三人もマル暴の側に知られたのか。変死体のうちひとつは釧路で、もうひとつは函館で見つかっているのだ。札幌で彼らを協力者として使っていた捜査員たちは、協力者から決定的な情報をもらったあと、彼らの身の安全をはかって働き場所を移す便宜をはかってやったと考えていい。つまりその時点で、御礼参りの危険から彼らを守る手立てが取られている。小樽で焼殺された赤松淳一もそうだろうと想像できた。つまり不完全ながら、担当捜査員たちは証人保護プログラムを個人的に働かせたのだ。働かせねばならない緊急性、つまり御礼参りの危険が現実のものであったということにもなる。

なのに、昨日きょうと立て続けに三人のもと協力者が殺された。釧路と函館の変死体はまだ他殺と判断されていないが、偶然にしてはできすぎだ。他殺とみて間違ってはいないはず。つまり殺した連中は、もと協力者たちが身を隠した先も完全に把握していた。まるでもと協力者たちの居場所がネット上に公開されていたかのようにだ。だから計画的に、事実上の同時の報復を実行している。

なぜそんなことができる？　どうしたらそんなことが可能になる？　それが可能である場合の条件はどんなものだ？

「どうしました？」と新宮が佐伯に訊いた。

佐伯は我にかえった。いま自分はよっぽど奇妙な顔をしてしまったのかもしれない。

佐伯は歩道を歩きながら新宮に言った。

「いまの読みが正しいとしたら、わけのわからんことがひとつ出てくる。読みは白紙に戻したほうがいいかもしれない」

「どういう謎《なぞ》です？」

佐伯は、まだ訊くなという意味をこめて首を振った。

「おれたちは、当面解決しなきゃならないことがある。きょうの車上狙い」

「被害届けを出さない男は、何を盗まれたのか、ということですね」

「署で誰かの知恵を借りよう」

その相手はたぶん、知能犯係の捜査員の誰かということになる。

道警本部本庁舎ビルの中の機動捜査隊のフロアで、津久井たちは一台のモニターを囲んだ。小樽市のコンビニから借り出してきた防犯カメラの画像をコピー、いまPC上で精査しようとしているところだった。長正寺がモニターのすぐ前の椅子に陣取った。津久井がその右、竹内が長正寺の左手である。

画面は四つに分割されている。右上にレジ・カウンターの真後ろから撮っている映像。左上が、入り口を真正面から撮影している映像。その右手にレジ・カウンターが見える。左下は、店のもっとも奥、缶ビールやソフトドリンクの冷蔵庫前の通路。そして右下は駐車場だ。カメラは入り口の上に設置されている。いま駐車場には、入り口寄りのスペースに白っぽいワゴン車が停まっている。時刻は零時十八分だ。そのワゴン車が駐車場を出ようとリバースを始めたとき、駐車場の外を徐行気味に移動する車両があった。駐車場に入るかと見えたが、そのまま画面外に消えている。

津久井は言った。

「それですね。そのクルマに乗る連中が、コンビニの外にわざわざクルマを停めた」

長正寺がマウスでその映像を拡大し、少しだけ時間を戻した。徐行していたクルマは、白っぽいセダンのようだ。それ以上のことはわからない。

十秒ほどして、駐車場にひとりの男が現れた。道路の先、いまセダンが消えた方向からだ。黒っぽいジャンパーを着て、マスクをしている。両手はポケットに突っ込んでいた。男は店に入った。

長正寺が、分割画面に戻した。店に入ってきた男は、通路を奥のほうに歩いて行く。そこにもう一台のクルマ。入り口そばに停まったのは、四輪駆動車だ。運転席から、きょう聞き込みで会った久保田が降りてきた。助手席には人影が見える。シルエットから女とわかる。この女には、電話で久保田の四輪駆動車に同乗していたと確認を取っている。桜町の市営住宅に住む人妻だ。

久保田が店の中に入り、駐車場寄りの通路を奥へと歩いた。

津久井は画面を見ながら言った。

「入ったとき、久保田はガソリンの臭《にお》いに気がついています。駐車場ではなく、店の中でです」

「店員は？」

「わたしたちが何か気づいたことはと質問して、ガソリンの臭いのことを思い出しました」

「誘導じゃないよな」

「ちがいます。久保田はラブホテルに行ったあと、消臭スプレーを買う男です。わりあい臭いに敏感なのかもしれません。さほど強烈な臭いではなかったのでしょう」

久保田がレジカウンターの前に現れ、いくつかの商品をカウンターの上に置いて支払いを済ませた。

久保田が店を出ていったあと、マスクの男がレジカウンターの前に現れた。長正寺が今度はその画面を拡大した。

マスクの男は、氷らしき袋と、平べったいビニール袋、ペットボトルなどをレジの上に置いた。眉《まゆ》が薄く、髪の短い男だ。年齢は店員の証言どおり、三十歳から四十歳というところか。その画面からは、男が火傷《やけど》を負っているとか、燃えた衣類を着ているようには見えなかった。男はカネを支払うと、そそくさと店を出て、いましがた現れた方向に去っていった。

長正寺が映像を戻し、マスクの男がレジの前に立っている場面で止めた。

「この映像は、解析にかける。だけどマスクをしているしな。使い物にはならんだろうな」

竹内が言った。

「とりあえず、鮮明な部分を何枚かデータに落としておきます」

「十枚焼いておけ」

長正寺が津久井に顔を向けてきた。

「こいつと思うか？」

「時間。ガソリンの臭い。氷とガーゼを買っている。確実と思います。きょう、小樽と札幌の皮膚科で火傷の手当てをしたものについて、当たってみますか」

「もうひとつ、クルマの線も追いたい。映っていた白っぽいセダン。やつらがこのあとどっちに向かったかだな」

「小樽市内ではなくて、札幌でしょう」

「拠点が札幌にある？」

「用事がもうひとつあるのかもしれません」

「どんな用事だ」

「つまり」

答えかけたとき、メガネをかけた若い捜査員が、綴じたプリントアウト用紙を持って現れた。

「三日前からの、道内の盗難車のリストです」

長正寺がその捜査員に訊いた。

「気になるクルマはあったか？」

「盗難車は三件ですが、これとはべつに釧路で所在のわからなくなっているものが一台あります」

「なんだ、それ？」

「釧路港で昨日、タクシー・ドライバーの死体がひとつ上がっているんですが、この男の自家用車が所在不明だそうです。釧路方面本部からの情報」

長正寺は、それがこっちの事案にどう関係するのだと訊きたいような表情だった。ということはつまり彼は、きょうの昼間に佐伯たちが気にしたあの共通項について、何も耳にしていないのだ。

津久井は言った。

「釧路の不審死の飯森周って男は、協力者だったようです。ついでに言うと、函館で昨日転落死している為田って男も、協力者だったという情報があります」

長正寺は、目を大きく見開いた。

「殺されたエスは、赤松淳一だけじゃないのか？」

「釧路と函館の詳しい情報を知りません。事故死と断定されているかどうかも知らずに言ってるんですが」

長正寺が竹内に指示した。

「その二件、すぐに情報をもらってこい」

「はい」

竹内が椅子から立ち上がって、フロアを出ていった。

長正寺が訊いた。

「そのエス情報、確かなのか？」

「いいえ。そういう話がある、推測できる、という程度の話です。この事案の捜査に直接役立つ情報かどうかもわかりません」

「すぐにも耳に入れて欲しかったぞ。事件の構図がまったく違って見えてくる」

「いまじつは、それを言いかけたところでした」

「ソースは？」

「大通署の佐伯さんたちです」

「佐伯宏一か」長正寺は微苦笑した。「お前、それとは別に、いま何か言いかけたろ。用事とか」

「ええ。佐伯さんのエスが、今朝突然消えました。家族と一緒に、逃げるように」

長正寺の目がいっそう大きく見開かれた。一瞬だが、口もぽかりと開いた。

「消えた？　無事なのか？」

「わかりません。佐伯さんが探しています」

「まったく」長正寺がいまいましげに言った。「おれの捜査の要所要所に、あいつが関わってくるな」

長正寺の視線が、津久井の肩ごしにフロアの入り口を向いた。津久井は振り返った。

通路を、初老の男が歩いてくる。丸刈りで、薄く色の入ったメガネ、派手めのジャケットを引っかけた男だ。ズボンのポケットに両手を突っ込んでいる。暴力団員を逮捕して連行するとき、逮捕されたのはこいつだと誤解されるタイプの警察官だ。

「ご到着だ」と、長正寺が小声で言った。

丸刈りの男は、長正寺の前まで歩いてきて言った。

「八神だ。大谷地署にいた」

赤松淳一がその名刺を持っていた男だ。

長正寺が立ち上がって、ていねいに頭を下げた。

「ご足労どうも。機動捜査隊の長正寺です」

津久井も長正寺にならって自己紹介した。

「本部の遊軍で、津久井です」

八神が興味深げな顔で言った。

「道議会でうたった、あの津久井さんか？」

自分が名乗ると、そのように反応されることにはもう慣れた。問題は相手がそれを、どう受け止めているかだ。少数だが、道警の警察官の中にはいまだにそれを、所属組織に対しての唾棄《だき》すべき裏切り行為と見なす者もいる。はっきりと顔に嫌悪の色を浮かべて、津久井からわずかに身を離す者も。

しかし八神の表情にあるものは、ただの好奇心以上のものではなかった。

「あの津久井ですよ」と長正寺が言った。「こんどはうちに引っ張ろうと思ってるんです」

八神はまた長正寺に顔を向けた。

「赤松淳一が殺されたって？」

「ええ。小樽で、クルマごと燃やされて」

八神は顔をしかめて首を振った。

「小樽まで追いかけてきたのか」

「心あたりでも？」

「ないわけでもない」

「少し話を聞かせてください」


大通署に向かいながら、佐伯は携帯電話を取り出し、ひとつの番号を呼び出した。この数カ月、顔を合わせてはいない相手だ。しかし、警察学校の同期。いつでもおれお前で話のできる相手だ。宮内《みやうち》明夫《あきお》。階級は佐伯より上の警部だった。

すぐに応答があった。

「ほい、酒の誘いか」

佐伯は言った。

「それはまた近々。ちょっと情報が欲しい」

「うちのセクションの?」

彼は道警本部捜査三課の係長だ。知能犯、経済犯を担当している。もっと厳密に言えば、この四年ばかりは、汚職事件摘発をもっぱらとしていた。二年前には、宗谷《そうや》地方の自治体の助役と、日本原子力開発研究機構との贈収賄事件を立件して名を挙げた。原子力政策がらみの事案であったため、自民党国会議員を通じて捜査の中止が本部長に要請されたという噂《うわさ》がある。しかし本部長のほうは、この要請を受け入れて逆に自分のスキャンダルとなることのほうを恐れた。なんといっても北海道警察本部は、あの裏金問題で大混乱となった「道警最悪の一週間」以降、キャリアにとっての鬼門となっている。ほかの県警本部のつもりで組織にでたらめを指示すれば、確実に反撃がある。手を嚙《か》まれる。下手をすれば、自分のキャリアに汚点ができて、警察官僚の本流コースからはじき出される。なので本部長は要請を適当にはぐらかし、捜査現場には介入しなかった。いや、そういう裏話があると語られている。結果として三課の宮内は、自治体の助役と日本原開幹部のひとりを逮捕できたのだった。宮内はそれほどに有能な知能犯担当の幹部だけれども、そろそろ道警の規定では別セクションへの異動となるはずである。

佐伯は言った。

「お前のところのだ。会えるか。そっちに行ってもいい」

「来てくれ。その前に、手短に用件を」

「このあいだ、お前、篠原学園のことを何か言ってなかったか?」

「使途不明金問題か。学園の内部の関係者から垂れ込みがあった。篠原一族の業務上横領の容疑で内偵したけど、詰めきれなかった。もう一年前の話だ」

「それに少し関わるかもしれない」

「まったく話題の途切れない大学だな」

「じゃあ、十分後に」

佐伯が新宮を伴って道警本部ビルの宮内を訪ねたのは、正確にそれから十分後だった。

宮内は、髪をていねいに七三に分け、メタルフレームのメガネをかけた男だ。スーツが似合っており、逆にこの男の休日は何を着ても様にならないだろうと想像できる男だ。七年間知能犯を追いかけているあいだに、どことなく本人自身も、相手の姿に似てしまったのだろう。少なくとも、繁華街のどんな店に行っても、彼を警察官と見破ることのできる女はいないはずである。

フロアの隅で、佐伯はその宮内に向かい合った。宮内の目は、期待のせいか輝いている。佐伯は、今朝、車上狙いの被害者からもらった名刺を宮内に見せた。

「この会社、知ってるよな」

宮内は名刺から視線を上げて言った。

「三課には、この会社を追ってる班があるよ」

「どんな案件だ?」

「とうぜん贈収賄。主に地方自治体のシステム開発を請け負ってる会社だ。役員は総務省の天下りばかり。三年前からこの男が札幌に赴任してきて、道庁関連機関の幹部に接待攻勢をかけてる。この二年間の成果は、競争入札で九戦七勝」

「競争相手が少ないのか」

「まさか、とは思うけれど、詳細は知らない。担当じゃないんだ」

「筋のいい事案かな」

「どうしてだ？」

「面白いことになりそうな盗犯がある」

佐伯は、今朝の大通署管内での車上狙いの一件を話した。高級車のビジネスバッグだけを狙う、おそらくは同一犯の最新の犯行。ただし今朝の被害者のひとりは、バッグが盗まれたことを認めず、被害届けを出していない。山鼻署は、去年から故買屋、質屋、ネットオークションなどを監視しているが、まったく引っかかってきていないのだと。

さらにつけ加えた。去年、山鼻署管内での同一犯とみられる車上狙いでも、被害届けを出さなかった男がいる。篠原学園の理事長の長男坊であり、教授だという男。篠原克也。

宮内は言った。

「やつも被害届けを出していないのか」

「山鼻署の担当の話では、この盗犯の手口は必ず車内にビジネスバッグがあることを確かめてから窓を割る。例外が、去年のこの篠原の件だ。きょう、おれもこの吉野って男に出くわした」

「被害がない、というのが嘘だな」

「被害を隠す理由はひとつしか思いつかない」

「警察に見つかってはまずいものが盗まれた。発見されたとき自分のものではないと言うためには、被害届けは出すわけにはゆかない」

「いまどきノートパソコンの値段なんて知れてる。盗犯のほうも、狙いはパソコンの中のデータではないかという読みはどうだ？」

「よくできました、と言ってやるよ。つまりこの一連の車上狙いは、単純な盗犯じゃなくて」

「恐喝事案だ。そしてたぶん、篠原克也はもう、カネを渡してしまっている」

宮内がうなずいた。

「吉野夏樹にも、いずれ盗犯から接触がある。パソコンを買わないかと。その中身は、たぶん三課も欲しがるものだ」

「あいにく役所は、それを代わりに買うカネは出してくれない」

それまで黙っていた新宮が言った。

「でも、大事なデータであればあるほど、持ち主もロックするなりセキュリティかけるなりすると思います。盗犯のほうが中身を知るのは、なかなか難しいものがありますよ」

佐伯は新宮を見ずに言った。

「クルマの中にパソコンを置いたままにしておくという時点で、隙《すき》がある。それに、そういうパソコンだって、ふつうはユーザー名をパスワードにするくらいじゃないのか？」

「不用心だなあ」

「不用心だから盗まれたんだ。もっと言えば、盗犯は中身を確認する必要もないんだ」

あとを宮内が引き取った。

「買っていただけませんか。いくらです？　いくら出します？　百万。ご冗談でしょう。二百万。そういうやりとりになるんだ。被害者が交渉に乗ったときに、もう恐喝側の勝ちだ」

新宮がなおも言った。

「中身を知らない相手には、被害者も強気に出ると思いますが」

佐伯は新宮に顔を向けて言った。

「被害者はそんなやりとりができる連中じゃない。素人なんだ」

宮内が言った。

「盗犯を逮捕できたら、そして盗難品の押収ができたら、そこから日本能率開発システムズが裏でやってることがわかる。そいつは何かサンズイ事案の決定的な証拠かもしれない」

サンズイ事案とは、汚職事件のことだ。ときに議員案件ともなるため、幹部の捜査指揮は慎重になる。しかし、立件できた場合のポイントは高い。現場捜査員にとってもだ。

「どの程度のものだ?」と佐伯は確認した。

「ファイターズが稲葉のサヨナラで逆転勝利、ぐらいのうれしさにはなる」

「お前の直接の手柄にはならないんだろ」

「三課の中で、点の貸し借りとなるさ」

「ありがと」

宮内が意外そうな顔になった。

「もういいのか?」

「ああ」と立ち上がりながら佐伯は言った。

「その盗犯逮捕の目処《めど》はついているのか」

「いや。まだだ」

佐伯は新宮の肩を叩いて、帰るぞ、と言った。

八神が、あっさりと言った。

「ああ。赤松はおれのエスだった。旭川中央署時代だ」

長正寺が訊いた。

「小樽で殺されたことで、心あたりがあるとのことでしたね」

八神はうなずいた。

「あいつは、旭川では大日本政仁会北海道支部の勝又って男に可愛《かわい》がられた。勝又は、詐欺で刑務所に入った赤松を、信用できる男だと誤解したんだ。おれが旭川中央署時代、政仁会についての情報は、かなりの部分赤松が持ってきたものだった」

「勝又は、赤松が八神さんのエスだとは気づいていなかったんですか」

「最後には、ばれたんだと思う」

八神は、大日本政仁会がらみの覚醒剤《かくせいざい》取引き事件を口にした。政仁会の兄弟組織にあたる例の広域暴力団は、表向きは覚醒剤取引きは御法度だ。しかしあれだけ旨味のあるビジネスを、ほかの犯罪組織に黙ってやらせてはおかない。関わる構成員に対して名目だけの破門状を出し、組織とは無縁という体裁をとったうえで、その利権に関わる。政仁会は、破門された暴力団員とその広域暴力団とのあいだにある組織として重宝されている。八神は、旭川の大日本政仁会が覚醒剤取引きに関与していることをつかみ、関係者の逮捕と覚醒剤の押収をはかったのだ。

八神は言った。

「おれも定年間際だった。定年直前には札幌の所轄に異動になることがわかっていたんで、最後にもうひとつ、大きな事案を挙げたかった。赤松を使えば覚醒剤を押収できる。ただし、それをやっちまったらもう赤松はエスとしては使えなくなる。悩んでいたら、赤松のほうが、協力すると言ってくれた。ただし、うまく自分を隠してくれと。おれは了解した。旭川以外の土地で、何か仕事を見つけてやると」

長正寺が確かめた。

「赤松の小樽のアパートの保証人になったのは、そういう理由なんですね？」

「そうだ。小樽大活倉庫の仕事もおれが世話した」

赤松の職場は、その大活倉庫だというのはいま初めて知る事実だった。

長正寺がまた訊いた。

「覚醒剤取引きはけっきょく？」

八神の顔がわずかにほころんだ。

「挙げた。三百グラムだ。政仁会の組員を不法所持現行犯で逮捕だ」

覚醒剤の押収は、警察内部でも別格の手柄である。規定量以上を押収すると、全国の覚醒剤摘発実績者が作る警察親睦《しんぼく》団体から顕彰され、会への入会が認められる。銀のネクタイピンがメンバーの証《あかし》だ。そのネクタイピンに憧《あこが》れる警察官は少なくない。警部昇任試験に受かって全国から集まる幹部候補生が府中で再教育を受けるときも、銀のネクタイピンのあるなしが、候補生のあいだで素早く見極められるという。八神は問題なく、会員になったはずだ。

津久井はそっと八神の胸に目をやったが、彼はネクタイをしていない。とうぜんネクタイピンもなかった。それをあえて誇示すべき理由がないということかもしれない。

八神は続けた。

「赤松情報で、ブツの受け渡しは旭川一の巨大ショッピング・センターの駐車場とわかった。おれたちは交通課、地域課の協力ももらって、ブツの受け渡しを確認したあと、駐車場の外で受け取った組員を職務質問した。通常の警ら中の偶然を装ってな。二時間向こうも粘ったけれど、こっちが情報を持ってのピンポイントの職務質問だってことは薄々わかっていたろうさ。十分時間稼ぎして、関係者が関係の証拠の隠匿をすませたころに、所持品検査に応じた」

「いつのことです？」

「六年前。そのあたりだ」

　ということは、道警銃器対策課のエースだった郡司徹警部が覚醒剤密売買に手を染めていたことが発覚、逮捕された時期の少し前のことになる。

「逮捕したのは、政仁会のなんという組員です？」

「畑野《はたの》。畑野雄二《ゆうじ》」

　長正寺がデスクからプリントアウト用紙を一枚引っ張りだした。小樽のコンビニの防犯カメラの画像だ。マスクをつけた、短く髪を刈った男。

　八神は目の前にその写真を引き寄せ、じっと見つめてから首を振った。

「知らない。畑野じゃない」

「まだ服役中ですか？」

「五年の実刑判決だった。もう出ているだろう」

「畑野は、自分を売ったのが赤松だと知っていたんですね」

「最初は拘置所で、札幌のラインから漏れたとも考えてたんじゃないか。赤松が協力者だと知ったとしたら、服役後に旭川政仁会から教えられたんだ」

「ということは、政仁会は赤松を最初から疑っていた」

「精一杯の配慮はしたけれど、状況証拠では赤松が浮かび上がったろう」

「赤松は、公判には証人として出廷ですか」

「できるわけがない。おれのエスだぞ。上にも名前を報告していない協力者だ。そんなことまではやらせない」

「でも、心当たりというのは？」

「結審したあとだ。あいつは自分が尾行されていると心配していた」

津久井は長正寺と顔を見合わせた。

やはり御礼参りとしての殺人、ということだろうか。赤松淳一殺害の手口が残虐であり、処罰、懲罰の意味合いがあるようにあの現場では感じた。でも一方で、赤松は自分の顔を知らない男たちに拉致されたようにも感じたのだ。根拠は、赤松の運転免許証が水源池に浮いていた、ということだけであるが。

長正寺が八神に確かめた。

「事実だったんですか？」

「あったよ。監視されていた。おれもやつのそばにいて確認した。このままでは危ないと思った。それで小樽に仕事を探して、夜逃げのように引っ越しさせた」

そこに竹内が戻ってきた。右手に手帳を開いて持っている。釧路と函館の不審死について、方面本部から詳しい情報を聞き出してきたのだろう。長正寺が、ちょっと待てと言うように指を上げた。竹内はうなずいて、そばの椅子に腰掛けた。

八神が続けた。

「赤松の接触相手ということで、おれも尾行された」

「確実ですか」

「道路の反対側からでも、望遠レンズで写真を撮られりゃわかる」

「せっかく八神さんが小樽に逃がしてやったのに、それも突き止められていたわけだ」

「アメリカあたりじゃ、戸籍も変えてやるんだろ。おれ個人には、あれが精一杯だった」

「いずれ協力者の保護は、捜査員個人の力ではどうにもならなくなるでしょう」長正寺が竹内に顔を向けて言った。「釧路と函館の事案、どうだ？」

竹内が開いた手帳に目を落として言った。

「釧路の飯森周は、昨日午後に検視。溺死《できし》とのことです。暴行を受けたような形跡はなかったとのことでした。釧路方面本部は、こっちの問い合わせの意味を知りたがっていました」

「教えたのか？」

「単純な疑問だとしか言っていません」

「その飯森ってのは、タクシー運転手だったな。クルマがどうとか言ってなかったか？」

「本人の自家用車が行方不明です。白い日産マーチ」

「函館は？」

「為田俊平。肝炎で入院していました。ほかにもいろいろ併発していたとのことで歩けず、車椅子だったそうです。函館セントラル病院の四人部屋の病室からいなくなって、朝になって転落死体で発見。死因は全身打撲」

「事故死と断定されているのか？」

「あいまいな言い方でした。病苦で自殺という可能性が大。ただ、深夜二時に、不審な男が通用口を出ています。男性看護師のような格好だったそうです。病院には該当者はいないとのことでした。この不審者との関係を捜査中とのことです」

やりとりを黙って聞いていた八神が、ふしぎそうな顔で言った。

「それはいったい何の話なんだ？」

長正寺が答えた。

「昨日、釧路と函館で二件不審死があったんです。このふたり、警察の協力者だったんじゃないかという情報が入ってきました」

「協力者が片端から殺されているというのか？」

八神が言った。

「偶然には思えません」長正寺は、竹内にもうひとつ指示した。「政仁会の畑野雄二の現住所、所在」

「ここに来る前、旭川のもと同僚に確かめた。やつは逮捕された時点で、御法度の覚醒剤に手を出していたということで破門。警察も、服役後アパートも借りさせなかった。旭川から消えてる」

長正寺が言った。

「兄弟組織に世話になっていますかね」

「どうかな。名目上とは言え、破門された男を受け入れる組は、そんなに多くはないだろうな」

竹内が、当たれるだけ当たってみますと、その場から離れていった。


大通署に戻ると、佐伯は生活安全課のフロアで小島百合の姿を探した。

百合のほうもすぐ佐伯に気づいた。わたしに用事？　と、その目だけで訊いてくる。佐伯がうなずくと、立ち上がってカウンターまで歩いてきた。

佐伯は、いきなり用件に入った。

「篠原学園では、最近はセクハラ、アカハラの訴えなんてないのか」

百合が笑った。

「いきなり、何？」

「あの学校の名物だろ。最近はどうかと思って」

「七年前の事案以来、被害届けが出ては示談。このところ立件できたものはないと思う」

「届け自体はあるのか？」

「あるはず。六百人の若い女の子がいて、教育者でも研究者でもないただのオヤジが何人も、教授の肩書を持ってるんだもの」

そのうちのひとりは、篠原克也だろうと想像がついた。彼は何を教えているのだったか。新宮の調べには何かには専門が記してあったはずだが、一読してわかるようなものではなかった。

百合は続けた。

「アメフト部の追い出しコンパでの集団婦女暴行も、けっきょく示談、和解。大学は男子学生たちを退学処分にはしなかった。五年前のお騒がせのあれよ。セクハラや性犯罪はあの学園の伝統。簡単にはなくならない」

「いまだによく女子学生が集まるものだな」

「ま、北海道の事情があるんでしょうけど」

「最近の直接の担当者は？」

「どうするの？」

「使える情報が欲しい」

「待って」百合が振り返って呼んだ。「夏目《なつめ》さん」

デスクの奥のほうで、制服姿の女性警官が顔を上げた。四十歳ぐらいか。額を出して髪をうしろにまとめている。彼女が立つと、女性にしては背が高いほうだとわかった。格闘技ではなく、球技をやっていた女性警官かもしれない。

夏目という女性警官が佐伯の前に立ったので、彼女に言った。

「篠原学園のセクハラなりなんなりで、最近篠原克也という理事、教授の名前が出てきた事案などありませんか？」

夏目は愉快そうに言った。

「理事長のほうじゃなくて？」

性差も階級差もあまり感じさせないしゃべり方だ。佐伯はあまりそのことを気にしないほうだが。

佐伯も、あらたまった口調にはせずに言った。

「息子のほう」

「理事長のセクハラ被害者から事情を聴いているとき、息子の名前も出てきたことがある」

「さしつかえなければ、どんな話か」

「息子のほうは、いくつかサークルの顧問をしている。テニス、スノーボード、演劇、映画。こうしたところの女子学生の中からひとりふたりを、ときどき自分の家のホームパーティに招待する」

「南二十二条のペントハウスか？」

「ご存じなのね。そこのパーティ」

「その言い方だと、それってあまり健全な集まりじゃないんだろうな」

「札幌の不良外国人のあいだでは、シノハラ・パーティとして有名らしい」

「事件性は？」と佐伯は聞いた。

大麻でも吸っているのか、と考えるのは、警察官としてごく自然な反応だった。

夏目は言った。

「わたしは、直接の参加者から聞いたわけじゃない。ただあの理事のペントハウスではときおり賑《にぎ》やかにパーティが開かれ、大学の女子学生の一部では、それのことが秘密めかして語られているということだけ。何か被害届けが出ているわけでもない」

「だけど、セクハラがらみの事情聴取で、そのことが話題になった。もっとひどいこともある、っていうような証言じゃなかったのか」

「息子の理事のほうも、理事長と似たり寄ったり、という証言の一部だった。でも、中身は知らない。被害届けも出ていない以上、わたしは理事を追及はできなかった」

夏目の話は少し期待はずれだった。篠原克也を問い詰める材料としては不足だ。佐伯はこの線からやつに迫ることはあきらめることにした。

「貴重な情報をどうも」カウンターを離れかけて、ひとつ思いついた。「あの乱脈経営が露顕して、脱税で摘発されたときの資料なんて、こっちにあるかな」

「参考資料として、国税局からもらっている。コピー必要？」

「ぜひ」

夏目は、待って、と言うように右手の指を上げて、カウンターから離れていった。

横で黙って聞いていた新宮が言った。

「薬物事案に発展ですかね。だったら被害届けも出せないはずだ」

佐伯は首を振った。

「ビジネス・バッグの中身はパソコンだ」

新宮が、そうかと肩をすぼめた。

佐伯はいったん生活安全課のカウンターから離れて、携帯電話を取り出した。昼から何度もかけている相手に電話だ。しかし今回も、相手からの反応はなかった。

携帯電話をポケットに収めたとき、視界の隅で小島百合が固定電話の受話器を置いたのがわかった。一本電話をかけ終えたところのようだ。顔が佐伯のほうに向いている。見ていると、彼女は席を立って佐伯のほうに歩いてきた。

「いま、米本弘志が働いているクリーニング店から電話。お昼すぎに、郵便局から問い合わせがあったって。米本弘志宛《あ》ての郵便物がそちら気付で届いているが、配達に行っていいかって」

「なんだ、それ?」

「郵便局は、気付でも宛て先が書いてあればまず配達する。事前に問い合わせない。あのクリーニング店でも、その問い合わせに対して、書留なのかと確かめたそう」

「相手は男?」

「そうだったみたい。そうしたら相手は、そうなので本人がいる時間に配達したいと言ったというの。クリーニング店は、きょうは休んでいるが、受け取っておくと答えた。そうしたらけっきょくこの時間まで配達はなかったそう。それで気になって、わたしに電話をくれた」

新宮が横で佐伯を見つめてくる。

佐伯は小島百合の情報の意味を考えた。米本弘志を探している男がいる。しかもその男は、郵便局員を騙《かた》ることまでやっていた。穏やかな用件で米本の所在を探しているのではないようだ。消費者金融、あるいは闇《やみ》金融の取り立てということも考えられないわけではないが、いまこの状況だ。想像できることはひとつ。米本弘志も狙われている。そういうことだろう。

小島百合が、少し緊張を感じさせる声で言った。

「若菜ちゃんも、危ないのね」

「狙いは米本弘志本人だろう。助けなきゃならない」

「仕事として？」

佐伯は首を振った。

「ちがう。だめだ」

それはできないと、捜査員の直感が告げている。昨日からきょうにかけての一連の警察協力者不審死事件、殺人事件。そして佐伯自身の協力者の突然の失踪。それも家族ぐるみでの。これは本来なら、警察が対処すべき案件として、組織に上げねばならないことかもしれない。しかし、不審なこと、不可解なことがある。それをしてはならないと、自分の直感が強く制止しているのだ。それに従ったほうがいい。

「まずい」と佐伯は言った。「この件、組織の話にしないでくれ」

「ずっと？」

「米本家族を確保するまで」

佐伯が身体をひねりかけると、百合が訊いた。

「手伝ったほうがいい？」

「おれの協力者のことだ」

「わたしの保護対象のことでもあるのよ」

考え直して佐伯は言った。

「署内ではまずい。ブラックバードで」

ブラックバードとは、退職した警察官がオーナーのジャズ・バーだ。この大通署から歩いて十分程度の距離にある。ときどきライブもあるが、軽食をとることもできた。雰囲気はスノッブすぎず、メニューの価格もリーズナブル。警察官たちにとってはしごく行きやすい店でもある。かつて佐伯たちは、この店のあるビルの二階を、裏の捜査本部としたことがある。ひとり無実の罪を着せられた同僚警官を守るためだった。

「いいわ。このあとはブラックバードで」

小島百合が離れていった。

大通署生活安全課のフロアを出ると、新宮が訊いてきた。

「車上狙いのほう、いったん中断にしますか」

「何言ってる」佐伯は新宮をにらんだ。「おれたちの仕事だ。さっきの資料、書かれていない事実まで読み込むぞ」

新宮が、いましがた夏目から渡された資料を持ち替えてうなずいた。

5

フロアの機動捜査隊のスペースに、七人の捜査員が集まった。今朝、旭川に急行して赤松淳一の周辺を洗ってきた捜査員ふたりも含まれている。

ホワイトボードが用意されており、そこに昨日の不審死事件ふたつの死者と、きょうの殺人事件の被害者名が書かれている。画像のプリントアウトは、小樽市のコンビニで撮影されたマスク姿の男のものが二点。函館セントラル病院の通用口のカメラに記録されていた、看護師姿の男のものが一点。こちらも男はマスクをしている。看護師であればそのマスクも自然に見えるが、それはなりすましするにも好都合という外見だった。

長正寺が、遊軍の津久井を含めた部下六人を見渡して言った。

「いましがた、刑事部長から直接指示があった。この小樽の事案については、明日、小樽署と本部捜査一課、組対による、合同の捜査本部が設置される。本部長の口ぶりでは、まだ釧路、函館の事案との関連は報告を受けていないようだった。部長指示は、機動捜査隊は、きょうのうちにすべての資料をまとめて、朝一番に捜査一課に引き渡せとのことだ。明日朝からは、うちは通常任務に復帰」

捜査員たちのあいだから、かすかに不服の声が漏れた。

長正寺が、ちらりと壁の時計に目をやってから続けた。

「いま午後五時三十分だ。刑事部長指示は、逆に言えば明日朝までは、うちにもやらせるということだ。うちが初動したことでもある。明日の朝までに、うちできっちり解決する」

捜査員たちの表情が変わった。みな、それを言って欲しかったという顔だ。

長正寺が、ホワイトボードに身体《からだ》を向けて語りだした。

この三つの不審死、殺人事件は、被害者が警察の協力者であったらしい、ということが共通していること。ただし、釧路の飯森、函館の為田のふたりについては、まだほんとうに協力者であったかどうか、確認は取れていない。警察側の接触者は、飯森の場合は、本部銃器薬物対策課にいた高橋恒雄という捜査員だという情報がある。未確認。高橋警部補は去年定年退職しており、いま連絡待ち。為田俊平を協力者にしていたのは、本部組織犯罪対策局、上野佳彦という情報。これも未確認。上野は四年前に定年退職。これから連絡をつけようとしているところ。

事件の発生時刻は、釧路が二日前の夜十時から昨日の午前三時ごろにかけて。函館は、昨日の深夜一時から二時にかけてと推測できること。小樽の赤松淳一殺害は、きょうの零時五分前後である。被害者が拉致されて焼殺されていることから、小樽の殺害については、実行犯は複数と推定できる。釧路と函館については、他殺と断定できるだけの証拠は出てきていない。他殺だとしても、それが単独犯か複数犯か、判断材料はまったくない。ただしどちらの事案とも、単独でも実行不可能ではない。

釧路の飯森周の自家用車が見つかっていない。釧路方面本部はこの白い日産車を、犯罪に使われている可能性もありとして、道警本部全体にB号照会している。

小樽の被害者、赤松淳一については、警察の協力者だったことが判明している。直接的には、旭川での覚醒剤《かくせいざい》取引き摘発に協力した。そのため摘発対象となった暴力団の恨みを買った可能性があり、接触していた捜査員が個人的に被害者を小樽に逃がしていた。赤松の協力によって逮捕された暴力団員は、当時、大日本政仁会北海道支部の幹部だった畑野雄二。彼は懲役五年の実刑判決を受けたが、昨年秋に服役を終え、出所している。いったん旭川に戻ったが、現在は消息不明。小樽のコンビニの防犯カメラに映っていた男は、畑野雄二ではない。

長正寺が、いったん言葉を切って捜査員の反応を確かめてから、またホワイトボードに目を向けた。

「釧路、函館の両方面本部は他殺と断定していないが、うちはこの二件も他殺という前提で捜査を進める。その場合、被害者には警察協力者という共通点があるが、発生時刻を見ると、同一犯の可能性は薄い。手口がべつべつなので、偶然の確率もないではないが、ほぼ同時に実行された複数殺人という見方はできるだろう。

釧路と函館は、一昨日の真夜中から昨日の未明にかけての事件。二都市のあいだの距離はだいたい六百キロある。深夜だから飛行機も飛んでいない。同一犯が移動して連続殺人を起こすことは絶対不可能だ。だから、連続殺人という見方はとらない。どちらかの殺害に関《かか》わった人間が、昨日のうちに小樽に移動して赤松淳一を殺すことは可能だ。ただしおれたちは、それに固執しない。ここまでで何か？」

竹内が言った。

「同時実行の複数殺人だとすると、やったのはかなりの規模の犯罪者集団ということになります。赤松が関係した政仁会か、でなけりゃその兄弟組織の札幌の誠志会とみなしていいんでしょうか」

メタルフレームのメガネをかけた若い捜査員が手を上げた。

「警察協力者への御礼参りだとすると、すぐに政仁会もしくは誠志会が疑われます。連中がそれほどリスクの高いことをわざわざやるか、とも感じるんですが」

竹内が言った。

「警察庁の一の字壊滅指令以降、名古屋の勇久会はもうガタガタです。直参組織も締め上げられている。みかじめ料を取るにもひと苦労で、窮鼠《きゅうそ》猫を噛《か》むということかも」

長正寺が言った。

「まだ決めつけることはない。ただ、もうひとつ関連する事実がある。恐喝でぶちこまれていた誠志会の大曾根徹男が、明日名古屋刑務所を出る。誠志会の幹部はきょう、若頭の加治木以下四人、名古屋に向かったそうだ。組対が張りついている。今朝から事務所も監視下にある」

捜査員たちの数人が、それで納得できたという顔になった。もう関連は明々白々だと。

長正寺が続けた。

「タイミングとしてはちょうどいい。だけど組全体が監視下にあるような状況で、現実的にできることかどうか疑問も出る。どういう構図か、ひとまずおく。おれたちは、覚醒剤不法所持でぶちこまれた畑野雄二を探す。同時に、小樽奥沢のコンビニで目撃されているマスクの男を追う」

長正寺の上着のポケットで携帯電話が鳴った。長正寺は取り出して発信人を確かめてから、すぐ耳に当てた。捜査に直接関係のある相手なのだろう。

「いまどちらです？」と長正寺が訊《き》いた。「あ、いや、それはご足労でしょう。わたしがそちらに伺います。はい、すぐに」

数秒、相手の言葉を聞いてから、長正寺がまた言った。

「いま、ひとつだけ確認させてください。飯森周という男、高橋さんのエスでしたか？」

捜査員全員の意識が、長正寺に集中した。長正寺はうなずきながら言った。

「そうでしたか。やはり」

携帯電話を切ってポケットに収めると、長正寺は捜査員たちの顔を見回して言った。

「飯森はまちがいなく協力者だった。いちばんの功労は、誠志会の風営法違反事案。当時の代貸しをぶちこめた。当時の本部マル暴の高橋さんが、六年前、釧路での再就職を世話した」

捜査員たちがわずかにどよめいた。構図が見えてきたのだ。

と、また長正寺の携帯電話が鳴った。長正寺がまた携帯電話を取り出し、モニターを見た。捜査員たちの目があらためて長正寺に集中した。

ふたこと三言話してから、長正寺が携帯電話を切って言った。

「札幌駅北口の、佐藤皮膚科クリニックというところだ。今朝、着火剤で火傷したという男性を治療したそうだ。旅行中なので健康保険証を持っていない、と治療代を現金で支払っていったそうだ」

長正寺が津久井に顔を向けた。

「津久井、竹内とそのクリニックに行ってくれ」

はい、と津久井は答えた。

「いったん解散」

捜査員たちが椅子《いす》の音を立てて立ち上がった。


佐伯は大通署ビル二階の職員食堂の奥のテーブルに向かった。この時刻、厨房《ちゅうぼう》の中には誰もいない。食堂のほうでは、端にふた組、コーヒーかお茶を飲んでいる職員がいるだけだ。照明も妙にしらじらとして見えた。

奥の席に着いてから、佐伯は津久井に携帯電話をかけた。

「はい」と津久井の声。「三分程度大丈夫です」

ひとりのようだ。佐伯は前振りなしにいきなり用件を言った。

「おれのエスの米本弘志。今朝、かみさん子供と一緒に消えた男だ。その男の所在を探っている男がいる。米本は確実に身の危険を感じて消えたんだ。小樽の一件は？」

津久井から、感情を意識的に殺したような声がかえった。

「被害者《マルヒ》もエスでした。旭川で政仁会の幹部逮捕に協力。御礼参りが心配されたので、捜査員が個人的に小樽に逃がしていたんだそうです」

「いつの事件？」

「六年ぐらい前。挙げられた幹部は去年出所後、所在不明です。畑野雄二という男ですが」

「それが被疑者か？」

「断定できません。おそらく実行犯は複数。殺害のあと、札幌に入ったようです」

「釧路、函館の事件については、何か情報は入っているのか？」

「釧路の被害者も、機動捜査隊は協力者と確認しました」

詳しく、と言いかけたが、津久井の声の調子が変わった。

「ということで、これから出ますので、また」

「オウケイ」

携帯電話を切ったところに、新宮が現れた。書類の束を手にしている。

「さっきの国税局の乱脈経営摘発のときの資料です。学校の経費ではなく、理事長の収入と見なされた部分に面白いものが」

佐伯は左隣りの椅子を示した。新宮がプリントアウトをテーブルの上に置いて椅子に着いた。

「これです。理事長は自宅の建築費用や設備についても全部学校に支払わせていましたが、あの長男坊のほうも似たようなことをやっています。ペントハウスのジャクジー・プールとか、室内の改装費用、ＡＶ機器の設置購入の費用」

「映画館並にしたのか」

「この設備機器、ＡＶシアターにしては高すぎます。それに、一緒に買ったカメラの数が四台」

「カメラも？　ＡＶシアターに必要か？」

「コンビニならともかく、室内に四台のカメラの設置です」

新宮が、どう思います？　と佐伯を見つめてくる。

佐伯は言った。

「はったりをかけてみるか。篠原克也のいまの居場所をあたってくれ」

「あたってみました。市内の学園本部です。六時まではいるようです」
佐伯は腕時計を見て言った。
「すぐ行こう」

そのクリニックにやってきたのは、長身の三十歳ぐらいの男だったという。きょう午前十時ころだ。健康保険証を持ってきていないというので、名前と現住所を書いてもらった。月内に保険証のコピーをファクスしてもらえれば、差額分を返金するということで、とりあえず診察料、治療代の全額を支払ってもらった。

津久井は、男の残した名と住所を見た。

木村和男
東京都渋谷区代官山二—二—一—二〇一

そして電話番号。
名前はごく当たり前によくあるものであるし、代官山という住所も気になる。東京のことはあまりよく知らないが、たしかかなりの高級住宅地のはずだ。芸能人とか、実業家などが多く住むエリアではなかったか。もちろん庶民も住んでいるとは思うが、この町の名から津久井が想像できるのは、セレブかリッチだ。

いや、と思い直した。金持ちが住むエリアということは、極道や裏ビジネスの成功者も住むか。しかし、この氏名住所は嘘《うそ》であると考えるべきだろう。電話番号は、本部を通じてそれが実在する番号か、NTTにあたってもらうことになる。実在し、加入者の住所と合致したら、こいつはシロだ。

初老の医師は言った。

「右手の手首から前腕にかけて、二度の火傷です。手袋をしていたときに着火剤をこぼしてしまったとかで、手の甲の部分がちょっと程度がよくなかった。手袋をはずすとき、手の甲の皮もペロリと剝《む》けたと言っていました」

津久井は訊いた。

「自分で手当てをしていたようですか？」

「氷を当てていたそうです。ガーゼを当てた跡もありましたね。繊維が少し組織に張りついていた」

竹内が医師に、コンビニの監視カメラに残っていた画像を見せた。

「この男でしょうか？」

医師は首を振った。

「ちがいます。もっと髪は長かった。もう少し若くも見えましたね。そうそう」医師は続けた。「シャツを脱いでもらったんですが、半袖《はんそで》のアンダーシャツの下に、ちらりと入れ墨が見えました。首筋のところです」

津久井は竹内と顔を見合わせた。

その皮膚科のクリニックから本部に戻るとき、車両の中で竹内が言った。

「コンビニのカメラに映っていた男は、火傷はしなかったということかな。ガソリンの臭《にお》いはしたのに」

津久井は言った。

「あっちの男は、火傷の程度は小さかったのかもしれない。それでコンビニに入ったんだ。皮膚科に行った男は、クルマに残った」

「やっぱり政仁会か誠志会か。絞られてきたな」

「どうかな」津久井は同意しなかった。「係長の言うとおりだ。そんなわかりやすいことを、連中がやるか」

「これが状況証拠ってものだよ」

「捕まえてから、身元と動機を確認するんでもいいさ」

竹内も竹内で、津久井には同意できないという顔で、車両を加速した。


新宮が捜査車両を停《と》めた。

「ここです」

札幌の中心部から真西に二・五キロメートルほど。地下鉄駅で言えば、市の中心部から三つ目という場所に、篠原学園の本部ビルがあった。グラスを多用した近代建築で、高さはせいぜい七階か八階建てだろうか。巨大なガラスごしに、広いロビーが見える。理・美容学校から介護スクール、声優やらアニメーション学科を持つ専門学校。それに短大と四年制大学を持つ、いわば札幌でも有数の教育コンツェルンの本拠地だ。

佐伯は新宮に言った。

「駐車スペースに突っ込んで、ちょっと待て」

ちょうど携帯電話が着信音を上げ始めた。佐伯が携帯電話を取り出しているあいだに、新宮が捜査車両を歩道からビルのエントランス前のスペースに入れた。駐車用ではないようだが、車道脇に停めるよりもいいだろう。いくら北海道公安委員会の緊急車両扱いの自動車だとしても。

かけてきた相手は、さっきもその職場で会った工藤隆二だった。五分前、佐伯が電話をしたときは出なかったのだ。勤務中ということで、私用携帯電話の使用は禁じられているのかもしれない。

「どうした？」と工藤。

佐伯は言った。

「さきほどはどうも。米本弘志ですが、やはり狙《ねら》われています。さっき、勤め先に所在を確認する不審な電話が入りました」

工藤が舌打ちしたのが聞こえた。

「目立たない職場なのになあ」

「札幌市内であれば、知り合いも多いでしょうし」

「それにしても、やつの個人情報、何もかも把握されているのかな」

「心あたりはありますか？」

「尾行がついてると心配してたことがある」

「いつごろですか？」

「郡司事件のころさ。じつを言えば、おれにもついていた」

「あ、やっぱり」

「どうかしたか」

そのとき、篠原学園の本部ビルから、制服を着た警備員が近づいてきた。駐車するな、と言っている顔だ。新宮が運転席のウィンドウを下ろして、警察手帳を見せた。

「ここの理事に用事なんです。少し停めさせてください」

警備員は少し当惑を見せてから、背を向けてエントランスのほうに戻っていった。

佐伯は工藤に言った。

「米本を守ろうと思います。あいつはおれの電話にも出ない。そうとうに怯《おび》えているんです。工藤さん、力を貸していただけませんか」

「組織の話にするんだな？」

「いえ、ちがうんですが」

「ちがう？」

「米本を協力者にしていたおれたちで、あいつを保護するほうが確実だと思うんです。隠れ場所、心当たりを片っ端から当たりたいんですが、情報の突き合わせをできませんか」

「どこに行けばいい？」

「ブラックバードでは？」

「辞めた安田《やすだ》の店か」

「ええ。ご存じですか」

「一度行きたいと思っていた」

「一時間ぐらいあとに。いまわたしは出ているんですが」

行く、という返事を聞いて、佐伯は携帯電話を切り、クルマを降りた。ひとつ、組織の仕事を片づけてしまわねばならない。

ファクスが、紙を吐き出し始めた。

小島百合は業務用ファクス・マシンの横に立って、送られてきたファクスの印字面を見つめた。

米本弘志の勤め先からのものだ。彼が就職する際、提出した履歴書と身上書。それがいま届いたところだった。

身上書には、たぶん両親、兄弟の住所が記されている。身の危険が現実のものとなったいま、米本弘志についての個人情報はできる限り多く集めておかねばならなかった。生家がわかるだけでも、大きな手がかりとなる。よっぽどの金持ちならば別だが、ひとは身を隠さねばならない場合、まずは身内を頼る。身内の手配にすがる。あるいは身内に潜伏先を告げる。だから、身上書はまず最初に必要とされる個人情報カードなのだ。

吐き出された一枚目を手にするとすぐ、マシンは二枚目を吐き始めた。


篠原克也は、なるほどペントハウスに住むのが似合っていそうな雰囲気の男だった。すっきりとした二重瞼《まぶた》の目とおちょぼ口。脂気のない髪を、頭のほぼ真ん中で分けている。グレーのスーツはイタリアのブランドものだろうか。シャツは地がピンクのクレコット・カラーだ。全体に、ＩＴ企業の若手エグゼクティブと紹介されてもおかしくないという印象がある。少なくとも、彼が口を開くまでは、佐伯はそう感じたのだった。

「なんでまた去年の話なんかを掘り返すんです？」

篠原克也は、モダン・デザインの家具でまとめられたその応接室で、不愉快そうに言った。甘えっ子が、宿題やったのかと言われて反発したような口ぶりだ。佐伯は第一印象を修正した。この男がエグゼクティブふうと感じたのは、おれの人間観察の甘さだ。こいつは、駄目ぼっちゃんの典型だ。いや、正確には、成り上がりの家庭の駄目息子の典型というべきか。

佐伯は、相手の顔も映っている光沢のある黒いテーブルをはさんで言った。

「いえ、ざっくばらんな話です。その男は、こんどはもっと大きな事件で強請《ゆすり》をやっているんです。きわめて悪質な、タチの悪い、放《ほう》っておけばこの国の法秩序も崩壊させかねない種類の事件です。誰のことを言っているか、ご想像つくかと思いますが」

「いいえ、全然」

「去年のいまごろの、車上狙いです」

「ぼくに関係ないでしょ」

相手の否認を無視し、佐伯は微笑して続けた。

「もうあいつと関わりたくないというお気持ちはわかります。まったく災難でしたね」もう一度微笑にエネルギーをこめた。「この件で篠原さんに協力をいただけるなら、道警本部長からの感謝状もありうるかもしれない。道警は今後ずっと、篠原さんの協力を忘れたりしませんよ」

「感謝状？」

「そうです」佐伯は、札幌に本拠を置くプロ野球チーム、それにサッカー・リーグの人気選手の名も出した。「防犯運動への協力ってことで、そういうひとたちとの懇親会なども企画されているようです。そういう場に篠原さんも出席されて、ぜひうちの幹部たちとも親しくなっていただければ」

「幹部って、署長さんとか？」

「本部長もです」佐伯は新宮に顔を向けて言った。「去年のパーティ、司会したのは誰だった？　あの女子アナ」

新宮の反応は一瞬だけ遅れた。

「あ、司会ですか。たしか民放にも出ている女性です」

「そうだったよな」佐伯はまた篠原に顔を向けた。「ですから、去年のことはあくまでも篠原さんが被害者という見方です。わたしたちはそのことを掘り返したり蒸し返したりするつもりは全然ありません。ただ、あいつの情報が欲しいんです。ほんとの反社会的な犯罪を摘発するために」

篠原は佐伯を見つめてくる。佐伯の言葉の意味を必死に探っているかのような目だ。どこまで知っているのか、何か裏はないか、この話に乗っていいものかどうか、それを真剣に吟味している。そしていま続いているこの沈黙は、「あいつ」の実在を裏付けている。この男は、佐伯がかけたカマに引っかかり、自分が車上狙い犯とその後接触があったことを認めてしまったのだ。そして佐伯の読むところ、その接触とは恐喝である。データを引き取れ、さもなければこのデータを公開するぞ、という強請が、確実にこの篠原克也に対して行われたのだ。

相手の逡巡《しゆんじゆん》に、佐伯は畳みかけた。

「わたしたちの目標は、もっと大きな事件、きわめて政治的な事件です。個人の趣味の領域のことなど、警察が関知することではありません。ただ、手探りで捜査していると、しばしば警察にとっても、困ったものにぶち当たってしまった、ということが起こるんです。そうなったら、法律上は形式張った対処をせざるを得ない。人手と公費の無駄遣いですが、やらざるを得ないんです。いかがです。あいつの逮捕に、協力願えませんか」

篠原は佐伯から視線をはずすと、小さくため息をついて言った。

「いきなり言われても。少し考える時間をもらえますか?」

来た! 食らいついた!

佐伯は歓喜を押し殺して言った。

「もちろんですよ。なんなら、弁護士さんと相談していただいてもかまいません。うちとしては、捜査に協力していただけるひとには最大限の便宜をはかるのは、まったくやぶさかではありません」

言葉の後段は、脅しである。もし協力しないのなら、こっちはお前が盗まれたものが何であるか、徹底的に調べ上げる。あのペントハウスでいったいどんなパーティが繰り広げられているか、法に触れることが行われていないかどうかを究明する。立件できた場合には、そのすべてを公表するつもりだ。どうだ? 協力してもらえるか?

篠原は、苦しげな顔となった。判断不能、思考停止という状態なのかもしれない。ほんとうにこの男には、考える時間が必要だ。相談相手は弁護士でなくてもいいが、冷静に損得勘定のできる誰かが必要だろう。こっちは朝まで待つぐらいのことはできる。

篠原が言った。

「少しだけ、時間を、もらっていいですね」

「どうぞ。重大な問題です。考えてください」

「捜査に協力した場合、その、いろいろと、こっちの身にもなってもらえるのですね」

「犯罪摘発に協力した善良な市民を、警察は守り抜きますよ」

篠原は、あいさつのときに佐伯が出した名刺を持ち上げて言った。

「お電話すればいいですか」

「勤務時間外なら、そこの携帯のほうに」

「わかりました」

篠原が立ち上がった。もうこれ以上押すことはない。すでに流れは決まった。あとはこの男が腹を決めるまで、どの程度の時間がかかるかということだけだ。佐伯も椅子から立った。

ビルを出て捜査車両を発進させてから、新宮が言った。

「とつぜん振られて面食らいました」

佐伯は言った。

「ああいう場合は、柔軟に対応できるようにしておけ」

「あれは司法取引きになるんですか」

「おれがどんな取引きをした？」

「感謝状とか、パーティとか」

「法律の話じゃない」

「善良な市民は守るとも言いましたよ」

「善良な市民なら、警察は取引きのあるなしに拘《かかわ》らず守る」

新宮は笑った。

「チーフはあの場で、お前はクズだと言ってたんですか」

「深読みすぎる」

新宮は、クルマを加速して黄色信号の交差点に突っ込んだ。落ち着け、と佐伯は新宮を短くたしなめた。

6

佐伯が新宮と一緒にブラックバードに入ったのは、午後の六時四十分だった。

カウンターには、小島百合と工藤隆二がいた。ふたりのあいだには、空いたスツールが三つ。互いは顔見知りではないようだ。カウンターの中から、蝶《ちょう》ネクタイに赤いベスト姿の安田が黙礼してきた。テーブル席を見ると、アップライト・ピアノの前の席に、三十代らしきカップルがひと組いた。

佐伯は工藤に挨拶《あいさつ》してから、小島百合と新宮を紹介した。小島百合も、カウンターにいるその初老の男が、佐伯と関《かか》わる人物であるとは承知していたようだった。

安田が言った。

「あっちのテーブル席に移りますか?」

店の入り口とL字型に折れたカウンターとのあいだに、小さなコーナーがある。ピアノやその前の小ステージが見えない席で、ライブを聴くつもりならもっとも条件が悪いが、逆に密談には都合がよいというテーブル席だ。佐伯は賛同して、仲間たちをその席にうながした。

テーブルに着き、全員の前にコーヒーカップやグラスが運ばれたところで、佐伯は言った。

「警察の協力者が、この二日間に三人殺された。釧路、函館、小樽で、被害者三人がそれぞれ協力者だったという連続殺人が発生したんだ。もうひとつ共通点。三人は、接触していた捜査員が、御礼参りを心配して居場所を移してやった男だ。戸籍まで変えたわけじゃないけれど、御礼参りしようと誰かが計画しても、居場所にたどりつくには多少のハードルもある男たちだった。なのにヒットマンたちはその居場所を突き止めていた。つまり被害者たちの情報が漏れていた」

佐伯は言葉を切って、テーブルの面々の顔を見つめた。新宮も小島百合も、神妙そうだ。工藤だけは、苦虫を噛《か》みつぶしたような顔だった。

佐伯は続けた。

「おれが工藤さんから引き継いだ米本弘志という協力者は、今朝、津波警報でも聞いたみたいにあわてて逃げ出した。娘を小学校前から引き戻し、カミさんと一緒にだ。何かを察したか、直接脅迫でもあったか、ということだろう。米本の勤め先にも、郵便局を名乗って所在を確かめる電話が入ってる。米本の個人情報も把握されているんだ。おれは米本の居場所に追手よりも先にたどりついて、やつとやつの女房子供を保護しようと思う」

小島百合が言った。

「三人の殺害犯たちは？　彼らを押さえれば、米本家族も守れるんじゃない？」

そのとき、佐伯の背後から声があった。

「それはぼくらの任務です。機動捜査隊で追っています」

津久井だった。佐伯は振り返って津久井に目であいさつし、椅子に着くように言った。

佐伯は津久井を工藤に紹介したが、工藤も津久井も同時に言った。

「知っている」

「知っています」

工藤が津久井に言った。

「本部警務部付けで干されてると聞いた」

津久井が答えた。

「きょうは機動捜査隊の応援につけられています。長正寺係長の下です」

「あいつか」

工藤の頰《ほお》がわずかにゆるんだ。

津久井は、腹が減っていると、安田にピラフとコーヒーを注文してから、その場の面々を見回して言った。

「赤松淳一という協力者を殺害したのは複数。きょう深夜に赤松を殺したあと、札幌に入ったようです。ひとりはミスをやって、手に火傷《やけど》。札幌駅北口の皮膚科で治療を受けました。似顔絵作成中です」

工藤が訊《き》いた。

「赤松ってのは、誰のエスだったんだ?」

「旭川方面本部の組対にいた、八神という捜査員です。もう定年退職」

「知っている。定年間際にでかい事案上げたな。覚醒剤《かくせいざい》三百グラムじゃなかったか」

新宮や小島百合が、工藤を見つめた。三百グラムという数字に驚いたのかもしれない。

「三百グラムだったそうです」

「逮捕したのは、政仁会の畑野だったか」

「そのとおりです。畑野雄二。実刑五年。すでに出所していますが、政仁会を破門されており、旭川にはいません。所在不明」

「食い詰めているとしたら、エスを恨みたくもなるよな」

佐伯は言った。

「明日出所する誠志会の大曾根徹男も、エスを恨んでいておかしくはない。恐喝で六年入ったけれど、最初の逮捕の被疑事実は私文書虚偽記載だ。微罪だけど、家宅捜索はあったし、逮捕、起訴のきっかけがこの事案だ」

　工藤がつけ加えた。

「一の字の直系組長を片っ端から挙げろと指示が出て、おれが米本弘志に、どんなことでもいいからと、情報を取ってくるよう頼んだ。誠志会幹部を売るのはやばすぎると、最初あいつは嫌がった。おれは、個人的にも守り抜くと約束して、その情報を取らせた。大曾根が逮捕されたとき、やつはもうススキノでは生きていけないと、しばらくびびっていた」

　津久井が訊いた。

「米本には、御礼参りめいたものはあったんですか？　赤松淳一は、尾行がついた時期があったそうです」

「大曾根の逮捕直後は何ごともなかった。おれが退職してから、心配して電話をかけてきたことがある」

「いつごろです？」

「六年ぐらい前のことだな」

　佐伯が言った。

「同じ時期だと思う。自分は誰かに見張られてると、おれにも訴えてきた。おれも、それは確かめた。おれと米本が会っているところは、確実に誰かに見張られていた。長い期間じゃないけど」

　津久井が言った。

「赤松の場合、例の郡司事件のあとにそういうことがあったそうです。八神さんの話です」

　佐伯は言った。

「そっちも同じタイミングか。米本はあのとき、怯《おび》えて一時札幌から消えた。行く先はおれにも黙って」

工藤が言った。

「おれが逃げるように勧めた」

その場の全員が工藤を見つめた。

工藤は、佐伯に顔を向けて続けた。

「とにかくしばらく隠れていろと、やつを札幌から出した。あいつはかみさんと小さな娘を連れて、道内のどこかで一週間ぐらい過ごした」

佐伯はその事実を聞いて、自分が無能だと指摘されたような気分になった。本来なら、協力者が身の危険を感じたならば、その彼と接触する捜査員がその配慮をしてやらなければならない。なのに米本は、引き継いだ佐伯ではなく、前任者である工藤のほうに相談し、救いを求めたのだ。米本には、佐伯は信頼するに足りない警察官だったのかもしれない。

工藤が続けた。

「やつが消えているあいだに、おれは誠志会周辺をあたってみた。ところが誠志会はべつに米本など狙《ねら》っていないようだとわかった。それで米本に、安心して帰ってこいと伝えた」

新宮がふしぎそうに首をかしげた。

「じゃあ、見張っていたのはどこなんです?」

「米本は、ほかにも細かな事案にいろいろ関わっている。そのときは特定できなかったけど」

百合が言った。

「こんども身を隠したんですから、また見張られているとか、脅しがあるとか、そういう具体的な何かがあったんでしょうね」

佐伯は、百合の見方に同意してから言った。

「御礼参りのヒットマンが、米本に確実に迫っている。これが大曾根徹男逮捕がらみのものだとするなら、ヒットマン側のタイムリミットは明日朝だ。大曾根の放免祝いの手土産として、米本への報復成功が報告される」

新宮が、そうか、という表情になった。

「逆に言えば、ヒットマン連中より先に米本の居場所を突き止め、保護して待ち構えれば、ヒットマンがやってくる」

津久井が携帯電話を取り出した。着信があったのだろう。津久井は席を立つことなく携帯電話の発信元を確認して、耳に当てた。

津久井はふたこと三言、短く反応していたが、二十秒足らずでその通話を終えた。

津久井は携帯電話をシャツのポケットに収めながら言った。

「二十日ほど前の北九州で、マル暴がひとり手榴弾《しゅりゅうだん》で殺された一件です」

工藤が、それがどういう関係があるのだという表情になった。

津久井は言った。

「福岡市内で、福岡県警が被疑者の身柄確保。畑野雄二です」

赤松淳一の情報提供により逮捕された男だ。旭川市内に事務所を持つ、大日本政仁会北海道支部の幹部だった。出所後行方不明。その男が九州の抗争事件で、被疑者として逮捕された?

こんどはその場の全員が、佐伯を見つめてくる。どういうことか、読みを聞かせろという顔だった。

佐伯は、自分がいま想像したことを、自分でも半分疑いながら言った。

「一の字内部で、何かが始まった。北九州と北海道と、起こっていることはひとつだ」

「ということは？」と津久井。

「こっちの連続殺人の被疑者は、被害者とは何の関係もない連中だ。北海道のマル暴でもない。一の字のどこかが、組織的に始めたことだ。互いの組を守るために、直接の組員を使わない。もしかしたら、完全な一匹狼《いっぴきおおかみ》たちとか外国人をリクルートして、始めているのかもしれない。組同士で、御礼参りの交換をやると話がついたのかもしれない」

百合が言った。

「その連中に、政仁会や誠志会が、協力者たちに関する情報を渡している、ということ？　所在や勤め先や」

新宮が言った。

「誠志会や政仁会は、そんな細かなことができる連中でしょうかね。パソコン使える人間も、そんなにいないんじゃないかと思いますけど」

佐伯は工藤に顔を向けて訊いた。

「以前米本が隠れた場所は、どこなんです？　実家とか？」

「あいつもはっきりしたことは言わなかった。親戚《しんせき》のとこ、みたいな言い方をしたかな」

百合が、自分の大ぶりのショルダーバッグから、書類を入れたビニール・ケースを取り出した。

「米本の身上書、履歴書。ご両親の住所がわかる。住所から、電話番号も調べておいた」

「さすが」と佐伯は言って、すぐに書類に記されている米本の実家の番号を携帯電話に入力した。米本弘志の生家は道南の江差町だ。蔬菜《そさい》農家のはずである。父親は数年前に亡くなっており、家業は長兄が継いだ。

相手が出た。中年男の声だ。

「米本達一《たついち》さんですか」

「そうですが」と、何か警戒気味の声。

「北海道警察本部、札幌大通警察署の佐伯といいます。じつは弟さんの弘志さんと至急連絡を取りたくて」

「は？」

「またかい」

「さっきも言ったろう。ここにはいないし、いまどこか知らないって。携帯に電話したの？　もし連絡があったら、伝えておくから」

「ちょっと待ってください。それはどういう電話だったんです？　道警本部から？」

「そうだよ。交通違反の罰金がどうとか、交通刑務所に入ることになるとか。あんた、さっきのひととは別かい？」

「違います。それは何時ごろの話です？」

お昼すぎ、四時間か五時間前、と米本弘志の兄、米本達一は答えた。三十代と思える男の声でかかってきたのだという。頭から生家に米本弘志がいると決めてかかっているような調子だった。いないと答えると、相手は驚いて、連絡先を教えてくれと言った。交通違反の罰金の支払い期限が近づいているが、このままでは交通刑務所に収監されることになる。なんとか早く、そうしないですむ手続きを取ってやりたいのだが、と相手は言ったという。達一は最初、これが振り込め詐欺というやつかと疑ったが、カネの話は出ない。ただ連絡をつけたいだけだと言うので、最後には信用した。しかし弟の弘志は札幌にいる。達一は弟の携帯電話の番号を教えた。

そこまで言ってから、達一が訊いた。

「もしかして、弘志は何か厄介なことでも犯したのかい？」

「全然ちがいます。ただ、娘さんを学校から連れ戻してふいにいなくなったので、何が起こったのかこちらでも確かめたかったんです」

「札幌で、一時ヤクザな仕事してたようだしな」

「堅気の仕事でしたよ。何か困ったとき、弟さんが娘さんと奥さんを連れて行くようなところって、心当たりはありますか？」

「さあなあ、ここんとこ年に二度、法事か正月に顔を見せるぐらいだし」

嘘《うそ》を言っているようには感じられなかった。佐伯は礼を言うと、もう一度名乗ってつけ加えた。

「もし連絡があれば、至急佐伯に電話しろと伝えてください」

「佐伯さんだね」

通話を終えてから、そのやりとりをざっと話すと、津久井が言った。

「米本がターゲットというのはもう確実ですね。しかも生家まで調べ上げている。確実に迫っている」

佐伯は百合に顔を向けた。

「かみさんのほうの情報は何もなしか」

「調べきれていない」と百合。

工藤が言った。

「かみさんの実家は、苫小牧《とまこまい》か室蘭《むろらん》だった。旧姓は、郷田《ごうだ》かな。郷津《ごうつ》だったかな」

佐伯は工藤に訊いた。

「前回隠れたとき、それはホテルとか旅館じゃなく、親戚のうちなんですね」

「わからん。ただ、長くなるかもしれなかったんだ。絶対にホテルじゃない。やつはそんなカネもない」

佐伯はふと思い出した。

「あいつ、おれに、釣りはやらないのかと訊いたことがある。ときたま泊まりがけで行くそうだ。兄貴が古い離農農家を買って、釣りやらスキーやらのときに使っているんだと言っていた」

「おれも誘われた」と工藤。「そこで焼き肉やらないかと。倶知安《くっちゃん》だ」

倶知安町は、札幌から中山峠を越えて二時間から二時間半の距離にある農村だ。ニセコ・アンヌプリという山があって、その周辺にはスキー場が拓《ひら》けている。倶知安町と、その隣りのニセコ町の景勝地、リゾート地を、ひっくるめてニセコと呼ぶことがある。町なかを流れる尻別《しりべつ》川は、釣り師にも人気だ。イトウも棲息《せいそく》するという。近年は、ラフティングができることでも有名になっている。

米本は、ススキノの振興組合の仕事を辞めるとき、自分はいずれどこかリゾート地で仕事をしたいと言っていた。そのとき彼はすでに、その場所として倶知安を想定していたのかもしれない。六年前も、その離農農家に潜伏したというのは考えられることだ。

「そこだ」と佐伯がつぶやくと、工藤も同意した。

「問題は、倶知安のどこかということだな。農家なんだから、別荘地じゃない」

「兄貴って、誰だろう」

佐伯は米本の身上書を見た。彼は三人兄弟だ。江差にいる兄。函館に嫁いだ姉。どちらも、倶知安の離農農家を別荘代わりにしてはいまい。

「兄貴分のことかな」と工藤が言った。

どうだろうか、と佐伯は考えた。兄貴、というのがもし身内ではない誰かだとしたら、きわめて親しい知人ということになる。米本が勝手に他人を誘ったり、勝手に長逗留《とうりゅう》を決めることができるのだから。米本弘志は、義理の兄弟のような関係を持っていたようだったか。

佐伯はテーブルの上に置いた携帯電話に手を伸ばした。もう一度、米本弘志の兄に確かめる必要がある。

そのとき、津久井の携帯電話も振動音を立てた。津久井は携帯電話を耳に当てると、事務的な言葉を二つ三つ返した。

「本部に戻ります」と、津久井は携帯電話をポケットに入れながら立ち上がった。「新しい指示が出る」

佐伯は津久井に言った。

「長正寺に伝えてくれ。おれたちはもうひとりの協力者、米本弘志を保護する。機動捜査隊が、話を大きなものにしないのなら、赤松淳一殺しの件、協力すると」

津久井は意味が理解できなかったというように眉間《みけん》に小さく皺《しわ》を寄せた。

「それって?」

「手柄は機動捜査隊で独占してくれってことだ」

津久井が微笑した。

「伝えます」

新宮が言った。

「ピラフ、頼んでますよ」

「お前が食え」

津久井が店を出ていってから、佐伯はテーブルを囲んだ面々に顔を向けた。百合が携帯電話を耳に当てて、手元の手帳に何かメモをしている。

百合が、その通話を終えると顔を上げて佐伯に目を向けた。

「いま、若菜ちゃんの担任の先生にかけたの。米本晴子と親しい母親を教えてって。いま返事待ち。親しいママさんなら、旧姓、実家、家族のことなどを知っているかもしれない」

工藤も自分の携帯電話を取り出しながら言った。

「米本の結婚式に出たっていうホステスがいた。かみさんと親しかった。ススキノ関係でも、やっと親しいやつは何人かいたはずだ」

そこに、バーテンダーの安田がピラフの皿を持って現れた。

新宮が言った。

「おれが食います」

安田は皿をテーブルの上に置くと、佐伯に訊いた。

「貸し切りにしましょうか?」

「うるさいか?」

「警官の言葉は、あまり穏やかじゃない。聞いていると、ひとひとりの命に関わることのようだし」

「エスが三人殺され、もうひと家族も追われてる」

「閉めます」安田は、きっぱり宣告するように言った。「あっちのお客さんが出たら、あとは貸し切りです」

津久井が本部機動捜査隊のフロアに戻ると、長正寺が言った。

「定年退職した高橋恒雄って警察官と会った。やっぱり飯森周はエスだった。誠志会の風俗営業法違反を摘発したときの協力者だ。その後、飯森が身の危険を感じたので、釧路に逃がしてやったそうだ」

津久井は確認した。

「飯森が身の危険を感じたのは、いつごろのことと言っていました?」

「六年前、郡司事件の後だったようだ」

こっちも、その時期か。

「尾行か監視があったのですね?」

「そうだ。もうひとつ。釧路の飯森周のクルマ、白い日産マーチが、道東道、新狩勝《しんかりかち》トンネルを通過しているとわかった。昨日午前五時四十五分だ。飯森殺害犯は、昨日のうちに釧路から道央に入ったと推測できる。小樽の赤松殺害も同一犯の可能性が出てきた」

函館のほうはどうなるだろう。距離を考えれば、釧路の事件と同一犯ではありえないが。

ひとつの可能性に思い至った。釧路と函館は、実行犯は別々。それが小樽で合流。赤松淳一殺害。

そして次のターゲットのいる札幌に入った……。

「小樽の次は、札幌でしょう」津久井は佐伯からの言葉を伝えた。「佐伯さんたちは、米本弘志とその家族の発見、保護に全力を尽くします。その場に、たぶん実行犯も接近している。機動捜査隊にも協力するとのことです」

長正寺は苦笑した。

「なんていう言いぐさなんだ」

「手柄をこっちに独占して欲しいということでしたよ」

「独占しろ?」長正寺もすぐに、その意味を理解したようだ。「当面、情報はうちで止めてくれということだな。承知だ」

「はい」

「佐伯たちが米本ってエスの居場所を突き止めたら、保護にはお前と竹内が向かえ」

「はい」

「拳銃携行《けんじゅう》のこと」

午前中、本部に戻ったときに、貸与の拳銃は身につけてある。

「米本ってエスの個人情報を出してくれ。住所、勤め先、家族の居場所、想像できる立ち回り先」

「こっちに流してもらいます」

「あとの者は、密行」長正寺がホワイトボードの数字を指差して言った。「白い日産マーチ。これを追え。凶悪犯だ。油断するな。抵抗は前提だ。抵抗すれば発砲していい。いいか」

津久井以外の捜査員たちが、短く気合の入った声で応《こた》えた。


ほかの客のいなくなったブラックバードの店内で、三人がてんでに携帯電話をかけている。佐伯と小島百合と、定年退職した元捜査員の工藤だ。新宮は、もっぱら佐伯のやりとりのキーワードを書き留める役だった。

集まった面々の電話が一段落したのは、ほぼ十五分後だった。佐伯が目で、いったん情報を整理しようと百合や工藤に伝え、彼らも同意して、電話にひと区切りをつけたのだ。

全員が携帯電話を切ってテーブルの上に置くと、佐伯は言った。

「もう一度米本の兄貴に電話した。米本の身内には、別荘を持つような男はいないようだ。かみさんの旧姓は郷津。室蘭出身。晴子にも兄貴がいる。実家の固定電話の番号を聞いたが、留守電だ」

百合が言った。

「米本晴子と親しかったママは、米本家は倶知安だかニセコだかに別荘を持っている、と聞いている。ときどき若菜ちゃんを連れていってているとか」

その言い方は米本晴子の見栄《みえ》だろう、と佐伯は思った。米本弘志に別荘を持つだけの資力があるとは思えない。ただ、かなりの程度、自由に使えるもののようではあるが。

「米本晴子の兄貴のことは聞いたか？」

「ええ。でも、詳しいことはわからなかった。わたしも米本晴子、旧姓郷津晴子の実家に電話したけど、留守電」

実家のほうで何か起こっていなければよいが、と佐伯は願った。ただ、米本にしても、自分以外の誰かを巻き込むことになりかねない場所を、潜伏場所にはしないだろう。そこがいくら便利で気の置けない場所であったとしてもだ。それに米本の場合、自分の生家も妻の実家も、ヒットマンたちにはすでに把握されていると確信しているはずである。妻の実家に逃れることはないだろう。

工藤が言った。

「米本晴子の兄貴は、札幌市内在住だ。郷津誠司《せいじ》。結婚式に出ていたホステスが覚えていた。仕事は、中古自動車の売買。会社名はわからないが、会社は南区。石山通り沿いと聞いたそうだ」

佐伯は新宮に言った。

「新宮、お前のスマートフォンだかで、郷津って名前のつく中古自動車販売業者を探せ」

郷津誠司がオーナーなら、会社名に自分の名字をつけているかもしれなかった。しかしまったく無関係の会社名の可能性も、半分はあるだろう。あとの手がかりは南区にある会社ということだが。

百合が言った。

「電話帳からも探すわ。セイジという名前はどう書くの？」

工藤が答えた。

「誠の司」

五分後に、新宮が自分のスマートフォンのモニターを見つめたまま首を振った。

「札幌市内で、郷津という名前のつく自動車販売業者は見つかりません」

テーブルで札幌市内の職業別電話帳を開いていた百合が言った。

「石山に、有限会社誠友自動車という会社がある」

石山というのは、市街地をはずれた南の住宅街だ。佐伯はすぐに新宮に指示した。

「誠友自動車、調べろ」

ふと気がつくと、店主の安田はカウンターの外で、どこか愉快そうな表情でコーヒーを飲んでいる。いつのまにかBGMも止まっていた。電話の邪魔にならぬように、という安田の配慮だったのだろう。

百合が手を止めて立ち上がり、新宮に目を向けた。

新宮が言った。

「ありました。南区石山。社長は郷津誠司。電話は」

佐伯は新宮の言う数字を入力した。固定電話回線だ。この時刻、まだ店はやっているだろうか。

コール一回で、受話器が取られた。

「誠友自動車です」

商売人ふうの陽気な声だ。佐伯は言った。

「郷津社長をお願いします」

「わたしです」

「大通警察署の佐伯といいます」

「あ」相手が少し緊張したのがわかった。

「米本弘志さんと連絡を取りたいのですが、郷津さんは義理のお兄さんですね」

「そうです」かなり警戒気味の声だ。「妹が米本くんと結婚しています」

「いま、どちらかおわかりになりますか。知っているんじゃないかと教えてくれたひとがいるものですから」

「義弟《おとうと》が、何かやりましたか?」

「何も。ただ、緊急に連絡をつけたいんです。義弟さんが、もしかするとトラブルに巻き込まれる可能性があるので」

「深刻なことですか?」

「連絡さえ取れたら、何でもありません。ただ、今朝から勤めも休んでいて、携帯電話もつながらないんです」

「ほんとうに警察?」

「大通署刑事課の佐伯宏一警部補です。もしご不審なら、大通署に問い合わせてみてください」

「妹は何か関係があることですか」

「ご家族揃《そろ》って、連絡がつかなくなっているんです」

「やっぱり何か変だなあ」郷津は疑念がありそうな声で言った。「さっきも、姪《めい》の学校から電話があったんです」

「学校から？」

「姪の若菜が都合で学校を何日か休むことになった。学校に忘れ物があるけど、室蘭か倶知安、どっちに送ればいいかって」

追手だ。しかも連中は米本の娘のことも把握しており、かみさんの実家が室蘭、義理の兄貴の持つ別荘が倶知安にあることも承知しているということになる。米本が自宅にもおらず、勤めにも出ていないことを知ると、すぐに逃亡先はかみさんの実家か義兄の別荘だと見当をつけた。やつらは佐伯が知っている以上に、米本弘志の個人情報を深く広く手にしていることになる。

「その電話は何時ごろです？」

「一時だったか、二時くらいか」

「どうお答えしたんです？」

「ひょっとしたら、倶知安のわたしの田舎家かも、と。いつでも使っていいと妹には言ってあるので」

やはりこれだ。佐伯は訊いた。

「正確な場所を教えていただけますか」

「ううんと。それは」

「では、その倶知安の家には電話はありますか？」

「いや」

「やはり、トラブルに巻き込まれることが心配です。正確な場所を教えていただけませんか」

「どういうことなのか、詳しく教えていただけませんか？」

どこまで話すか、迷ってから佐伯は言った。

「何か誤解があって、義弟さんは暴力団に御礼参りされそうなんです。ご家族にも手を出すかもしれない。それで警察は、米本さん家族を保護しようとしているんです」

「義弟がススキノで働いていたことに関係します？」

「ええ、少し」

「やっぱりなあ。そういうことになるんじゃないかと、心配したときもあったんですよ。ほんとにそこにいるかどうかわからないけど、場所、言います。妹家族、助けてくれますね」

「もちろんです」

佐伯は新宮に目で合図した。おれが繰り返すことをメモしろと。百合が新宮に横からプリントアウト用紙を裏にして渡した。

「倶知安町八幡《やはた》。尻別国道と尻別川のあいだで、ジャガイモとアスパラガスの畑が広がってる一帯です。尻別国道を羊蹄《ようてい》運輸のある交差点で南に折れて少しです」

佐伯は郷津の言葉をそっくり繰り返した。郷津は続けた。

「農道を少し入ってゆくんで、ちょっとわかりにくいところですが。郷津、という小さな案内板を、道の脇に立ててありますが、倒れているかもしれない」

「ありがとう。もし妹さんと連絡がついたら、とにかく警察に駆け込んで事情を話せと伝えてください。けっこう切迫していると思います」

「そうします。助けてもらえますよね」

「もちろんです」

郷津との電話のやりとりを終えると、佐伯は注視してくる仲間たちに手短に中身を伝えた。米本家族は、義兄の持つ倶知安の別荘にいる可能性が高いこと。追手側は米本の個人情報を相当程度に把握していること。着実に米本に迫っていること。

工藤が呆《あき》れたように言った。

「警察並みの情報収集能力だな」

次に佐伯は津久井に電話をかけた。

「米本弘志家族の件だ。いまどこだ？」

「札幌駅北口。周辺の駐車場を当たっているところです」

「米本は、倶知安に逃げた可能性がある。五、六時間前に、追手も札幌から倶知安に向かった。これから言う場所を、メモしてくれ。長正寺から倶知安署に応援を頼んで、米本家族を保護してくれないか」

津久井が言った。

「追手がもし五時間前に札幌を出たのなら、倶知安は危ない。倶知安署、急いでもらいます。周辺で、手配のクルマを当たるべきでしょうね」

「クルマがわかったのか」

「釧路の飯森のクルマで、札幌に入ったようです」

「じゃあ、そっちはまかせていいか。言うぞ」

津久井への電話を終えてから、佐伯は自分がいまふたつの疑念を抱えていることに気づいた。ひとつは、きょうの午後に生まれて次第に大きく膨らんできている。疑念、というよりは、はっきりと不審、あるいは疑われている事実への確信、とでも言えるべきものだ。そしてもうひとつは、いま津久井への電話を終えたあとに急速に成長した疑いだった。

百合が心配そうに訊いた。

「何か？」

佐伯はそれには応えずに、工藤に顔を向けた。

「米本がおれに、監視がついているようだと言ってきたのは、郡司事件の発覚から三週間ほどたってからでした。つまり郡司の送検のあとです。当時はおれも米本とは数日おきに会っていたので、監視があることは確認した。米本が、工藤さんにも内緒で札幌から消えたのは、いつごろでした？」

「ちょうどその時期だ。郡司の送検があって、道警内部が大騒ぎしているとき、米本が電話してきた。あまり怯えているんで、身を隠せと勧めた。そのあいだに誠志会を調べて、御礼参りをやる気なら脅して牽制《けんせい》してやるつもりだった。米本はおれにも潜伏先を教えないまま、家族で消えた。ところが潜伏先からも、自分は監視されてる、尾行されてると悲鳴みたいな電話をしてきた。怯えすぎだとそのときは思ったんだが」

「やつは、前回はおれにも工藤さんにも行く先を明かさずに逃げた。今回は、携帯電話の電源も切っている。微弱電波の追跡を避けているんです。心配のしかたが異様じゃありませんか」

百合が言った。

「まるで警察を恐れているみたい」

あ、と短く新宮が声を上げた。工藤もポカリと口を開けた。

百合が、まさかというように言った。

「警察情報が漏れていると、米本弘志は心配しているってこと？」

佐伯は工藤に確認した。

「米本は、潜伏先でもまだ尾行や監視を心配して、工藤さんに電話してきたんですね？」

「そうだ。だけど誠志会周辺を当たってみても、米本のことを気にかけている関係者など、ひとりもいなかった」

「倶知安の隠れ家も、尾行されて見つかっていたんだ。だから米本は、怯えて工藤さんに電話した。あのころは、令状なしに携帯の微弱電波を警察が追うのは無理があった。だから携帯を使っても安全だった」

新宮が言った。

「いまは、警察が携帯を追うのは簡単です。技術的には、マル暴には難しいでしょうけど」

「協力者たちが監視、尾行に気づいたのは、みな郡司事件発覚のあと。警務部が、マル暴担当の捜査員の私生活に、極端に敏感になった時期です」

工藤はようやく合点がいったというように、大きくかぶりを振った。

「協力者が監視されていたんじゃない。捜査員の素行が洗われて、そのとき協力者も調べ上げられたんだ」

「おれはマル暴担当じゃないのに」

百合が言った。

「佐伯さんは、もうそのころからファイル対象だったということなんでしょう」

ファイル対象とは、素行や思想に問題ありと、警務部が監察対象としている警察官ということだ。

工藤が言った。

「捜査員の素行が徹底的に洗われ、組織には報告されていない協力者のことまですっかり把握された。協力者の行動確認までやられた。だけど、じゃあこの連続協力者殺しのヒットマンたちは、どうして警察情報とほぼ同じことまで、調べをつけているんだ？」

新宮が言った。

「警察情報が、連中に漏れている？」

語尾が上がった。口にしながら、新宮にも確信は持てないのだ。まさかそんなことがあるはずはない、というのが、まだ若手の警察官なら当然の反応だろう。

百合が言った。

「警察は信用ならない、と判断したから、米本弘志は携帯電話の電源さえ切って逃げた、ということかしら」

米本の懸念は現実のものだ、と言っていい。ヒットマンたちは、協力者の私生活の細部まで承知して追っている。米本の潜伏先についても、女房の室蘭の実家か、義兄の倶知安の田舎家か、というところまで絞れるほどに。

そこまでを確信してから、佐伯はまた携帯電話を取り上げた。

「いまどこだ？」

津久井が答えた。

「石山通り。南九条を通過しました。倶知安に急行しています」

「倶知安にはいない。偽情報だった」

「え？」

「そのまままっすぐ石山まで向かってくれ」

「そこに何か？」

「誠友自動車っていう中古車販売業者がある。米本の義理の兄貴が社長だ。この時刻、まだ事務所にいると思う。米本の居場所を聞き出してくれ」

覆面パトカーがもう南九条を越えたとなれば、佐伯たちが向かうよりも津久井たちにまかせたほうがよかった。佐伯は、石山通り沿いにあるその中古車販売業者の所在地を教えた。

「この兄貴が知っているんですね？」

「そうだ。彼にもヒットマンたちは接触した。電話したおれも信用されなかった。その兄貴はおれに倶知安と答えたけど、それは警察の動きをそらすためだ」

「了解です」

通話を切ると、百合や新宮たちが、説明を、という顔で見つめてくる。

佐伯は言った。郷津誠司は、佐伯も義弟たちの敵と判断しているのだ。彼は最初、佐伯を暴力団一味と疑った。その疑念たっぷりの口ぶりから態度を急変させて、佐伯の身元確認もしないまま、倶知安の田舎家のある場所を教えた。それも、妙に細かい調子だった。佐伯が警察官であることは信用したのかもしれない。しかし、道警本部を郷津は疑っている。道警が米本の家族を保護してくれると期待できるから教えてくれたのではない。逆だ。警察に話せば、追手に筒抜けになる。そう信じたから、倶知安だ、と答えた。たぶん彼の話したとおりの場所にその田舎家はあるのだろうが、そこには米本たち家族はいない。郷津誠司は、米本たちがどこに潜伏したかその場所を承知している。だからこそ、安心して田舎家の所在地を教えることができたのだ。

佐伯は立ち上がった。激しい焦りと怒りとで、いたたまれない気分だった。呼吸が荒くなり、動悸《どうき》も速まっている。

佐伯はテーブルからグラスを取り上げて、中の水を一息に飲んだ。少し落ち着かねばならなかった。

佐伯はグラスを戻して、自分たちのテーブル席からフロアの中央に歩いて携帯電話を持ち直した。

いま自分が到達したこの事実について、誰かに説明か、あるいはせめて推測を聞かせてもらいたかった。いまこの場合、意味ある情報をくれることができるのは、そのセクションの誰かということになる。しかしあいにく、そこは佐伯も苦手とする部局なのだ。

携帯電話に、また津久井が出た。

「まだいま南十四条です」

「ひとつ教えてくれ。三年前、日比野《ひびの》が拳銃持ったまま所在不明となったとき、お前、警務部の誰かと一緒に日比野を追ったよな。郡司を内偵したとかいう警部補」

「長谷川《はせがわ》さんのことですね。警務一課の主任、長谷川哲夫《てつお》。もう定年退職してますが」

「信用できる男か」

「ええ。あのひとは、警官です」

そう答えることが誇らしいという口調だった。

「連絡つくか」

「電話します。いま、宅配便の会社に再就職してるはずですが」

「札幌市内だな。こっちから会いに行く。連絡つけてくれ」

「用件は？」

「協力者の情報が漏れてる。おそらく警務からだ。職員の監察記録が、マル暴に流れたんだ。何か情報でも耳にしていないか、聞きたい」

少しのあいだ沈黙があった。佐伯は一瞬、電波が途切れたかと思った。

続けて言いかけたときに、津久井が言った。

「そのせいで、協力者三人が殺された？」

「たぶんな」

「その情報流出は、組織としてあったことなんでしょうか」

「そんなことはないと信じたい」

「すぐに長谷川さんに連絡します」

通話を切ってから、佐伯はまたその場の面々にいまのやりとりの中身を伝えた。

工藤が言った。

「まったくだ。いくらなんでも、組織がそれをやるわけはないよな」

百合が言った。

「もし協力者の情報が警務から漏れていたとしたら、狙われているのは米本さんだけじゃない可能性がある」

そのとおりだった。いま追手が米本弘志に狙いを絞っているのは確実だ。しかし、米本が狙いの最後である保証はない。

捜査員たちは、よっぽど信用のおける同僚でなければ、自分の協力者の名を教えたり、ましてや紹介したりすることはない。飯森や為田や赤松は、殺されたことで、協力者であったことが警察にも認知された。しかし、まだ浮上していない協力者の数は、これらの何倍もいると見ておかしくはないのだ。

工藤が佐伯同様に立ち上がって、携帯電話を広げた。

「ほかが心配になってきた」

佐伯たちが見ていると、工藤は立ったまま話し始めた。

「おれだ。久しぶり。ああ、ああ」短くあいさつがあった後に彼は続けた。「お前さ、エスを使っていると思うけど、昨日きょう、何か変わったことはないか？　いや、気になるんだ。北海道内で、警察協力者が立て続けに殺されてる。たぶん相手はマル暴」

しばらくやりとりがあった後に、工藤は締めくくった。

「二十分後。行く」

工藤は携帯電話をシャツの胸ポケットに収めてから言った。

「元の同僚に会ってくる。驚いていた」

工藤が店を出て行くと、こんどは百合が誰かに電話をかけた。

「わたし」と百合は言った。「使っていないネットPCがあったら貸して。OSは新しいものがいい」

相手は市内に住む弟だろうか。何年か前、事件の捜査で少し世話になった。ゲーム好きの独身男らしい。佐伯は会ったことはない。

「いま、自分のを取りに行ってる時間はないの。運んでもらえたら、大助かり。またこんど、マレーふうカレー作ってあげるから」

言いながら、百合がちらりと佐伯に視線を向けた。

「ブラックバード。知ってる？　狸小路《たぬきこうじ》の八丁目。ええ、そう。待ってる」

電話を切ってから、百合は言った。

「例のとおり、調べものは引き受けるわ。弟が、モバイル・パソコンを届けてくれる。でも、もう本部や警察庁のデータベースに入るのは無理。公開されてるサイトを検索するだけ」

「かまわない」佐伯は訊いた。「マレーふうカレーって、どんなものなんだ？」

「食べたい？」

「単なる好奇心だ」

「食べたいと答えたら、作ってあげましょうか、と会話は発展したのに」

新宮が言った。

「小島さん、ぼくのスマートフォンに対抗ですか」

百合が微苦笑して言った。

「ここで話に割り込むの？」

「いえ、そういうつもりは全然なくて」

「有能な捜査員には、本来の身体張る仕事に専念させてあげようとね」

佐伯の携帯電話が鳴った。未登録の電話番号からだ。佐伯は携帯電話を耳に当てた。

「佐伯さんか？」と、年配男性の声。

「ええ」

「長谷川という。津久井さんから聞いた。おれと話したいって？」

「そうなんです。長谷川さんが警務課だった当時のことで、少し情報をいただけないかと」

「警察情報が漏れているようだ、と津久井は言っていた。その件か」

「そうです」

「もしかして、道警全体を相手にする、ってな話になるのか」

「わかりません。ただ、協力者たちが連続して殺されているんです。わたしの協力者も危ない。説明は長くなりますので、長谷川さんのいる場所に伺いますが」

「おれは仕事が終わったところだ。いまあんたはどこだ」

「ブラックバードという飲み屋です」

「辞めた安田の店だな。おれがそっちに行く」

「では、お待ちしています」

電話を切り、いま残った百合と新宮に内容を伝えた。

百合が言った。

「あとは津久井さんの連絡待ちですね。わたし、少しお腹《なか》が空《す》いてきた」

自分も同じだ。安田に軽食を頼むことにした。

7

それは石山通りとも呼ばれる国道二三〇号線に面した中古車販売店だった。さほど大きくはない。展示スペースに並んでいるのは、三十台くらいだろうか。セダンとワゴン車がほとんどだが、白いキャンピング・カー二台も目についた。展示場の奥の事務所も、工事現場の隅にあるような簡素さだ。ただ、敷地全体は照明で照らし出されている。事務所の窓にも灯《あかり》がついていた。

ちょうど事務所前の駐車スペースから軽乗用車が発進してゆくところだった。若い男女が乗っている。中年男が、事務所の入り口の前で、発進してゆくクルマに深々と頭を下げたところだった。商談が一件終わったところなのだろう。

豊平川《とよひら》という川の上流域にあたるこの一帯、昭和四十年代前半までは果樹園が広がる谷間だった。その後、国道二三〇号、つまり石山通りの両側が住宅地として開発され、国道に面して商業地が形成された。大手スーパーマーケットや大型量販店、郊外型レストランなどが通り沿いに並んでいる。ただし自動車ディーラーはなかった。中古車販売店も、このエリアでは珍しい。誠友自動車が、数少ないその一軒だった。自動車関連の店が進出するには、商圏人口が少なすぎるのだろう。自動車が欲しい場合、たぶん周辺住人はもっと市街地寄りの、ディーラーが軒を並べるエリアまで出る。

津久井たちは、覆面パトカーのサイレンをこの店の三百メートル手前まで鳴らしてきた。しかしいま乗り付ける直前に、サイレンは止めている。赤色回転灯も車内に引き込んでいた。だから事務所前まで乗り入れたときも、郷津誠司はそれが見積もりか、いきなりの売却のために持ち込まれたクルマだと思ったことだろう。じっさい津久井が降りたときには、事務所の前に立っていた郷津とおぼしき男も、愛想笑いを見せてきたのだ。

津久井と竹内は二人とも警察手帳を提示しながら近づいた。男はドアの前に立ったまま、顔をこわばらせた。薄いグレーのスーツ姿だ。歳《とし》は四十歳前後だろうか。造作の大きな顔からも、太り肉《じし》の身体《からだ》からも強い精力が放たれている。どんな仕事に就いても数年で独立して成功しそうなタイプと見える。

「警察です。郷津さんですね」

「ええ」

「義弟《おとうと》さんが、暴力団に狙《ねら》われているようなんです。至急、保護したい。中に入れてもらえますか」

窓から中を見るかぎり、いま事務所にはほかに従業員はいないようだ。

郷津が瞬時ためらいを見せてから、言った。

「身分証明書、きちんと見せてもらえますかね」

「どうぞ」と、津久井は手帳の身分証明書部分を郷津の前にかざした。

身分証明書の写真と津久井の顔とを見比べてから、郷津が言った。

「妹の亭主のことで二度、妙な電話がありました。ついさっきは、警察を名乗る男からでした」

「十五分ほど前なら、たしかに警察です。佐伯と名乗っていませんでしたか」

「ああ、あれはほんとに警察だったんですか。だけど」

「なんです？」

「警察だからといって信用できるものでもないし」

津久井は、その理由を問い詰めたりせずに訊《き》いた。

「もうひとつの電話というのは？」

「中にどうぞ」

津久井は竹内と一緒に事務所の中に入った。

粗末な応接セットで向かい合うと、郷津は言った。

「姪《めい》の小学校からでしたよ。しばらく休むという連絡を受けたけれど、学校の通知なんかはどこに送ればいいかって。室蘭か、それとも倶知安かと訊いてきたんです。室蘭というのは、うちの実家のことです」

「それはたぶん暴力団でしょう」

「やっぱり。義弟は、どうも正業が長続きしない。どこかで、ススキノの裏のほうと関《かか》わってしまっているんじゃないか、心配していたんです」

「いいえ、きちんとした堅気の市民ですよ。警察にも協力してもらっていた。どうお答えになったんです？」

「それが、不思議なんですよ。実家のことも、倶知安のことも知っている。おかしいと思って、最初は自宅でいいと言ったんですが、思い直して倶知安に送ってくれと。所在地、正確に教えましたよ」

「相手は？」

「何か答え方が腑《ふ》に落ちないような声でした。そうしたら夜になってまた電話だ。声はちがったけれども、同じ連中だと思って、こんどは最初から倶知安だと答えたんです」

「十五分前の電話ですね」

「そうです。信用できる警察ですか？」

「もちろんです。でも、信用しなかったということは、倶知安にはいないんですね？」

「どこにいるかは知らないけれど、倶知安にいないのは確実です」

「最初の電話があったのは、何時ごろです？」

「昼すぎ。一時か、二時だったかな」

やはりもう六時間以上前ということになる。

津久井は言った。

「じつは、暴力団たちは、義弟さんについての情報をかなり握っています。潜伏先がどこだとしても、警察が行かないと身が危ない。晴子さんも、姪御さんもです。倶知安にいないとしたら、いまどちらです？」

「それが、知らないんですよ」

竹内が横から言った。

「一刻を争っているんです。その場所を教えてくれませんか」

郷津は竹内に顔を向けて、大げさに首を振った。

「ほんとうに知らないんです」

「では、義弟さんが身を隠したことをどうして知ってるんです？」

「知ってるって言いました？」

「身を隠したことが前提のお話でしたよ。連絡があったんですね？」

「想像しただけです。ありませんって」

「じつは、警察の協力者が三人、相次いで殺されているんです。追手は本気です。警察が妹さん家族をすぐにでも保護しないと」

竹内の言葉は逆効果だったようだ。かすかに郷津の顔が青ざめたように見えた。

「協力者が三人も？　なんでまた、そんなことになってるんです？」

「捜査中ですが、妹さん家族が危ないことは確かです」

「ほんとうに知らない。すいませんが、これで。街で仕事のアポがあるもので」

郷津が腕時計に目を落とした。津久井も見た。午後七時四十分になろうとしていた。

郷津はスーツの前ボタンを留めながら言った。

「ひとを殺したのがわかっているなら、警察はその暴力団たちを捕まえてくださいよ。とにかくわたしはこれで」

郷津は立ち上がって壁の配電盤に近づき、事務所の照明のスイッチをひとつ切った。明るさが半分ほどになった。本気で追い出そうとしている。

しかたなく津久井たちも立ち上がった。押し問答をやっているよりも、警察官たちが帰ったあとに、郷津が冷静になってくれることを期待するしかない。


店に入ってきたのは、ハーフコートを着た、少し疲れたような様子の男だった。白いものの混じった角刈りの頭で、顔には皺《しわ》が深い。垂れ目のせいか、困惑しきって店にやってきたようにも見えた。

「長谷川だ」と、その初老の男はかすれたような声で言った。

佐伯はあいさつし、小島百合と新宮を紹介した。

長谷川は佐伯が勧めた椅子《いす》にどしりと腰を落とすと、自分のほうから言った。

「警務の監察情報が漏れてると考える理由はなんだ？」

佐伯は長谷川哲夫もと警務課職員のために安田にコーヒーを頼んでから、説明を始めた。昨日きょうにかけて、北海道内で三件の殺人事件があり、被害者は道警の協力者であったという共通点があること。自分がべつの捜査員から引き継いだ協力者は、今朝とつぜん、何か切迫した事態のせいで、家族と一緒に身を隠してしまったこと。その協力者たちは誰もみな一時期、自分に監視、尾行がついたと確信し、関係する捜査員もそれを確認していたこと。三件の殺人が同一犯によるものかどうかは判明していないが、ヒットマンたちはいずれもその協力者たちの個人情報を相当程度につかんでいたこと。つまり、移動先、新しい職場、家族、人間関係、想像できる立ち回り先などについてである。それらは、とても御礼参りしようと思いついた暴力団が容易に入手できる情報ではないこと……。

佐伯がそこまで話すと、長谷川が訊いた。

「エスたちに監視がついたのは、いつごろだって？」

佐伯は答えた。

「ほぼ六年前。郡司事件が発覚して三週間後あたり」

「全員？」

「少なくとも、米本、赤松、飯森は、見事にぴったり同じ時期のようです」

長谷川は目をつぶり、苦しげにも見える表情を作った。何か思い当たることがある。あるいは、想像できることがある、ということかもしれない。

佐伯たちが注視していると、長谷川は目を開いて言った。

「郡司事件の直後だということは、マル暴が警察協力者を監視していたんじゃない。警務が、マル暴の捜査員たちの行動確認に入った時期と一緒だ。警務が捜査員たちの素行と私生活を徹底的に監察していたんだ。協力者も、その結果あぶり出された」

さきほど思い至ったとおりの解釈だ。

じっさい、警務部はそれまで現場の捜査員たちの協力者が誰かなど把握していなかったはずだ。捜査員だって、捜査費を出すから協力者本人の領収書をもらってこいと指示されたところで、けっしてその名前を組織に対して明かさない。協力者に使う費用は、自腹が原則なのだ。ときに飯や酒をおごり、たまには少額のカネを用立てたりすることがあるとしても、捜査員はその経費を自分でかぶる。その自腹原則に縛られ、桁《けた》違いの経費を自分で調達して警官として自滅したのが、郡司徹もと警部だとも言えるのだ。

佐伯は苦々しい想《おも》いで言った。

「自分も、そうではないかと想像したんです」

長谷川が続けた。

「郡司事件の発覚後、第二第三の郡司がまだいるんじゃないかと、警務部長周辺は戦々恐々となった。警務の一課も二課も総動員で、マル暴関係を中心にやりての捜査員たちを徹底的に調べた。交友関係も、その交友のある相手の素性も」

佐伯の場合、米本という協力者を警務に知られたのがこのときなのだろう。警務はまず佐伯を監視し、その佐伯の接触相手である米本についてもマル暴関係者ではないかと考え、それこそ道警の組織力のすべてを使って調べ上げたということだ。

「長谷川さんはそれをご存じでした？」

「全体は知らない。おれはその時期、山鼻署の捜査員をひとり担当した。あと、ほかに誰が監察の対象になったのかも、知ってるのは幹部だけだ」

「そのときのファイルは、当然警務部のトップ・シークレットですよね」

「当然だ」

「となると、監察対象となった捜査員のファイルが何人分も流出なんて」

長谷川が佐伯を制するように、手を胸の前に上げた。

「みなまで言うな。協力者情報が、マル暴の御礼参りにじつに適切に使われているんだ。情報は事故で流出したんじゃない。ピンポイントで、それを必要としている人間の手に渡った」

それを必要としている人間とは、つまり誠志会とか、あるいはその兄弟組織とも上部団体とも言える名古屋の勇久会か。そして勇久会ということは、事実上一の字総本部と同じということである。

長谷川は、それを認めることが辛《つら》いという顔で言った。

「警務部の誰かが、情報をまとめて売ったんだな」

「それが誰か、想像はつきますか？」

「それができる立場にいる人間は、限られる。だけど、売る理由はわからない」

「カネ？」

口にしてから思った。まさか警務部に、そこまで腐った職員はいまい。警務部に配置されるまでの段階で、素行も私生活も思想も徹底的に調べ上げられる。もちろん配置された後も。その厳しい内部監察をくぐり抜けることのできた職員が、警務部にいるとは考えにくい。

では、理由はカネではないのか？　あるいは、監察が問題にしない理由が、何かあるということか？

長谷川が言った。

「そいつは、連続殺人まで見通していたわけじゃないはずだが」

もうすでに、それが誰か思い当たっているのだろう。佐伯は言った。

「でもじっさい、自分の売った相手が殺されている」

「情報がじっさいに使われなければ、逃げきれると思ったんだろう」

「なんていうひとです？」

そのとき店のドアが開いた。やりとりに集中していたので、佐伯はびくりとした。みなが一斉にドアに目を向けた。


誠友自動車の事務所を出て覆面パトカーに戻ってから、竹内が言った。

「やつは、米本の居場所、知っているよな」

「確実に知ってる」津久井は同意した。

「教えてくれりゃあいいのに。あの態度はまるで、こちらが債権回収に行った闇金《やみきん》業者みたいだった」

「警察を完全には信用していないんだ。たぶん米本も、自分が追われているのは警察情報が漏れたからだと気づいている。だから郷津にもそう言い含めたんだ。逃走先は警察にも秘密だと」

「これからどうする？」

「少し先で郷津を待って、尾行しよう」

竹内はクルマを発進させ、敷地から道路に出るところで一旦《いったん》停止した。石山通りはまだまだ交通量は多い。流れの切れ目がくるまで、十秒ほど待たねばならなかった。

「左手」と竹内が言った。

「何だ？」訊きながら津久井は左方向に目を向けた。石山通りの向かい側、路側帯に停《と》まっているクルマがある。全国チェーンのファミリー・レストランの入り口に近い場所だ。白い大衆車と見えた。前部席にはふたり乗っているようだ。

竹内は、流れの切れ目でクルマを発進させて、石山通りに入った。

「着いたときも、あのクルマがあそこにあった。白の日産マーチじゃないか」

「やつらか」

彼らは倶知安の郷津の田舎家に向かったものと思っていた。しかし、倶知安だと教えられたその電話から六時間以上たっている。札幌市中心部からだと、倶知安までは余裕を見ても二時間半の距離。追手が倶知安まで走ってその田舎家をあらためて、郷津にだまされたと気づいて札幌まで戻ってくるには十分だ。

「倶知安まで行って、ひっかけられたと気づいた。戻ってきたんだ」

「郷津を尾行する気かな」

「郷津を拷問する気かもしれない。だまされたことで、やつらも郷津は確実に米本の居場所を知っているとわかった」

「このクルマ、覆面だとわかったろうか」

「夜だし、おれたちが入るとき気づいていれば、すぐ逃げていたろう」

中古車販売店から二百メートルほど走ったところで、竹内がクルマを徐行させた。道は直線路だ。ちょうどそのクルマとこちらの覆面パトカーのあいだに、数台のクルマのヘッドライトが入ってきた。竹内がクルマを左に寄せて停めた。郷津の様子では、いますぐにでも事務所を閉めて出るところだった。でもまだ出てこない。あれはやはり津久井たちを追い返すためのポーズか。それとも津久井たちが尾行することを読んで、時間を置こうとしているのか。

津久井が後方を注意しながら、携帯電話を取り出した。その白い小型車は、発進して道を折れ、誠友自動車の駐車場へと入った。

津久井は言った。

「郷津の事務所に入った」

竹内の声が切迫した。

「Uターンする。連絡してくれ」

竹内が覆面パトカーをUターンさせて、すぐまた左路側帯に停めた。

津久井は携帯電話で長正寺に報告した。すでに佐伯からもらった情報は報告ずみだ。長正寺にも、前後の事情の説明は必要なかった。

「郷津誠司の事務所を出たところです。追手らしいクルマが、やつの事務所に入りました。突入して逮捕しますか」

「待て」と、長正寺が言った。「たったいま、その日産マーチの目撃情報があった。タクシーからだ。いま二台、そっちに向かわせた。凶悪犯だ。応援を待て」

「やつらは、米本の居場所を聞き出そうと、郷津を締め上げる気です」

「複数犯にふたりでは無理だ。待て。いいな」

「はい」

竹内が郷津の自動車販売店に向けて運転しながら訊いた。

「応援待ちか？」

「気づかれない位置まで近づいておこう」

津久井は携帯電話をポケットに収めると、脇の下のホルスターから拳銃《けんじゅう》を抜き出した。


大きな黒いバッグを下げて入ってきたのは、いくらか小太りの男だ。三十歳ぐらいか。集中する視線に驚いている。輪郭のはっきりしたその目鼻だちから、佐伯はそれが小島百合の弟だとわかった。会うのは初めてだ。

百合が立ち上がって言った。

「弟です。弘樹《ひろき》。パソコンを借りたので」

弟と紹介された男が、こくりと頭を下げた。

百合は弘樹に店の奥のテーブルを示して言った。

「ありがとう。あっちの席に」

百合は弘樹を従えるようにして、奥の席へと移っていった。

佐伯が長谷川に身体《からだ》を向け直すと、長谷川が言った。

「どこまで話した？」

「警務部の、それができる立場だった人物」

「そうだったな」長谷川が自分の携帯電話を取り出して言った。「想像で答える前に、ひとつだけ確認させてくれ」

佐伯がうなずくと、長谷川は携帯電話で通話を始めた。

「おれだ。ひさしぶり。ああ、なんとかやってる」

「それで、ちょっと昔のことを聞かせてくれないかと思って。そう、おれたちの道警時代のこと。ああ、お前が知ってるんじゃないかってことだ」

「そうだ。重い話になってる。どの程度？ ひとが三人殺されたっていうぐらいに」

「いま、狸小路の八丁目だ。ブラックバードっていう、安田の店だよ」

「いつか御礼はする。ああ、待ってる」

携帯電話を切ってから、長谷川が言った。

「おれの一年前に本部を定年退職した男がいる。組対にいたが、最後は琴似の留置場配置だった。あいつなら、背景となる事情を知っている」

道警本部は、総務部直轄の留置場を札幌市琴似に設けている。過酷な職場というわけではないから、異動先としてはそこそこ人気はある。しかし組対の捜査員の次の異動先としては奇妙である。何か尋常とはちがう事情があるのだろうと想像できるような。

佐伯はその印象には固執せずに訊いた。

「なんていうひとです？」

「熊谷《くまがい》。熊谷良樹《よしき》警部補。いま八百屋だ」

それはまた、道警職員の定年後の人生としては珍しい道だ。

「狸小路六丁目に、地元農産物の市場がある。知っているか？」

「ええ。加工食品も置いてますね」

「あそこで働いているよ。いま、ちょうど仕事が終わるところらしい。あと片づけがあるそうだけど、抜けてくる」

「熊谷警部補は、在職中、何か問題でもありました？」

長谷川は小さくうなずいた。

「郡司事件のあと、監察官と揉《も》めたんだ。あいつが請求していた捜査費の支払い先が、死んだ人間だった。監察官は不正請求だと見たし、本人は自分の協力者の名前を出すわけにはいかないと」

「かなりの金額？」

「年間で六万円ぐらいだったろう」

「横領ということになりました？」

「いや。裏金問題が尾を引いていた時期だ。警務もそれ以上追及することはできなかった。ただし、組対配置七年目が終わったところで、琴似留置場さ」

ということは、その熊谷という捜査員、監察を受けたときにもそうとうの覚悟があったということなのだろう。協力者の名を出すか、処分か、どちらかだと迫られても、回答は決めていると。佐伯の場合は、捜査費を請求したことがないから、監察のそのような追及はなかっただけだ。もし一度でも架空の人物名で捜査費を請求していたなら、同じような追及は免れなかった。べつの言いかたをするなら、自分はなんとか自費でまかなえる範囲で協力者との関係を作った。その熊谷という捜査員は、自分よりも少し職務に熱心であったということにもなるわけだ。

店の奥から声がした。

「どうも。これで失礼します」

振り向くと、小島百合の弟の弘樹が、ショルダーバッグを肩にかけて入り口に向かってゆくところだった。モバイルPCのセッティングが終わったようだ。小島百合は、椅子に腰をおろしたままだ。視線はもうPCのモニターに集中しているように見えた。

徐行気味にクルマを進めて、ぎりぎりその中古車販売店が見える位置までできた。およそ五十メートルの距離だ。こちらのライトを消してしまえば、ここに覆面パトカーがいるとは気づかれないだろう。

その五十メートルのあいだに、手前から工務店らしき建物とその駐車場があり、タイヤの専門店がある。タイヤ専門店はもう営業を終えており、広い駐車場はがらんとしている。その駐車場ごしに、中古車の並んだ誠友自動車の展示場と事務所があるのだ。津久井たちの覆面パトカーの位置からは、事務所は手前の展示車両のせいで、上半分がなんとか見えるだけ。窓の中は見ることはできなかった。ただ、いましがた郷津が照明を落とした残りの室内灯がついているとわかるだけだ。展示場の屋外照明も看板の電飾もいまは消えている。

竹内がちらりと自分の時計に目をやってから言った。

「やつらが郷津の口を割らせるまで、どのくらい時間がかかると思う?」

津久井は、後方の石山通りを振り返って見ながら答えた。

「それは、ひとは拷問にどれだけ耐えられるかってことか?」

誠友自動車に白い大衆車が入っていってから、もう三分はたつだろう。しかし後方には赤色回転灯も見えないし、サイレンの音も聞こえてこない。クルマの列は、上下の車線とも、そこそこ混み合っている。流れているクルマの平均速度は六十キロ前後だろう。緊急車両なら七十キロ以上の速度でこちらに向かっているはずだが。

竹内が、荒く息をつきながらまた言った。

「おれは、機捜の仕事っぷりは大好きなんだけど、ちょっと焦《じ》れる」

津久井は上体を戻して応《こた》えた。

「あと六十秒待って、突っ込むか」

「係長指示がある」

「おれは、応援に加わっただけ。おれ個人が暴走したというのではどうだ?」

「つまらん形式主義だ」と、竹内は首を振った。「係長は本部で、部下の安全を優先した指示を出した。おれたちは、現場で必要とすることをやろう。怪我《けが》と弁当は自分持ちでいい」

「突っ込む前に、一応報告だけはするか」

そのときだ。展示場のクルマの向こうで、影が動いた。事務所から誰か出てきたようだ。それも複数だ。

「出てきた!」竹内が言った。

津久井は一瞬だけ、報告のために携帯電話を取り出そうかと考えた。しかし、右手から拳銃を放さなかった。いま必要なのはこっちだ。

事務所前の駐車スペースで、クルマのヘッドライトが点《つ》いたのがわかった。発進させる気だ。自動車販売店を出ようとしている。

「止めるぞ」と言いながら、竹内はもうクルマを急発進させていた。

赤色灯が出た。サイレンもいきなり大音量で鳴り出した。

車道との際まで、クルマのノーズが出てきた。白っぽいボディ。前部席にふたつの影。石山通りを右折しようとしていた。クルマの列は途切れない。覆面パトカーのフロント・ウィンドウの中でその白いクルマが急速に大きくなった。

白いクルマは、覆面パトカーに行く手を塞《ふさ》がれる前に、強引に車道に飛び出した。車種が確認できた。日産マーチだ。

覆面パトカーは、飛び出した白い大衆車の後部をかすめるかたちで突進し、誠友自動車の駐車場出入り口を通り過ぎて停まった。

反対側車線のクルマの列は途切れていない。マーチが飛び出したために、その場で一台のワゴン車が急停車した。後ろの軽乗用車は、追突を避けようと、左側車線によけた。あおりをくって、左側車線のクルマが歩道に乗り上げた。後続の何台ものクルマが、甲高いブレーキ音を上げて急停車した。

竹内が、後方を見ながら、覆面パトカーを反対車線に入れようとした。しかし後方、左側車線では、流れていたクルマがみな車線上に停まっている。クルマの壁ができていた。反対側車線でも、すべてのクルマが停車している。何人か運転手が車道上に降りていた。

とても、追尾にかかれる状態ではなかった。まず車線を空けるために、交通整理が必要になる。すでに逃げたマーチは、道路のずっと先だ。テールランプの区別もつかない。

津久井は携帯電話で長正寺に言った。

「いま誠友自動車から、日産マーチが逃走しました。石山通り、札幌方向です。男ふたり」

「お前たちは？」

「誠友自動車前」

「郷津は？」

「未確認です」

「安全確保を。マーチはこっちが押さえる」

「了解です」携帯電話を畳みながら、津久井は竹内に言った。「マーチは別班に任せる。郷津を」

「オウケイ」と竹内は言って、覆面パトカーを誠友自動車の駐車場に入れた。


熊谷という男は、灰色の作業着の上下を着ていた。日に灼《や》けた、健康そうな顔だ。農産物を売っているだけではなく、生産者だと紹介されても信じられる。アポロ・キャップを取ると、頭は長谷川同様の短い髪。全体はかなり白い。

熊谷は、興味深そうに店内を見回してから、長谷川の正面の椅子に腰をおろした。

佐伯がその場の面々を紹介してから、事情をかいつまんで話した。小島百合も新宮昌樹も、同じテーブルを囲んだ。

佐伯が説明を終えると、熊谷は目を丸くして聞いていたが、さほど激しく衝撃を受けたようでもなかった。

長谷川が熊谷に訊いた。

「警務から協力者の情報が流れるとして、いったいどんな理由なのか、あんたなら想像がつくだろうと思った」

熊谷が、愉快そうに訊いた。

「どうしてそう思う？」

「あんたは協力者の名前をついに明かさなかったからさ。あんたは、こんなこともあると想定していたろう」

「心配はしていた」

「そういうあんたなら、こんどのことも読めるはずだ」

熊谷は一回天井に目を向けてから言った。

「いま話を聞いて、おれが知っていることとつながったよ」

「どうして流出なんてことが起きたんだ？」

熊谷はテーブルの上に上体を倒し、ほんの少しだけ声をひそめて言った。

「警察庁の一の字壊滅指令、三年前にもきつい指示が出た。知っているか？」

部外者の耳を気にしているような様子にも見えた。

百合が言った。

「大阪府警との合同捜査？」

熊谷と長谷川が、驚いた顔で百合を見た。

「知っているのか？」と長谷川。

「たまたまです」と百合。「そうとう無理な逮捕、立件だったとか」

熊谷が言った。

「一の字の総本部の若頭を、宅建業法違反で逮捕した。業者の資格もないのに、不動産取引きを手がけたってやつだ。取引きったって、組うちの上納のシステムだ。誠志会の持っていた架空口座が使われたってことをうちがつかんで、一の字の若頭逮捕につながった」

佐伯が訊いた。

「こんどの件との関連は？」

「その前の壊滅指令のときに、誠志会や勇久会関係の使える情報は使い切っている。もっと突っ込んだ、勇久会幹部についての直接の情報が必要だった。たしかあのとき、当時の生安のある捜査員に、本部長から直接の指示が出た。なんとしてでも持ってこいと」

「生安の捜査員個人にですか？」

「ああ。当時はまだ、郡司事件の余波が残っていた。トップは組対の捜査員を信用していなかった。まだまだ転んでしまった捜査員がいるはずだとな。だから警務部が身元保証した捜査員に直接指示したのさ」

「警務部の保証つきの、清廉で真っ正直な捜査員？」

「そんなのいるか、という顔だな」

「わたしは、自分のことでも警務部が保証してくれるかどうか自信がない」

「ひとりいたんだ。郡司の素行を内部告発した男だ。当時生安で、風俗営業取り締まりを担当していた警部補」

「郡司事件も、やっぱり最初は内部告発だったんですか」

その問いには、熊谷ではなく長谷川が答えた。

「そうだ。組対の外のセクションからだから、厳密には内部告発と言えるのかどうかわからんが」

「道警内部のことです」

「郡司の件も、最初はその捜査員からの情報だ。そしてそれ以降、その生安の捜査員は、警務部が重用する監察協力者となった」

「それは、警察内部のエスということですか」

「そうだ」と長谷川が言い切った。

当時、警務部は郡司のような警官を二度と出すまいと、そのように同僚を告発することをためらわない職員を必要とした。警務部の職員や監察官には取りにくい情報を取るために、仕事でも実績を上げている男。もっと言えば、同僚にも信用されている職員が。生安の風営担当なら、組対とも任務は重なる。マル暴捜査員の素行や私生活について情報を取るのは難しくない。その職員は、郡司を売ったということで、ある意味では忠誠心テストも最初からパスしている。警務が求める職員としては理想的だった。

黙って聞いていた佐伯に、長谷川は言った。

「汚いものでも見たような顔をするな」

「意外だったものですから」

「あの時期、職員の十人以上が、そいつの情報をもとにして監察を受け、処分された。情報はほぼ全部事実だったんだ。不祥事が発覚した職員たちはみな、懲戒免職か自己都合退職かを迫られ、道警を辞めていった」

「そのエスは、警務部の宝だ」

「そのとおりさ。当時の警務部長は、もっといい情報をと、やつのけつを叩《たた》き、同時にいろいろ面倒も見た」

熊谷が長谷川の言葉を引き取った。

「その大粛清から二年ぐらいたってからだ。新しくまた警察庁指示がきた」

それは、あらためて例の広域暴力団幹部を何人か逮捕して刑務所に送れ、組織を弱体化させろということだった。しかし、何人ものベテラン捜査員が退職していた組対では、もう新しい事案での立件は無理だった。残っていた捜査員たちも萎縮《いしゆく》しきっていた。そのとき生安のその捜査員にも、やれという指示が行った。彼自身は監察を免れていたから、その時点ではもっとも暴力団と深くつきあうことができる捜査員、何かしらの取引きを持ちかけることも可能な、たったひとりの捜査員だった。警務部長とその捜査員との間には、当然一課長が入った。

佐伯は確認した。

「その部分は、事実ではなく、熊谷さんの推測ですね」

「いや。組対と警務のそういう事情は、事実だ。誇張もしていないよ」

幹部逮捕に使われた、その土地取引きの闇口座情報は、誠志会中枢にかなり近いところの誰かからでないと取りようのないものだった。熊谷は、たとえば契約している会計士とか、組の経理担当の誰か、あるいはその周辺とうまく接触したのだろう、と自分の解釈を語った。そうして道警は、その捜査員が持ち込んだ経理関連の情報の束の中から、立件できるものを見つけたのだ。

さらに熊谷は言った。提供に応じた本人は、そこに幹部逮捕ができるような犯罪事実が含まれてるなんて思いもしなかったろう。実害はないはずと信じて、どうでもいいような経理操作の一部を教えたのだ。むしろ向こうとしては、それらの情報の提供で、逆にその捜査員から何かいい情報が得られると計算したのかもしれない。

熊谷は、ここまでは理解できるか、という表情になった。

佐伯はうなずいた。

「その情報の見返りが、警務部が把握していた警察協力者情報だった、ということですね」

「ここからは、状況証拠だ。警務部の協力者情報にアクセスできた者。もっと言えば、警務部の幹部とべったりで、同時に暴力団と取引きする立場にいて、その能力があった者。おれが思いつくのはひとりで、そいつは合同捜査で手柄を挙げて、逮捕した暴力団員の起訴後にちょうど定年となった」

「たしかに状況証拠ですね。その職員だと断定するには根拠が薄弱だ」

長谷川が、こほんと咳《せき》をしてから言った。

「そこから先の事実を、おれは知っている。警務一課にいたおかげで」

全員が長谷川に注目した。

長谷川は、熊谷に視線を向けてから言った。

「定年になる直前には、そいつ自身が売られた。警務部に密告があったんだ。マル暴とズブズブだとな。郡司について垂れこんだお返しが、きっちりあったわけだ」

佐伯は訊いた。

「その告発の詳しいところは？」

「直接読んでいないので知らない」

長谷川は言った。告発はあったが、けっきょくその捜査員への監察は見送られた。警察庁指示で道警が大阪府警と合同で捜査した事案に関わった捜査員。そのお手柄の捜査員の情報入手が、癒着に根拠を置いていたとは、道警としては認めがたかったことだろう。だからその男はめでたく、警察内エスであったことも、癒着のことも、部内には知られることなく定年となった……。

構図としては、と佐伯は思った。郡司事件の縮小再生産だ。組織が現場に無茶な指示を出し、現場が苦労してこれに応える。やがて現場の捜査員は、手柄を、このケースではマル暴情報だが、取り続けるために捜査、摘発の対象とも深い関係を持つようになる。組織はそれを黙認、薄々その捜査員の危険な、違法でもある捜査手法に気づいていていながら、目先の利益のほうを優先する。結果としてその捜査員のやっていることは、一部の同僚にも気づかれる。内部告発がある。

ただし郡司警部の場合とちがって、この捜査員はすぐに定年となって、監察も処分も受けることもなく、安全圏に逃げ込んだ。

そこまで考えてから、佐伯は思い直した。逃げ切った？　そうだろうか。三人の協力者の連続殺害が起こっている。それは警察内部からの情報が漏れていない限り、起き得ない事件なのだ。彼がすでに定年だからといって、法的な処分、刑罰は免れるか？　警察官としての守秘義務違反の時効は三年、立件できるかどうか微妙だ。もし収賄があれば、そちらの時効は五年。前者は懲役一年もしくは五十万以下の刑で、三人殺されたきっかけを作った違法行為にしては、あまりにも軽すぎるが。

佐伯は長谷川に言った。

「協力者情報は、ほかにも漏れている可能性があります。被害者になりうる者はまだいる。その捜査員の名は？」

長谷川が佐伯に視線を戻して言った。

「もう見当がついているだろう？」

わからない。三年前まで本部生活安全部にいた警部補？　大阪府警との合同捜査のときに、決定的な情報をもたらした捜査員？　誰だろう。最後の事案の立件、起訴を見届けたうえで定年退職。逃げ切った職員。

佐伯は首を振って答えた。

「そういうことには疎いんです」

長谷川がまた熊谷に視線を向けた。おれから言うぞ、とでも言ったように見えた。熊谷が、かすかに首を縦に振った。長いことバッテリーを組んでいる野球選手たちのような、サインの交換だった。

長谷川が佐伯を見つめて言った。

「薬師《やくし》」

薬師。その名は聞いたことがある。薬師正弘《まさひろ》。一度も同じ所轄で一緒になったことはないが、それこそずいぶん昔、噂《うわさ》されていることを耳にした。なんでも父親が林野庁の職員で、全林野労働組合にも加入していた。そのため警察学校を受験したときに、警務部はその意図を疑ったという。つまり左翼による警察組織への潜入なのではないかと。父親が洗われ、むしろ組合内では完全にノンポリとわかって、彼は晴れて入学できたのだ。いや、その時点では警務部は逆に、彼を二重スパイとして使うことも考えたのかもしれないという。もっとも、これは同僚たちのしょうもない人事の話題の中で聞いた話だ。真偽のほどは知らない。

「薬師正弘という職員ですね？　いま、彼は？」

「ススキノで飲み歩いている。どこかの風俗営業チェーンの顧問になったとかいう話だ」

風営担当だった捜査員が、退職後にその業界に再就職？　それは大胆な転身だ。在職中に自分がどちらに軸足を置いていたか、疑われることも気にしていないように受け取れる。もっとも、まったくのレアケースというわけではない。退職後、パチンコ業者に再就職する道警職員は、毎年けっして少なくないのだ。

「会いましょう」と佐伯は言った。「やつが流した情報次第では、まだまだ被害者が出る。聞き出して、これ以上の被害を止めなきゃ」

長谷川が携帯電話を取り出した。

「ススキノのどこかで見つけられるはずだ。生安の同僚だった誰かも、携帯の番号は知っている」

熊谷が立ち上がって言った。

「おれはこれでいいな。きょうはまだ仕事が残っているんだ。明日以降も、協力できることは協力する」

佐伯たちは礼を言って、熊谷を店から送り出した。

熊谷が出ていってから、ひとつ思いついた。佐伯も携帯電話を取り出して、テーブルから離れた。

「佐伯だ。覚えているか」

相手が、意外そうな声をもらした。

「はい？」

「ひとつ頼みごとがある。黙って聞いてくれ。もと本部生安の薬師警部補、知っているか？」

「顔はわかりますよ」

「薬師はあんたを？」

「知らないでしょう」

「今夜このあと、おれの用事を頼まれてくれないか」

「おれの手間賃、安くないすよ」

「あんたに、子供の使いはさせない」

「いいですよ」

「電話を待っていてくれ。三十分くらいでかけられると思う」

「ススキノにいればいいんですか？」

「酔っていないあんたが必要だ」

「おれは下戸ですって」

「電話する」

通話を終えると、長谷川が、誰と話していたんだ？　という顔を向けてきた。佐伯は答える代わりに、微笑を返した。

津久井たちがクルマから降りて事務所のドアまで駆けると、ドアのガラスから事務所の中が少し見えた。

奥の灰色のデスクの向こうで、倒れている者がいる。郷津だろう。津久井は拳銃を手にして事務所の中に飛び込んだ。不審者はいない。竹内が続いて飛び込んできて、郷津のそばに駆け寄った。

郷津は、ビニールタイルの床の上にうつぶせに倒れている。顔が横を向いていた。頬《ほお》には殴打の痕《あと》らしき傷。津久井は竹内とふたりで、郷津の身体を慎重に仰向《あおむ》けにした。郷津の身体は重かった。まったく意識がないようだ。白目を剝《む》いており、半開きの口からは呼気ははっきりとは感じ取れなかった。死んではいないと見えるが、白いシャツに真新しい血がしみている。しかし大量の出血ではない。大きな外傷はない、と思いかけて、津久井は郷津の右手首の角度が不自然であることに気づいた。ありえない形で曲がっているのだ。いや、ズボンの形も、奇妙だ。

竹内が、顔をしかめて言った。

「連中、手間ひまかけなかったな。一気に聞き出して、そっちへ向かった」

津久井はもう一度携帯電話を耳に当てた。長正寺に郷津の状態を報告すると、長正寺は言った。

「もうじきうちのクルマが着く。現場をそこで交代して、日産マーチを追え。本部にも、事実のみ報告」

「はい」

津久井は事務所を出て覆面パトカーに駆け戻り、車載の方面本部系無線で通信司令室を呼び出した。

「機動捜査隊一号車、応援の津久井です」

救急車の手配も必要だった。

本部への報告を終えると、津久井はもう一度事務所に入って、中の様子をあらためて観察した。郷津から米本弘志の居場所を聞き出すのは、当分無理だろう。救急車で応急処置をすませた後のことになる。そのあいだに、追手は米本弘志に迫る。郷津は、何か米本の居場所について、手がかりを残していないだろうか。

壁の業務連絡用ホワイトボードにもそれらしき記述はない。デスクのメモパッドも同様だ。デスクの左手の壁には、タイヤ・メーカーの大判のポスターが二枚。その横には、キャンピング・カーのポスター。

デスクトップのPCは、電源が落としてある。さっき津久井たちを追い出そうとしたとき、郷津は自分も間違いなく事務所を閉めて出るつもりだったのだろう。

警察車のサイレンの音が聞こえてきた。それも、一台ではなく、二台のようだ。本部への通信前にこちらに向かっていたはずの機動捜査隊が到着するのだろう。ということは、あの日産マーチを、機動捜査隊は石山通り上では確保できなかったということか？　やつらは別の道を使った？　逃げおおせた？


佐伯がもう一本電話をかけようとしたときに、彼の携帯電話が着信音を鳴らした。

佐伯は発信もとを確かめてから、耳に当てた。

「工藤だ」と相手は名乗った。「何人かのもと同僚たちに、協力者情報が漏れていると注意喚起してるんだが」

声の調子は、さほど暗くはなかった。とりあえず、御礼参りは昨日きょうの三件に留《とど》まっているのだろう。

「札幌の裏社会じゃ、もうこの御礼参りの件が話題だ。赤松の事件は、まだ被害者名すら発表されていないのに、旭川の政仁会幹部をはめた男が死んだと噂になってる」

「裏社会というのは、誠志会ということですか？」

「だけじゃない。対立してる組まで含めて」

「誠志会がやった、という噂にはなっていないんですか？」

「それしかあるまいと、したり顔で言っている連中はいる。だけど、知ってるかと思うが、誠志会の幹部はいま、大半が名古屋に行っている。平の組員たちは、誠志会がやったんじゃないと、否定に必死だそうだ。機動捜査隊はまだ、ヒットマンたちを確保していないのか？」

「まだ情報は入っていません。それより、警察情報の漏洩もとが絞られてきました」

「やっぱり現職からか？」

「いえ。定年になった捜査員です」

工藤は落胆した声を出した。

「トンズラずみなのか。懲戒免職にはできないな」

「ひとつ工藤さんにお願いしたいことがある。いったんブラックバードまで戻ってもらえませんか」

「十五分で戻る」

佐伯は、工藤とのやりとりをその場の面々に伝えた。

そこにまた電話だ。こんどは津久井からだった。

「郷津誠司が、襲われました。いまは意識不明ですが、助かるようです」

「例のヒットマンたちか？」

「そうです。倶知安の田舎家を確かめた上で、札幌に戻ったんでしょう。だましたと郷津に報復、米本の居場所を聞き出したようです。一瞬の差で、逃げられました。うちが追っています」

「米本の居場所は、お前たちはまだ把握していないのか」

「郷津の容体が回復しないかぎり、聞き出せそうもありません。情報漏洩の線のほうから、ヒットマンたちの素性はわかりませんか？」

「漏洩もとは浮上してきた。これからそっちを調べる」

「手がかりがあれば、流してください。以上です」

「おれが上司みたいな言い方はやめろ」

「そういうようなことです」

「わかった」

携帯電話を畳んで、佐伯は郷津誠司が襲われたことを伝えた。彼は意識不明。たぶん米本の居場所を、ヒットマンたちに明かしてしまっている。機動捜査隊がその連中を追っている。

百合が、隅のほうのテーブルでノートパソコンから顔を上げた。

「郷津誠司は、仕事のかたわら、日本オートキャンプ・クラブの理事を務めています。北海道支部副会長」

「それがどうかしたか」

「米本家族を隠す場所のヒントがありそうな。郷津は、誠友自動車のホームページでも、キャンピング・カーの売買を業務の大きな柱に上げています」

「いいビジネスなんだろう」

「米本さんは、郷津さんもそうですけど、もともとそちらの志向があるひとじゃないですか。釣りやバーベキューが好きだったり、田舎家で遊んだり」

そういえばそうだ。彼の夢は、北海道内のリゾート地で、レストランかペンションを持つことだった。

佐伯は百合に訊いた。

「米本家族は、オートキャンプ場に潜伏したと言っているのか？」

「郷津誠司も、自営業者ですけど大金持ちとは言えない。妹夫婦をしばらくかくまうことになるとしたら、オートキャンプ場は悪くありません」

「米本のクルマはキャンピング・カーじゃない」

「オートキャンプ場には、コテージ併設のところもあります」

なるほど、たしかに。

「クラブの理事もやってるとなれば、郷津はキャンプ場とのつきあいもあるだろう。郷津自身がキャンピング・カーを持っているかもしれないな」

佐伯は新宮に身体を向けた。

「郷津誠司の家族を調べてくれ。米本晴子の実家でわかるだろう」

いままで、義理の兄貴、つまり郷津誠司のその家族までは視野には入っていなかった。しかし郷津誠司が襲われて意識不明となれば、郷津の家族にも捜査への協力を求める必要が出てくる。

新宮が言った。

「チーフがあちこち電話しているあいだに、確かめておきました。郷津誠司の住所、家族、わかりますよ」

「かみさんに電話してくれ。郷津誠司は、キャンピング・カーを持っていないかどうか。よく行っているキャンプ場はどこか」

「はい」と、新宮はうれしそうに自分のスマートフォンをテーブルの上に置いた。

「襲われたという情報が入っているかもしれない。言葉づかい、気をつけろよ」

「知らないようであれば？」

「おれたちが報《しら》せることはない」

「待って」と百合が言った。「その電話はわたしが」

新宮が、どうしましょうかという顔を佐伯に向けた。佐伯はうなずいた。たしかにここは、女性警官であり、現場経験も長い百合にまかせるべきところかもしれない。

新宮が百合に郷津誠司の家庭の固定電話番号を伝えた。百合はそれを自分の携帯電話に入力してから、ふっと顔を上げて深呼吸した。

佐伯たちが注視する中、百合が電話で話し始めた。

「郷津さまのお宅ですか。北海道警察大通署の小島といいます。あ、これから病院へ？」

すでに機動捜査隊か刑事部のほうから、郷津が襲われて病院に搬送されたという情報は入っていたようだ。少し気が軽くなる。

「お取り込み中のところ、まことに恐縮です。この件でひとつだけ、奥さまに確認いたしたくて。はい、誠司さまの妹さんご家族のことです。その関連なんですが、ご主人はもしかしてキャンピング・カーなどお持ちではありませんか？」

百合が佐伯に顔を向け、左手の指で、オーケーのサインを作った。やはり持っていたのだ。

「そのクルマはいま、どちらに？」

「あ、茨戸《ばらと》ですね。茨戸川に面している。はい、連盟が作ろうとしている施設。はい。はい。はい、こんなときに、ご協力ありがとうございました。失礼いたします」

通話を終えると、百合は佐伯たちに顔を向けた。

「郷津誠司はキャンピング・カーを持っていた。マツダ・ボンゴベースのクルマで、いま茨戸川近くのキャンプ場にある」

茨戸川というのは、かつての石狩川の本流だ。洪水対策で石狩川のショートカット工事がおこなわれたとき、大きな蛇行跡が、まるで湖のように静かな水面の川として残った。それが茨戸川だ。蛇行の内側が茨戸という地区であり、農業地帯である。

茨戸川に面して、いくつもの親水公園が作られている。多くのボートクラブがこの茨戸川周辺にクラブハウスを持っているし、練習にもこの川を使う。大きなスパもあれば、遊園地もあった。札幌市民の手近な行楽地のひとつだ。蛇行内側のもっとも東側にはゴルフ場もある。茨戸カントリー・クラブだ。

百合はいったん自分のノートパソコンに視線を向け、手早く何かの言葉を入力した。

「日本オートキャンプ・クラブが、来年茨戸カントリー・クラブの南側に、直営のキャンプ場をオープン予定。でももうキャンピング・カーは使えるようになっている。クラブ加盟の業者のショールームとしても使われている」

百合はノートパソコンのトラックボールを動かしてから言った。

「衛星写真がある。たぶんこれがそう」

佐伯たちは百合の陣取るテーブルに移動し、パソコンのモニターをのぞいた。

文字通り蛇がのたうったように、茨戸川がある。東側に石狩川の本流があるので、茨戸というエリアは、完全に水に囲まれていることになる。茨戸川の外側までは住宅地や軽産業地区が開発されているが、内側は航空写真で見ても、農地ばかりとわかる。一カ所、蛇行跡内側の東端に、ゴルフ場がある。

ゴルフ場周辺に、地名がいくつか表示されていた。茨戸川オートキャンプ場、という施設名表示もある。百合はカーソルを動かしてから、そのキャンプ場の表示を中心に画像をズームアップした。

茨戸川に接した雑木林らしきエリアの中に、ぽっかりと空いた場所がある。いつの撮影なのか、土木用重機が整地作業しているところのようだ。写真では、均《なら》された空き地は地面がむき出しと見えるが、ここにはたぶんもう芝が貼《は》られているのではないか。国道三三七号線、通称道央新道が、そのキャンプ場の南側を走っている。道央新道の脇道からそのキャンプ場まで、木立のあいだを抜けて湾曲する道路が通っていた。つまり公道からは、そのキャンプ場は目隠しされているのだろう。

百合が航空写真をもう一度ズームバックさせて言った。

「キャンプ場なら、一斉旅舎検の対象外。警察にも、居場所は把握されない」

佐伯は首を振りながら言った。

「米本に、心配しすぎだと言ってやれないのが残念だ」

佐伯は画面に目を向けたまま津久井に電話して、訊いた。

「どこだ?」

津久井が答えた。

「石山通り。南三十七条あたりです。市街地方向に向かっています」

「ヒットマンたちはどうなった？」

「逃げています。環状通りか、豊平川河畔通りに入ったか。手配中です」

「米本は茨戸川にいる可能性がある」

「そこに何か？」

「オートキャンプ場がある。郷津誠司は、そこに自分のキャンピング・カーを置いている」

「あ」と津久井が言った。「事務所には、キャンピング・カーのポスターが貼ってありました。売り物らしいキャンピング・カーも二台あった」

「郷津の趣味だろう。米本も感化されてる。場所は茨戸カントリー・クラブ南側。道央新道脇道から、キャンプ場に通じる道ができている」

「あのあたりにキャンプ場があったとは知りませんでした」

「正式にはまだ開業前のようだ。看板も出ていないんだろう」

「長正寺さんに報告したうえで、向かおうと思います。やつらがそこを目指しているとしたら、十分ぐらい遅れていますが」

「茨戸川周辺で、すぐに検問すべきだ」

「長正寺さんに伝えます」


長正寺は、津久井の連絡を受けて言った。

「向かえ。応援をやる」

長正寺の口調にはかすかに焦りが感じられた。いましがた部下の突入を制止したことで、またひとり市民に被害者が出たのだ。死んではいないが、意識不明。判断をミスしたかと、悩むのもわからないではない。

津久井は確認した。

「いた場合、身柄確保は、わたしたちの判断でかまいませんか」

一瞬の沈黙のあとに、長正寺が言った。

「やれ。だけど、絶対に無理はするな」

「了解です」

竹内が運転しながら津久井に目を向けてきた。

津久井は通話を切って言った。

「現場判断で突っ込む」

「もう米本への御礼参りは中止にして、遁走《とんそう》したかもしれない」

「その場合は、米本ファミリーを保護するだけだ。北署の応援に引き継いだところで、連中を追う」

竹内はウィンカー・レバーを下に倒して言った。

「途中まで、川っぺりを走ろう」

茨戸川は、札幌の北の端にある。市街地を抜けてゆくよりは、いったん豊平川沿いの自動車専用道に入って北に向かうのが早道だ。途中から創成川《そうせいがわ》通りに入り、真北へ。道央新道に入るまで三十分ぐらいだろう。

前方の信号が青になった。竹内は赤色灯を出し、警報音を鳴らして、信号が赤になりかけた南三十五条の交差点を右折した。期待するのは、ヒットマンたちが札幌に不案内で、この最短コースに入っていないことだ。

店に工藤隆二が戻ってきた。

「様変わりしてるな」と工藤が言った。「定年になったときも不景気だったけど、あれは一時的なものじゃなかったんだな。あの手の繁華街が衰退してるんだ」

佐伯は工藤隆二と長谷川哲夫を引き合わせた。歳《とし》が近いせいか、ふたりの雰囲気はどこか似通っていた。風采《ふうさい》のあがらないところも、頑固そうなところも、とびきり口の悪そうなところも。もしかすると、タバコの好みも一緒かもしれない。

長谷川が言った。

「パイが小さくなっている。少なく分け合うという発想は連中にはないから、これまで通りの羽振りを利かせようと思ったら、競争相手を減らすしかない。誠志会も必死だ。たぶん日本全国どこもそうなんだろうな」

工藤が訊いた。

「情報の漏洩《ろうえい》もと、見当がついたと聞いた?」

長谷川がうなずいた。

「たぶん薬師正弘。本部生安にいた」

工藤が目を丸くした。

「あいつか」

「知っているのか」

「卒業配置のときに、室蘭署の地域課で一緒だった。二年先輩かな」

長谷川が手帳を開いて言った。

「やつの携帯電話、調べた。行っていそうな場所も。やつに情報漏洩を認めさせれば、これ以上の御礼参りの被害拡大は防げる。誰に流したかがわかれば、黒幕も、うまくゆけば実行犯もわかる」

「やつだという読みの確度は？」

「状況証拠では、決まりだ」

長谷川は、自分の読みと、ついさっき熊谷が話した事情を工藤に対して繰り返した。

聞き終えてから、工藤はいまいましげに言った。

「組織の要求に応えようと、郡司はその原資を作るために覚醒剤《かくせいざい》の密売買に手を染めた。薬師は、警務情報を売ってマル暴情報を買ったということか」

「警務情報を密売していた。本人が認めるかどうかはわからない」

「警務部も事情を知っていたということになるが」

「協力なしにはできることじゃない」

佐伯が提案した。

「三人で、薬師に会いに行きましょう」

視界の隅で、新宮が不満そうな顔をしたのがわかった。佐伯はあわてて言いなおした。

「ここにいる野郎四人で」

小島百合の反応は無視した。荒っぽいことになるかもしれないし、そもそも任務外、合法性のないことをしようとしているのだ。女性警官はその場にいるべきではない。たぶん百合も自分の判断は理解してくれるだろう。

工藤が長谷川に訊いた。

「居場所も、見当はついているんですよね」

長谷川がうなずいた。

「ススキノのミュージック・パブ一軒。それにシガー・バー。どちらからしい」

「定年退職して、シガー・バーに通うようになるもと警官がいるのか」

佐伯も長谷川に訊いた。

「店の名前は？」

「パブが、クールノート。シガー・バーはアンドリュース・クラブ」

前者は、専属の黒人男性シンガーが歌うことで有名な店だ。後者は、葉巻が喫《す》えるというだけではなく、湿度管理された部屋に多くの葉巻をストックしてあるということでも、札幌のスノッブな男たちに知られている。どちらも佐伯は入ったことがない。ただ、たしかに平警官のまま定年を迎えた男が、その後簡単に通える店ではないだろうと想像がつく。そして佐伯が耳にしている限りでは、どちらの店も暴力団は経営には関わっていない。

佐伯が百合のほうに顔を向けた。彼女はちょうど入力を終えたところだ。

「クールノート、電話番号わかりました。きょうはこのあと、九時からライブ」

佐伯は百合のうしろに回って、モニターを見た。クールノートのホームページが表示されている。佐伯はそのサイトから電話番号を自分の携帯電話に登録した。所在地は承知していた。

百合が次にアンドリュース・クラブの紹介サイトを呼び出した。店のホームページではなく、バー情報が集められている評価サイトだった。こちらからも、電話番号を登録した。

「行こう」と長谷川が言った。

佐伯は、ちょっと待ってと長谷川に手で合図した。

「無駄足にならないよう、どっちにいるか確かめさせます」

「誰に？」と長谷川。

「ススキノの情報通に」

佐伯は携帯電話の通話ボタンを押した。

相手が出ると、佐伯は先方にしゃべる余裕を与えずに言った。

「さっきの件だ。黙って聞いてくれ。ミュージック・パブのクールノートか、シガー・バーのアンドリュース・クラブのどちらかに薬師がいるらしい。いたら電話をくれないか。メールでもいい。いたらおれが行く」

相手が不審そうに言った。

「ずいぶん一方的に言うけど、見返り期待していいんですか」

「聞いてくれれば、何がお前の取り分かわかる」

少しの沈黙のあとに、相手は言った。

「じゃあ、確かめてみますよ」

「欲しいのは伝聞じゃない。あんた自身の確認情報だ。店にじっさいに行ってみてくれ」

「少し待ってください」

「十分以内に」

通話を切ると、佐伯は長谷川と工藤に言った。

「近いけど、ススキノまで営業車で行きましょう。途中で電話が入る」

正式の公務ではない以上、捜査車両も使えないのは仕方がなかった。二台に分乗してゆくことになる。

佐伯は長谷川たちに、通話の相手について説明しなかった。彼はほんとうにススキノの情報通だが、警察と親しい男ではなかった。本部のマル暴捜査員の誰の協力者でもないだろう。今夜、結果として佐伯の協力者になるはずであるが、いまこの瞬間は、自分の知人のひとりにすぎない。

新宮も立ち上がった。

佐伯は男たち三人に言った。

「薬師に会うとき、ひとつだけ注意。殺された三人のことは事実だけど、米本のことは何も知らない。そういう建前で」

承知したというように、三人がうなずいた。

店を出るときドアの前で振り返ると、百合が苦笑している。何も言わずに外に出てゆく気なの？とでも言っている顔だった。

「助かった」と佐伯は百合に礼を言った。「おれたちが遅くなるようなら、帰っていい」

百合は首を横に振った。

「米本若菜ちゃんの保護は、わたしの仕事だわ」

そうだった。百合は単なるボランティア参加ではなかった。自分自身の義務と責任として、今夜この店にいるのだった。帰っていいと、佐伯が指示できることではない。

佐伯は、では待っていてくれ、の意味をこめてうなずき、店を出た。

札幌市街地から七、八キロメートルも北に走って、ようやくこの創成川通り周辺も人工の灯《あかり》の密度が薄れてくる。戸建ての住宅街はこのまったく起伏のない平野上に、薄くパン生地を展《の》ばしたように広がっているが、目立つ大型の建築物や施設はほとんど見当たらなくなる。規則的な間隔で並ぶ街路灯のほかには、ときおり現れるコンビニエンス・ストアの灯、交差点近くのガソリンスタンドの照明が目につく程度だ。一般住宅の窓の灯は、それらよりもずっと小さくつつましい。

いま津久井たちの乗る覆面パトカーは、サイレンを鳴らし、赤色回転灯をルーフに乗せて疾走している。竹内は、交通量も少なくなった路上で、ときおり追い越し車線をのんびり走るクルマの後ろにぎりぎりまで接近して進路を空けさせ、追い抜き、追い越しを続けている。

ここまで、まだ検問には出くわしていない。長正寺は刑事部長を通じて所轄や本部交通機動隊にも応援を要請したはずだが、間に合っていないのだろう。つまりヒットマンたちは、郷津の中古自動車販売店を出たあとは、いっさい警察に邪魔されることなく、目的地に向かっているわけだ。自分たちはいま、たぶん三分か、ひょっとしたら五分遅れて、彼らを追尾している。米本家族の潜伏先と見られる場所へ向かっている。

郷津誠司が、津久井がためらっていたほんの数分のうちに痛めつけられ、潜伏場所を明かし、最後には意識不明の重体となったことを考えれば、この時間差は大きい。へたをするとまたひとり、最悪の場合は三人の被害者が出るのだ。

竹内が、道を空けた一台のトレーラー・トラックを追い越した。パトカーがトラックの前に出てから、津久井は腕時計を見た。午後の八時二十分になっていた。

竹内がふいに言った。

「函館の件が気になるな」

「どうして?」と津久井は訊いた。

「赤松の殺害犯は、釧路から飯森って被害者のクルマで小樽に入った。小樽のケースは確実に複数犯。郷津を襲ったのも、ふたりだった。まず間違いなく赤松殺害と同じ連中。だとして、釧路と同時刻、函館で為田という男を殺したやつは、いまどこにいるんだ?」

津久井は考えをまとめながら言った。

「ひとつの可能性。小樽で釧路の殺害犯と合流した」

「ということは、釧路と函館、両方とも単独犯か。赤松殺しを共同でやるなら、どうしてわざわざ釧路、函館は単独でやったんだ?」

「ほぼ同時にやることが必要だったんじゃないか」

「理由は?」

「組織力をアピールするため。それとも、計画立案から実行まで、時間がなかった。ばらばらに、同時にやらなければ間に合わなかった」

「例の放免祝いに向けて、という意味か」

「タイミングは合う。あるいは」

「なんだ?」

「指示した者が、ふたりの男に競わせた」

「そうしなければならない理由は?」

「三人の当事者が、お互いにお互いを信じていないから」

「殺人サイトあたりで出会った三人のようにか」

「それぞれの成果を確かめてから、あらためて赤松淳一殺しが指示されたのかもしれない。共同でやれと」

そのとき津久井の携帯電話が鳴った。長正寺からだ。

「どこだ?」

前方に目をこらしながら、津久井は答えた。

「屯田《とんでん》六条を越えました。茨戸川まで、あと五キロぐらいかと」

「応援はいま北三十五条」ということは、三分ぐらいの差ということになるか。「クラブに電話で確認した。キャンプ場には、いま五台のキャンピング・カーが置かれているそうだ」

「管理事務所はあるんですか?」

「ない。開業は来春だ。ただし、排水も電気も、設備の工事は終わっているそうだ」

「いま利用客がいるんでしょうか?」

「いや。停めてあるだけ。郷津のクルマは、いちばん奥。白くて、横腹に欧文でワイルドギースと書かれているそうだ」

津久井は念のために、もう一度確認した。

「人質救出と確保は、現場判断でかまいませんね」

しかたがない、という調子の声が返った。

「ああ。だけど、できれば待て。三分で合流なんだ」

さっき郷津の事務所では、それで失敗した。ひとり重体の被害者が出たのだ。こんどは小さな子供もいる可能性が大だ。同じ失敗をするわけにはゆかない。

津久井は言った。

「救出、保護を最優先にします」

「いいだろう。もうひとつ情報だ。函館の病院で、不審者のものと思われる指紋が採取された。為田の車椅子に残っていた。岡山県警のもと警察官、水橋幸也《みずはしゆきや》って男のものだった」

「もと警官ですか」

「不祥事で、懲戒免職になった巡査部長だ。気をつけてくれ」

「はい」

津久井が通話を終えると、竹内がまた少し強くアクセルペダルを踏み込んだ。

8

佐伯たち三人は、繁華街ススキノの入り口にあたる通称ススキノ交差点までできた。ブラックバードからおよそ七百メートルの距離だ。

ススキノとは、かつての遊廓《ゆうかく》跡・薄野を中心に広がった歓楽街で、東京で言えば歌舞伎町《かぶきちょう》にあたるエリアだ。札幌市内で店舗型の風俗営業が認められているのもこのエリアだけだった。当然のことながら、暴力団の事務所もこのエリアもしくはその周縁に集中している。必然的に犯罪も多く、道警の大通署はこの地区に、署直轄の大型派出所を置いていた。建物は四階建てで、北海道内の派出所としてはもちろん、全国的にみても最大級の規模の派出所である。

長谷川が、薬師正弘の居場所としてつかんだミュージック・パブは、そのススキノでも南、中島公園寄りの深いところにあり、シガー・バーのほうはススキノ交番から一ブロック南の雑居ビルの一階にある。薬師がどちらにいるにせよ、とりあえずススキノ交差点からは近い。

十月末近いこの日、日没後には気温もかなり下がっていた。プラス十度前後だろうか。佐伯は三日前からコートを着るようになっており、いまも交差点の信号待ちで、あらためてコートの胸をかき合わせた。

ポケットに入れた手の中で、携帯電話が震えた。メールの着信だ。取り出すと、つい十分前にも電話した相手から送られてきていた。

「アンドリュース。女と一緒」

佐伯は左手を歩くふたりの先輩捜査員たちに言った。

「薬師は、アンドリュース・クラブです。女と一緒だとか」

交差点の信号が青となった。歩きだした長谷川が、さっきと同じことを言った。

「定年退職したもと警官が、なんでシガー・バーなんかに通えるんだ？」

工藤が言った。

「もとから葉巻好きだったんだろ」

「やつは、ずっとハイライト喫《す》ってた」

交差点は、かなりの賑《にぎ》わいだ。サラリーマンふうから、カジュアルな格好をした青年たちのグループ、カップル、観光客などが、一様に上気した顔で歩いている。全体の流れはススキノに向かっているが、ススキノ方向から大通公園方向へ向から通行人も少なくない。

佐伯たちは交差点を渡りきってススキノに入り、駅前通りをさらに一ブロック歩いてから、その店のガラスドアの前に立った。あたりには強く葉巻の匂《にお》いが漂っている。つい数年前までは、ここには焼き肉の匂いが濃厚に漂っていた。焼き肉店があったのだ。シガー・バーのオーナーは、その換気設備が気に入って、その店の後に入居したのかもしれない。

間口が二間ほどの店だった。ガラスドアごしに中を見ると、いくらかクラシカルな造りのカウンターがある。カウンターの中のバーテンダーたちは、白いシャツにグリーンが基調のタータン・チェックのベストを着ていた。三人いて、ひとりは若い女性だった。

店全体ではおそらく、イギリスの酒場を模しているのだろう。ただしパブではなく、もっと高級な、中流階級以上の男性客を相手にしたようなクラブのイメージ。

佐伯はドアを押して、店に入った。葉巻の匂いがいっそう強く鼻を刺激した。中は奥に細長い造りで、手前左側にカウンター・バーがある。四、五人の上等のスーツを着た中年男たちが、立ったまま葉巻をくゆらしながら談笑していた。カウンターに肘《ひじ》をついたり、バーに片足を乗せたり、そのポーズや表情を見ると、この店では客の側にも振る舞いマニュアルがあるのかと思えた。

四人全員が店に入ると、カウンターに着いて葉巻を喫っていた客たちが、何だ、という顔になった。店には明らかに異質な男たちが入ってきたのだ。カウンターの中でもバーテンダーのふたりが驚き、ひとりは露骨にいやな顔を見せた。

薬師の姿はない。奥の席なのだろう。佐伯たちが奥へと進もうとすると、黒いパンツスーツ姿の女性が姿を見せた。短めの髪を、ぴったりと頭になでつけてまとめている。一流ホテルのマネージャーという雰囲気がある。四十歳くらいか。

女が佐伯たちの前に立ちはだかるように止まって言った。

「何かご用ですか？」

佐伯は警察手帳を見せて言った。

「奥の客に」

「営業中なんですが」

「迷惑はかけない。すぐに終わる。相手次第だけど」

「騒ぎは困ります」

「しないって。どうしても入店拒否か？」

マネージャーふうのその女性は、唇をへの字にかんで道を空けた。佐伯たちは、客たちの好奇と嫌悪の空気を無視して、奥へと進んだ。そちらは独立した部屋のようなしつらえとなっており、中央に通路、その両側にボックス席がふたつずつだ。ボックス席のテーブルと椅子《いす》のデザインは、左右でそれぞれ異なっていた。

壁のスピーカーから小さく流れてくるのは、オペラの女声アリアだ。佐伯にはその曲が何かわからなかった。なんであれ、ＢＧＭだ。

右手手前のボックス席、入り口側に顔を向けている男がいる。初老で角張った顔立ち、豊かな髪には整髪剤がたっぷりとつけられているようだ。薬師正弘だろう。雰囲気は、裏稼業で生きている男に特有のものだ。退職した地方公務員とは見えない。

その隣りには、ホステスふうのみなりの三十歳前後の女。薬師は右手を女の肩に回していた。左手には葉巻だ。同じボックス席で薬師の向かい側には、若い男がいた。薬師のうしろのボックスにはひとつ、男の後頭部が見える。

薬師は、佐伯たちの出現に驚いたようだ。視線が素早く店内をめぐった。

佐伯は新宮に言った。

「ここにいろ」

ボックス席のあるスペースと、カウンター・バーとを分ける場所だ。

「はい」と新宮は素直に答え、その場に両足を開いて仁王立ちとなった。

薬師たちの席の横で足を止めて見下ろした。

佐伯は薬師にも警察手帳を見せた。薬師は女と向かいの席の若い男に向けて、顎《あご》を振った。低い声で、行け、と指示したかもしれない。女と若い男が立ち上がった。若い男は、ホストのような黒っぽいスーツ姿だった。

そのふたりが立ち去ると、長谷川が向かいの椅子、薬師の真正面に腰を下ろした。

「覚えているよな」

薬師は面白くなさそうにうなずいた。

佐伯は長谷川の隣りに腰を下ろした。

薬師の隣り、いま女がいた席には工藤が腰かけた。

「おひさしぶりです、薬師さん」

薬師は工藤をじろりと睨《にら》んで、葉巻をくわえた。

長谷川が、正面からその葉巻に手を伸ばして取り上げると、薬師のタンブラーに突っ込んだ。葉巻は酒につかって、ジューッという音を立てた。薬師の目が吊《つ》り上がったが、それは一瞬だった。

「愛想がないぞ」と長谷川が言った。「定年後、しばらくぶりなのに」

「何の用だ？」と薬師が初めて声を出した。

佐伯はテーブルの上に少し上体を倒して言った。

「公務じゃないから時間はかけない。おれたちは、自分たちのエスの身を案じている。理由は見当つくよな」

相手がずっと年長であることも、職場のずっと先輩であることも、あえて考慮しなかった。もしすれば、逆に言葉は皮肉となったにちがいない。正直な気持ちとしても、とても敬語など使う気にはならなかった。この男はすでに、あちらの世界の住人。互いに絶対相容《あいい》れない立場の者同士として、向かい合えばよいのだ。

　また、ススキノの裏社会では三件の殺人のことがもう話題になっているという。とうぜんもと警察官である薬師も耳にしているだろう。事情についてくだくだしく説明する必要はないはずだった。

　薬師は黙って佐伯を見つめてくる。即座に否定しなかった。この沈黙がなにより雄弁な告白だ。

言え、と言いかけたときに、薬師が口を開いた。

「知らん。なんのことだか」

「遅いぞ」と、長谷川が言った。「時間がない。ごまかさずに、正直に言ってくれ。あとお前が漏らしたのは誰だ？　なんという捜査員の、なんというエスの名を漏らした？」

「知らんって」と、薬師は長谷川に顔を向けた。「何か犯罪容疑でもかかっているなら、さっさとぱくれ」

　工藤が横から言った。

「時間がないんですよ、薬師さん」

　彼は自分の先輩として丁寧語を使っている。

「おれたちは、先輩を逮捕しようとも起訴しようとも、公判にかけようとも思っていないんです。ただ、エスを守りたいだけ。あと誰を売ったのか、教えてください。法律の問題じゃありません」

「知らないって」と、薬師は工藤に顔を向けて言った。

「遅いって」と、長谷川がまた鋭く言った。「お前が情報を漏らしたことは、わかっている」

「証拠でも？」

「公判にはかけないと言っているんだ。必要あるか？　それとも」長谷川の声が少し低くなった。

「あくまでも法律を楯《たて》にしてくるか。なら、こっちも考える。とことん法律の埒外《らちがい》でやるぞ」

薬師は、長谷川の視線を受け止めている。長谷川の、つまりかつて警務で職員の監察を担当した男の言葉がどれほど本気か、それを見極めようとしていた。

「あんたたちにできるか？」

「できないと思うか？　そっち側にいってしまったくせに」

また沈黙。

工藤が言った。

「立件しないと約束してるんです。話してください。これ以上、エスを殺させない」

佐伯があとを引き取って畳みかけた。

「あんたが誰を売ったかさえ話せば、引き上げる。二度とあんたの前には現れない」

薬師が佐伯に視線を向けた。かすかに微笑。鼻で笑ったのかもしれない。ならば、もっと強く出るしかない。

「もしこれで協力者が殺されることになれば、おれは警察手帳返上しても、やるべきことをやるよ。どういう意味か、あんたはわかっているよな」

私的制裁を匂わせたが、もちろんいまこの時点では脅しだ。しかし薬師は、それが実行される可能性について、素早く吟味したことだろう。じっさい暴力団とマル暴担当捜査員とがしばしば激しく衝突するような県警では、法の外での制裁、処罰が秘密裏に行われている。もちろん殺人には至らない。捜査員に対して、あまりにも不誠実な、思い上がった対応をする暴力団員を、入院せずにすむぎりぎりのところで痛めつけるのだ。柔道の稽古《けいこ》で、生意気な下級生を気絶させる程度。そしてこの実行には、べつの県警の強者《つわもの》が応援にあたる。黙認されているわけではないから、けっして公になることもないが、暴力団はその正体不明の者たちによる制裁が誰によるものかを疑うことはない。

つまりは、私的制裁の外注。いや、往々にしてそれは貸し借りの関係となるから、交換制裁と言ってもよいのかもしれない。佐伯は思わず微笑していた。この一連の協力者への御礼参りも、それと似た方式で行われているのだ。誠志会とは無縁の男たちが、誠志会を売った男たちを殺し、片一方で売られた暴力団員は、べつの県警の管轄下で抗争の助っ人を引き受ける。

薬師が視線をそらした。佐伯は、それがいまの自分の微笑のせいだと気づいた。この場面での微笑は、たしかに相手にとっては気味が悪いことにちがいない。

長谷川が言った。

「もう情報を漏らしたことは認めてしまったようなものなんだ。あと誰を売った？　それを教えてくれ。まだ間に合ううちにだ」

工藤が言った。

「定年になったんです。好きに生きたらいい。だけど、おれたちのエスを売るのはやめてくれませんか。助けられるタイミングなら、止めてくださいよ。薬師さん」

薬師が、工藤に言った。

「たかがエスのことだぞ。なんで警官が心配しなきゃならないんだ？」

佐伯は、こつりとテーブルを叩《たた》いて言った。

「みな、警官個人を信じて協力者になった。警察に使われたんじゃない。警官ひとりひとりとの、信義の問題だよ。見捨てることはできない」

「誰だ？」とまた長谷川。「あと、誰を売った？」

薬師は天井を見上げ、柔らかい椅子の上で腰をもぞもぞと動かしてから、口を開いた。

「米本弘志」

覆面パトカーは、札幌の北端にあたる住宅街の中を疾走している。

このあたり、かつては畑作農家が散在する農業エリアだった。札幌市の人口増加に伴い、次第に市街地中心から住宅地が広がってきて、いまは築年数もさほど古くはない戸建て住宅やアパートが並ぶ住宅街となっている。中高層の集合住宅は少ない。平坦地ではあるし、道路は直線で、正確な格子状に整備されている。もともとは畑地だった地域だから、木々は少なく、札幌の西や南の住宅地に較《くら》べると、殺風景にも見える。この幹線道路から西に五百メートルも離れると、そこはまだ農業エリアとなる。市街化調整区域だ。住宅地は開発されていない。

道路が行く手で左にカーブしていた。あのあたりで、道は茨戸川の南側を渡ることになる。

津久井が、交差点の信号に表示された地番を読んだ。

「東茨戸一条」

竹内が、緊張を隠さぬ声で言った。

「ここまで検問にぶつからなかった」

「手配が間に合わなかったんだろう」

「やつらはもう着いているな」

「時間的には十分。ほかの道を使ったかもしれないけど」

そのとき方面本部系無線機から、男性の声が流れてきた。

「緊急手配です。緊急手配です」

津久井たちは意識を無線のスピーカーに向けた。

「午後八時三十分、伏古《ふしこ》拓北《たくほく》通り拓北変電所前で、不審車両が検問をかわして逃走しました。白い日産マーチ。番号は確認できていません。手配の釧路ナンバー車の可能性があります。当該車両は、道央新道方向に向かいました。東署交通課が追跡中です。繰り返します……」

竹内が言った。

「連中だ。そのクルマは、津久井たちとはちがい、そのキャンプ場に東南方向から向かっていることになる。やはり地理には不案内なのだろう。よそ者たちだ。地元の誠志会組員ではない。

「おれたちの少し先を行ってることになるのか？」

津久井は札幌の東署管内の地図を思い描きながら言った。

「時間的には、どっこいどっこい」

「マックスで走るぞ。一分遅れても、危ない」

竹内はたちまち覆面パトカーを時速九十キロまで加速した。

長正寺から携帯電話が入った。

「聞いたな？」

「はい」と津久井。

「どこだ？」

「東茨戸。いま茨戸川南を渡りました」

「うまく行けば、先に着けるかな。頼むぞ。おれたちは、三分遅れだ」

「了解です」

竹内は、なおアクセル・ペダルを踏み込んでいる。たぶんもう時速百キロは超えた。覆面パトカーは完全に住宅地を抜けて、ほとんど人工の灯もない農業エリアに入った。

薬師の答は、想定していたものだった。

米本弘志。

現に米本家族が失踪《しっそう》し、追手が迫っているのだから、薬師が売った協力者の名のもうひとつは、米本弘志であることが確実だった。

しかもこの答は、ほかの三人についても自分が情報を漏らしたのだと、全面的に自供したに等しい。警察情報、それも警務部の監察記録を売ったのだと。

長谷川が、ふうっと長く息を吐いた。工藤は、大きくかぶりを振った。ふたりとも、ほんとうは薬師が全面否定してくれることを期待したのかもしれない。

佐伯は、それがまったく意外な答だったと装った。

「おれの協力者だ」

携帯電話を取り出して、その場に立った。

米本弘志の番号にまたかけたが、案の定まだ電源は切られたままだ。

佐伯はべつの番号に発信した。

「どうです?」と、百合の声。

「米本弘志だった」と佐伯は、百合が適当に話を合わせてくれることを期待して言った。「米本が危ない。連絡取れるか」

「ええと」百合はとまどいながらも言った。「念のためにしてみます」

「そうなんだ。米本は助かる。なんとか、保護できる」

「まだ津久井さんからは連絡はない？」

「ない。そっちにも？」

「ええ」

「とにかく、ぎりぎりで助けることができたようだ。そうなんだ。協力してもらった」

「わたしは、あと何を言えばいい？」

「ご苦労さまと」

「ご苦労さま」

通話を切ってから、また椅子に腰を下ろした。顔には、安堵《あんど》と見えるはずの表情を作った。薬師に、いまこの状況を誤解させるのが狙《ねら》いだ。自分たちの対立は終わった、すでにこの場の全員には同志的な連帯があるのだと。それが無理ならば、少なくとも同じ組織で働き、同じ釜《かま》の飯を食ってきた者同士の親しさはあるのだと。

「ほかには？」と佐伯は薬師に、感謝の気持ちすら感じ取れるような口調で訊いた。

「いない」

「絶対に？」

「もらえたデータは四人分だった」

もらえた……。

失言だ。でもいまそこに突っ込むべきではない。失言を悟らせてはならない。

薬師が言った。

「十分だろ？　もうおかしなことは考えないでくれよな。同じ警官《マッポ》だった者同士の信義だからな」

佐伯は薬師の言葉に、何を？　と反応するところだった。そういうことになるか？　このもと警官とおれとは、ほんとうにそういう言葉でひとくくりにされるだけの仲なのか？

長谷川が言った。

「さっき言ったことは忘れてくれ。協力してくれないなら、ということだった」

「むかついたけどな」

「だけど、どうしてまたあんたは、一課長にそんなに可愛《かわい》がられたんだ？」

もう追及口調ではない。危機を乗り越えて、雑談に入ったのだという調子。

「知るか」薬師も、答えたことで緊張が解けたのかもしれない。鼻で笑うように言った。「おれの情報が、それだけ価値があったということだろう。内のも、外のも」

二得点目。薬師は、警務一課長との関係を認めた。情報漏洩《ろうえい》のラインが、完全につながった。

佐伯は薬師に訊いた。

「あの情報、誰からのものです？」こんどは敬語を使った。「そうとう内部に入り込んでいなければ、取れなかったでしょう。マル暴捜査員でも取れなかった情報だ」

「取引きしたんだ」薬師の声は得意そうだ。「いい勇久会情報をやるから、代わりに誠志会を売ったエスの名前を教えろ、と向こうは言ってきた」

「大曾根徹男？」

「あいつはそのころ、もう服役していた。留守を預かってる若頭だよ」

工藤が確かめた。

「加治木《かじき》か？」

「ああ。大曾根の秘密口座を知っていた。これで勇久会の幹部をぶち込めるんじゃないかと、渡してくれた」

「勇久会に知れたら、ことじゃないですか」

「下克上ってやつだろ。上がどんどんパクられて、そして誰もいなくなったってところで、若手の実力者に上席が用意される」

「こんどの御礼参りも、そういう流れの中のことですか」

「一石二鳥。御礼参りで、誠志会の余計な情報を流すやつはいなくなる。殺人の捜査で、誠志会幹部が調べられればそれはそれでいい。誠志会を握って、一の字の中枢を狙うってことだったのかもしれない」

「たしかに」長谷川が感心したように言った。「そういう情報との取引きなら、警務のほうでも便宜をはかりたくなるな」

薬師は長谷川のかけたカマを否定しなかった。

佐伯は立ち上がって言った。

「協力してもらえて、助かりましたよ」

薬師は、また尊大な調子になって言った。

「あまりおれのそばにしゃしゃり出てくるな。若造が、目障りだ」

若造か。彼からはそう見えるだけの歳《とし》の差だが。

佐伯は慇懃《いんぎん》に言った。

「こっちも、できるだけ距離を取りますよ。あんたから匂ってくるのは、葉巻だけじゃない。腐ったハラワタの臭《にお》いですから」

「何？」

薬師の目がこんどははっきりと吊り上がった。いまにも立ち上がって胸ぐらでもつかんできそうに見えた。

そのとき、薬師の真後ろにいた男が、ソファから腰を上げた。クラブのピアノ弾きを思わせる、細身のストライプのスーツを着ている。長髪で、無精髭《びしょうひげ》と見える程度に髭を伸ばしていた。三十代なかばの優男だ。

薬師がその男の顔に目をやると、怪訝《けげん》そうに眉《まゆ》をひそめた。

優男は、通路に出てすっと店の入り口のほうに向かっていった。新宮が脇を空けて、その優男を通した。

「誰だ？」と薬師が佐伯に訊いてきた。

いまの会話が聞かれていたことは、わかったのだろう。

佐伯は答えた。

「フミヤ、って呼ばれてる男さ」

漢字でどう書くかは知らない。佐伯は彼の名字も知らなかった。クラブのホストやモデルなどが、この手の名乗りかたをする。新しいタイプの詐欺師か、ヒモか、というのが佐伯の判断だ。ただ、米本弘志がかつて教えてくれた情報では、彼はひそかに勇久会とつながっている。もっとはっきり言うなら、フミヤという男は、勇久会のエスだ。それも誠志会経由の協力者ではなく、直接勇久会幹部とつながるエス。

その情報は、薬師も耳にしていたのかもしれない。薬師はぽかりと口を開けた。少し青ざめたようにも見える。

「貴様」と、狼狽《ろうばい》もあらわに薬師は言った。「おれをはめたのか？」

「何も。逮捕も立件も送検もしないと約束した」

「おれは、殺されるぞ」

真顔だ。その言葉には、ほんのわずかの誇張も修辞も感じられなかった。

佐伯は肩をすぼめた。それはお気の毒だ。

長谷川が、冷やかな笑みで言った。

「そのときは、道警はきっちり捜査するさ」

薬師が長谷川に顔を近づけ、訴えるように言った。

「冗談じゃない。加治木も、おれも、殺される。それをじっさいにやるぞ、あそこは」

「退職したおれに、何をしろと？」

「助けてくれ」

工藤が言った。

「薬師さん、ひとつだけ、逃げる手がある」

「何だ」と、薬師は工藤に顔を向けた。

「留置場に入れ。保護される」

「馬鹿な」

十分だ。佐伯は長谷川と工藤をうながした。

「行きましょう。米本のことが心配だ」

三人は立ち上がった。薬師は、ソファに腰掛けたままだ。おのれの失態を悟って、衝撃に腰も抜けたか。顔からも完全に血の気が引いていた。

この男はほんの一瞬であれ、目の前に現れた男たちが、自分の同類と勘違いした。同じ側にいて、同じ価値観を共有する男たちと誤解した。だからおのれの成功と世渡りの上手さをつい自慢したくなった。それがうらやまれているはずと。あいにくとかつてのお前の組織に働く男たちの大半は、お前が手にしている程度の果実などにはまったく幻惑されない。葉巻も高いスコッチも、それがどうしたという程度のものでしかない。警官がみな、お前と同じものに恋焦がれ、そのためなら警官の道など踏み外してもいいと考えているなんて、どこでそう思い込んだ？　定年までのほぼ四十年間、貴様はそばに自分と同じ種類の警官しか見たことがなかったのか？

カウンター・バーとボックス席スペースとのあいだで規制線代わりになっていた新宮が、微笑して通路を空けた。

「聞こえていました。案外素直でしたね」

「おれたちも、カネになびくと思ってしまったんだろ。いずれ味方にできると」

長谷川と工藤が、不満げな女マネージャーの前を通って、エントランスに向かっていった。佐伯はそのあとに続いた。

カウンターのもっとも入り口寄りに、若い女性バーテンダーがいた。彼女は、新宮が通りすぎるときに、新宮から視線を離さないままに、小さく黙礼した。新宮も、黙ってうなずいた。ふたりとも意味ありげな表情と見えた。

店の外の歩道に出てから、佐伯は新宮に言った。

「お前の好みとちがうだろ」

新宮は、照れ笑いを浮かべて言った。

「おれ、キャパが広いですから」

「おれが一世一代の大芝居してるときに、真剣にやれよ」

「何もしてません。ただ、向こうが興味津々という目で見つめてきただけです」

「言っとくけど、ここの酒、公務員が気軽に飲める値段じゃないぞ」

「承知してます」

携帯電話が震えた。

佐伯は歩きながら、表示を見た。未登録の番号からだ。


街路灯の灯が、道路の遠く先まで、ほとんど起伏を感じさせることなく伸びている。札幌市の北端、石狩川の下流域だ。このあたり、海岸線から三キロは離れているが、海抜はわずか一メートルから二メートル。最も標高が高いのは、石狩川の南にある、モエレ沼公園の中の人工の小山だ。六二メートル。ゴミを堆積《たいせき》させて造られた、薄い完全円錐《えんすい》形の人工の山である。

津久井は、左手に道路の案内標識を認めた。

「茨戸カントリー・クラブまで一キロメートル」

キャンプ場まで、もうじきということだ。

前方に、左手に折れる道との交差点が見えてきた。ここで左に曲がり、百メートルばかりというあたり、右側にオートキャンプ場の入り口があるはずである。もっとも開業前で、看板は出ていないとのことだ。注意しないと、通り過ぎてしまうことになる。

津久井は脇の下に手を伸ばし、ホルスターに収めた拳銃の感触を確かめた。

佐伯は一瞬だけ考えた。

いま電話してくる相手というと。それも番号未登録というと、誰になる?

佐伯は、携帯電話を耳に当てた。

「はい?」

「佐伯さんですか。篠原といいます」

篠原学園の教授であり、理事のあの男だ。きょうの午後に会った男。

「いろいろ考えたんですが、被害届けをやはり出そうかと思いまして」

説得が効いたか。そう考えてから、佐伯は自分を戒めた。そうじゃない。やつはさまざまな問題の隠蔽《いんぺい》工作を終えたということだ。被害届けを出して、自分にも学園にも累が及ばぬよう、隠せるものは隠した。処分した。被害届けを出す条件は整ったのだ。だから電話してきた。

佐伯は篠原に言った。

「きょう、これからという意味ですか?」

「いいえ。届けを出すにはどうしたらよいかと思って」

「明日、お昼ぐらいに、お時間はありますか?」

「何時です?」

「十二時では?」

「どのくらいかかります？」

「一時間ぐらいでしょう」

「その時刻に、大通署に伺えばいいんですか？」

「お待ちしています。一階で、刑事課の佐伯を呼んでください」

「あの」

「なんです？」

「わたし、被害者ですよね。あくまでも」

「そうだと思っていますよ。何かべつのことの心当たりでも？」

「いや、そういう意味じゃないんですが」

「被害者ですし、被害届けを出して捜査に協力していただけたら、警察への功労者ということにもなります」

「警察のお役に立てるなら、喜んで協力させていただくつもりでおります」

「模範的市民です。敬服いたします」

通話を切ると、新宮が顔を向けてきた。

「昼間の車上狙いの被害者だ。届けを出す気になった」

佐伯たちの前で、長谷川が目の前に停《と》まっていたタクシーに合図した。後部席のドアが開いた。新宮がすぐに助手席のドアのノブに手をかけた。

またブラックバードに戻ることになる。あとは、津久井からの朗報待ちだ。米本家族の無事保護と、殺人犯たちの逮捕。

佐伯は時計を見た。午後八時五十分だ。もうそろそろ、津久井たちが茨戸のそのキャンプ場に着いていてもいいころだった。

道央新道からその舗装路に入って、竹内が覆面パトカーの速度を落とした。津久井は右手に目をこらした。疎林となっているようだ。もともと樹木が繁っていた土地ではない。河畔林の名残か、それとも最近植えたものか、わりあい若い木々が、さほどの密度も持たずに生えていると見える。

「ここだ」と、竹内がその疎林のあいだに、引き込み道を見つけて右折した。道は簡易舗装されている。

「奥まで行くぞ」と竹内が言った。

津久井は上着の内側に手を入れ、拳銃のグリップに右手をかけた。

「ああ」

もう、長正寺にも通信司令室にも報告している余裕はなかった。

引き込み道は、すぐに疎林のあいだを抜けた。ヘッドライトが、正面の芝生らしき広場を照らし出した。芝生の奥のほうにキャンピング・カーが並んでいる。さらにその向こう側が、茨戸川の河畔のようだ。木立がなく、夜空がすっきりと開けている。対岸に小さく人家の灯がふたつ三つ見えた。つまりこのキャンプ場は、木立に囲まれ、一方向だけは河畔に面した、周辺から隔離された設計となっているのだろう。

道は右手方向にカーブしており、その弧の途中に左手からべつの道がつながっていた。白い乗用車が、キャンピング・カーの列の左手に停まっていた。整列したという停めかたではない。とりあえずそこに突っ込んだと見える。

「あれか？」と竹内。

追手たちの乗る白い日産マーチか。津久井の胸が収縮した。遅かった？　間に合わなかったのか？　その白い乗用車の脇でひとの影が動いた。ふたつだ。ふたりはすぐにそのクルマに飛び乗った。ヘッドライトが点いた。

道は芝生を右手から大回りして、そのキャンピング・カーが並ぶスペースに通じているようだ。白いクルマは左手に急発進した。

「逃げる！」津久井は叫んだ。やつらは左側へ走って、引き込み道に出ようとしている。

竹内はクルマを急停車させると、少し後退、発進しながら左にステアリングを切った。車輪が舗装路から出たのがわかった。芝生に乗り上げたのだ。

白い乗用車は、左手方向に加速してゆく。「ぶつけるぞ」と竹内が短く言った。

覆面パトカーは、三千cc、二百二十馬力のエンジンの力を全開にした。右側の後車輪で猛烈に芝生を搔《か》き上げながら、いまきた道を戻った。白い乗用車のヘッドライトが、急速に右手から接近した。

津久井は足を踏ん張った。

また急停車。行く手をふさいだ。白いマーチも、衝突直前で停まった。マーチはすぐに後退すると、覆面パトカーのうしろに回り込むように前進した。竹内が急後退をかけた。こんどは激しい衝撃があった。白い乗用車のノーズが、覆面パトカーのトランクルーム部分にぶつかったのだ。白い乗用車は、後退してボディを引き剝《は》がそうとした。

動いたのはほんの数十センチだけだ。タイヤ・ルームにボディの一部がめり込んだのだろう。助手席から、男がひとり飛び出した。右手に白いもの。包帯をしているようだ。その男は、芝生の奥のほうへと駆けてゆこうとしている。

竹内が叫んだ。

「降りるぞ」

その言葉が終わる前に、津久井もドアノブに手をかけていた。

白いクルマの運転手も、クルマの外に転がり出た。運転手はよろめき、路面に両手をついた。

津久井はドアを開けて助手席から飛び出すと、拳銃を握って芝生を逃げる男に叫んだ。

「警察だ！　止まれ。撃つぞ」

運転手のほうは、その場に立ち上がろうとした。竹内が拳銃を向けて怒鳴った。

「立つな。うつぶせになってろ」

芝生を逃げてゆく男は止まらない。すぐに暗闇《くらやみ》の中に消える。

津久井は、躊躇《ちゅうちょ》しなかった。

「止まれ！」叫んで、すぐに空に向けて発砲した。

逃げてゆく男の身体が、びくんと伸び上がったように見えた。しかし、止まらない。

津久井は腰を落として両手で拳銃を構え、男の下半身を狙った。距離はいま二十メートルくらいか。限界だ。引き金を引いた。

男が棒になったような姿勢で転がった。一瞬だけ、闇の中に姿が消えたように見えた。薄明かりの中で、芝生の上に男が倒れているのがわかった。

津久井は拳銃を構えたまま、転がった男に近づいた。

男は芝生の上で、身体の右側を下にしている。身をよじっていた。うめき声も聞こえる。黒っぽい服を着た若い男だ。痛みを懸命にこらえようとしている声。弾丸は、神経か骨を破砕した。

「動くな」

男の四、五歩手前まで歩いて、津久井は足を止めた。男はまだ抵抗できるだろうか。それとも抵抗するには重傷すぎるか。津久井には判断がつかない。こいつらは、これまで刃物は使っていない。もちろん拳銃もだ。凶器は持っていない、と推測はできるが、用心に越したことはない。

津久井は、説得するように言った。

「そのままうつぶせになれ。両手を背中に回して」

男は、ほんの少しだけ間を置いてから、身体をうつぶせにした。両手もゆっくりと背中に回った。意識はある。

うしろのほうで、カシャリという金属音がした。警官の耳には親しい音。手錠がかかった音だ。

「確保！」と竹内の声も聞こえた。

津久井は拳銃を左手に持ち替えて、腰のベルトから手錠を取り出した。いくらいま、男が手錠を待つ姿勢になったからといって、ひとりでやるべきだろうか。負傷して倒れた以上、逃げることはできない。応援がくるまで放《ほう》っておいていいか。

後方で何か打撲音があった。うっとい呻《うめ》き声が聞こえた。

どうした？

津久井は振り返った。

竹内は、いま運転手役のほうの身柄を確保したのだろう？　ちがったのか？

「竹内」と、津久井は呼びかけた。「そっち、は？」

返事がなかった。

二秒たっても、三秒たっても、返事は聞こえてこない。

津久井は戦慄《せんりつ》した。逆襲された？

運転手が芝生に四つん這《ば》いになったのは、罠《わな》か。竹内を油断させて、竹内に逆襲するためだったか。その場合、拳銃も相手の手に落ちることになる。

津久井は倒れている男と、衝突したクルマの両方が見える位置へと数歩移動して、身体の向きを変えた。衝突した二台のクルマのそばにいるはずだが、竹内の姿が見えない。

彼はクルマの陰で屈《かが》みこんでいる？　いまこれから、運転手役に手錠をかけるところなのか？

「そのままでいろ。動くな」と、津久井は倒れている男に言った。

竹内のほうで何か起こった。ただならぬことだ。

津久井は慎重に男のそばから離れ、足音をたてぬように、衝突したクルマのほうへと戻った。いま拳銃は、二台のクルマの方向に向けられている。運転手が転がり出て、竹内が降り立ったあたり。白いマーチのヘッドライトは点いたままで、その光が覆面パトカーのボディに反射し、闇の中でそこだけ明るく浮き上がっていた。ラジエーターが破損したか、歪《ゆが》んだボンネットの下から白い湯気が噴き出ている。湯気は周囲に拡散し、地表近くに漂って、ちょうどその周辺だけに地霧が湧《わ》いているように見えた。津久井はマーチの後ろ側から、ふたりがいるはずの場所に接近しようとした。

完全に後ろに回り込んだ。十メートルほど先に、ふたつの影が見えた。ひとつはマーチのボディにもたれかかり、脚を地面に投げ出している。手を背中に回しているようだ。もうひとつは、その脇で地面に完全に倒れている。そのスーツは竹内のものだ。

どうなった？

「竹内」と呼びかけて、駆け寄ろうとした。

そのとき、意外なほうから声があった。

「動くな。チャカをその場に置け」

右手の闇からだ。数メートル離れたところに灌木《かんぼく》の茂みらしきものが見えるが、その陰だろうか。年配の男の声。

チャカ。改造拳銃を意味する暴力団員たちの隠語だ。いまでは拳銃一般を指して、警官のあいだでも使われる。

ためらっていると、発砲音。

津久井は身をすくめた。弾は頭上を抜けていったようだ。威嚇射撃。手続きを踏んでいる。まるで警官のように。拳銃は、竹内のものを奪ったのか。

「本気だ」とその男は言った。「つぎは、頭だ」

相手は背後にいる。こちらは丸見え。自分には相手の姿は確認できない。しかも相手は、発砲に慣れているようだ。反撃は不可能だ。

津久井は十分ほど前の長正寺の言葉を思い出した。函館で岡山県警のもと警察官、水橋幸也という男の指紋が出たのではなかったろうか。

つまり協力者殺し実行犯はもうひとりいた。三人目がこいつだ。懲戒免職となったもと警官。当然ながら、銃器の扱いはお手の物だろう。

津久井は添えた左手をゆっくりと拳銃から離し、右手をだらりと下げてから、膝《ひざ》を折って拳銃を芝生の上に置いた。

また背後から男の声。

「両手を上げて、クルマのほうに歩け」

いましがたよりも近づいている。津久井の斜めうしろ、数メートルのところのようだ。

その場に動かずにいると、男は怒鳴るように言った。

「死にたいのか！」

津久井はやむなくクルマのほうへと歩いた。竹内が倒れ、追手のひとりがへたりこんでいる位置へ。背後で足音。男が拳銃を津久井の背中に向けて近づいてきている。いま足音が少しだけ乱れたのは、津久井が芝生の上に置いた拳銃を拾い上げたのか。

木立の向こう側、舗装路にクルマの走行音がする。ここは完全な山中というわけではないのだ。農家が点在し、クルマも行き交う場所だ。さっきの発砲音も、誰かが耳にしているはずだが。

マーチの右側、竹内のそばまで歩いた。

竹内が少しだけ動いた。生きている。大きな外傷はないようだ。

またうしろから男の声。

「その覆面パトカーに両手をつけ。ケツを突き出せ」

所持品検査をするときの指示。確実だ。こいつはもと警官だ。

津久井は言われたとおり、腰を折って覆面パトカーのボンネット部分に手をかけた。

視界の隅に、男が姿を見せた。地霧のように湯気が地表を這うその向こうからだ。キャップをかぶり、両手に一挺《ちょう》ずつの拳銃。背の高い中年男だった。暗い色のアウトドア・ジャケットを着ている。カーゴパンツに、編み上げ靴を履いているように見えた。津久井は機動隊の出動服を連想した。

拳銃を持ったアウトドア・ジャケットの男は、マーチの真横に立った。ボディにもたれかかっている男から、わずか二メートルほどの位置だ。津久井は首をひねって、男たちの様子を見た。

もたれていた男が顔を上げた。短髪で、眉の薄い男。あの小樽のコンビニの監視カメラに写っていた男だ。

「助かった」と、その男はアウトドア・ジャケットの男を見上げて言った。

アウトドア・ジャケットの男は、右手を伸ばしてその男の顔に拳銃を向けた。

短髪の男は、驚いたように言った。

「どういうことだ?」

拳銃の男が答えた。

「こういうことさ」

「最初から?」

津久井は、次に起こることを想像して身構えた。アウトドア・ジャケットの男は、発砲するだろう。実行犯の中で男は別格なのだ。実行犯の下っ端、あるいは臨時雇いの実行犯を処分する役目も負っていたのだ。協力者連続殺害がどこの誰によって構想され、どのように実行されたか、それを隠蔽《いんぺい》するために。

かつて自分の同僚も、こめかみに拳銃を突きつけられたことがあった。自分はそのすぐ脇にいた。十年以上も前の、警察庁直接指揮の潜入おとり捜査。あのときの情景がフラッシュバックした。警察官という身分が犯罪組織にばれて、ふたりとも殺されかけたときのこと。

その記憶が自分を戦慄させた。そのフラッシュバックに、自分はパニックを起こすのではないかと。しかしいま体内に充満するアドレナリンが、その記憶の意味を抑えこんだ。逆に、この瞬間の冷静さを保証してくれたようにも感じた。自分はこの程度の場面はすでに体験しているではないか。

発砲の直後に、やつに飛びかかる、と津久井は決めた。その瞬間だけは、こいつの意識は空白になる。放心する。隙《すき》ができる。

ふいに強烈な光。男にライトが浴びせられた。マイクを通した声がする。

「水橋！　拳銃を捨てろ」

長正寺の声だった。男はひるんだ。左手を顔の前に上げて光を遮り、左右を見た。

津久井は男に飛びかかった。男の背に体当たりして、首と左手を押さえたまま、マーチに押し当てた。左手から拳銃が落ちた。男が身体をひねり、右手の拳銃を津久井に向けようとした。その手首を押さえて、脚払いをかけた。男は飛びのくように自分から倒れた。

津久井は一瞬も容赦することなく、男の後頭部に手刀を入れた。男はうっと呻いて、地面に伸びた。津久井は素早く男から拳銃を奪い取った。男が抵抗した。津久井は男の頬に拳銃のグリップを叩き込んだ。硬いものが砕ける音がして、男の身体から力が抜けた。津久井は男の両手を背中に回し、手錠をかけた。

いくつもの足音が近づいてくる。機動捜査隊の捜査員たちが駆けてくるようだ。ひと安心だ。

時計を見た。午後八時五十八分だ。

公務執行妨害現行犯で、姓名不詳の男逮捕。水橋幸也という名は、自分はまだ確認していない。とりあえずそういうことだ。

荒く息をついて背を伸ばすと、機動捜査隊の面々がわっとその場に現れた。闇の中から湧いて出たような具合だった。捜査員たちは倒れているふたりの男にダイビングするように飛び掛かった。その場に最後に登場したのは長正寺だった。

津久井は長正寺に言った。

「芝生の奥にもひとり、転がっています」

その言葉に、三人の捜査員が駆け出した。

長正寺が、津久井の身体全体にさっと視線を走らせた。怪我を心配したのかもしれない。

「際どいところだった。遅れてすまない」

「竹内が」

津久井が竹内に近づくと、彼はふたりの捜査員に抱き起こされながら言った。

「油断した。もうひとりここにいたとは」

大怪我ではないようだ。ひと安心してよいのだろう。

長正寺が、左右に目をやりながら言った。

「米本弘志家族は？」

「まだ確認していません」

「あっちだ」と竹内がキャンピング・カーの列の横を指さした。

河畔林の方角から、三つの人影がおずおずという様子で出てきたのだ。ぴったりと寄り添って、三人ともこちらに視線を向けている。表情までは判別できなかったけれども、姿を見せたのだ。もう安堵していることは確実だった。たぶん警察への疑惑も、払拭《ふっしょく》したのだろう。

津久井は携帯電話を取り出した。

米本家族の身を案じる佐伯に、無事救った、協力者殺害犯たち三人も確保したと、伝えてやらねばならない。

キャンプ場の敷地の中に、赤色灯を点けた警察車が次々と滑り込んでくる。警察無線を使う声も方々から聞こえてきた。遠くから救急車のピーポー音。

携帯電話を使おうとして、津久井は佐伯の側の首尾を考えた。彼は警察情報漏洩の流れを、解明できたろうか。いくらなんでも、それはまだ早すぎるだろうか。

佐伯は長谷川や工藤と別れると、新宮とふたりでブラックバードに戻った。

店には、安田以外に誰もいなかった。貸し切りにしてくれたのだから、客がいないのは当然だ。しかし、小島百合の姿もない。

カウンターの外で、安田がひとり、タンブラーを前にしている。灰皿で、タバコの煙が上がっていた。いま店の中に流れているのは、テナーサックスだ。かつて札幌公演がはねたあと、この店にも寄っていったという巨人の名盤だ。音にはぷつりぷつりとノイズがまじっている。佐伯はカウンターの奥のオーディオ装置に目をやった。かかっているのは、CDではなかった。ターンテーブルの上で、LPレコードが回転している。安田がLPレコードをかけることは滅多にない。リクエストされても、応じないことのほうが多いのだ。通常の営業ではない、ということなのかもしれない。それとも安田は、営業どころか、今夜はプライベートに音楽を聴くと決めたということか。

佐伯は安田に訊いた。

「小島は？」

安田は、スツールの上で上体をひねって答えた。

「津久井さんからの電話を受けて、出ました。米本ファミリーが見つかったんで、現場に自分も行くと」

「何のためだ？」

「言ってましたよ。まだヒットマンたちを全部確保できたかどうかわからない。小さな女の子もいる。安全が確認されるまで保護する、という意味のこと」

「そうなのか」

佐伯は、自分もスツールに腰を下ろすべきかどうか迷った。一応、きょう自分がやるべきことは終わったと思う。もうこの店を貸し切りのまま、居ついている必要もなくなったのだ。だったら。

自分も米本家族の保護に手を貸すか？　たぶん津久井たちの仕事ぶりに遺漏はないだろうし、その後津久井から連絡がないところをみると、たぶんあちらも一段落ついた。米本弘志には、あらためて機会を作って謝罪しなければならないが。

新宮が言った。

「どうしたんです？　あまり勝ったって顔じゃないですけど」

佐伯は新宮に顔を向けて訊いた。

「どうして勝ったことになるんだ？」

「だって、警察情報を流した男を突き止めた。うまくいけば、薬師には制裁もある」

「あんなのが同じ警官だったと知ったんだぞ。勝ったなんて思えるわけがない」

新宮が当惑を見せて言った。

「そんなに怖い顔で怒らなくても」

鼻から荒く息を吐いて、佐伯は言った。

「きょうは解散。明日は、お前が被害届け受理しろよ」

安田が意外そうな目を向けてきた。もうお帰りですか、と訊いている。

佐伯はうなずいた。きょう店を貸し切りにしてくれた礼は、いずれしなくてはならない。なんらかのかたちで。

とりあえず、きょうは自分は帰る。

呆気《あっけ》にとられた顔の新宮を残して、佐伯は店を出た。外はまた少し冷えてきていた。風も出ているかもしれない。佐伯はステンカラーのコートの襟もとを掻き合わせてから、ポケットに両手を入れて、夜の狸小路へと歩きだした。

新宮の言葉が思い出された。

勝った？　誰が？　何にだ？

思わず吐息が出た。一瞬、その吐息は白くなったかと見えた。十月も末。初雪があってもおかしくない季節だった。そう思うと、大気はいっそう冷たく感じられた。佐伯は左手をポケットから出すと、歩きながらあらためて襟元を掻き合わせ直した。

9

道警本部ビルの二階に、職員食堂がある。

制服姿での一般の食堂やレストランの利用は好ましくないとされているから、制服職員の多くはもっぱらここで昼食を取る。値段が割安ということもあり、私服の職員の多くも、昼はこの職員食堂を使うのがふつうだ。もちろん職員の一部は自席でコンビニ弁当か、妻なり自分なりが作った弁当を食べる。

佐伯がその職員食堂に入ったのは、十二時十五分である。数十ある四人掛け、六人掛けのテーブルは、大部分埋まっていた。ざっと見て男たちが七割、女性職員が三割というところだった。

佐伯は入り口で立ち止まり、テーブルに着く職員たちを見渡した。おおよその席の見当はついていた。列車でも食堂でも、ひとはだいたい決まって同じような場所に自分の席を決める。そこから離れた行動を取ることは稀《まれ》だ。佐伯は、南向きの窓に近いテーブルにその男の姿を認めた。話に聞いていたとおりだ。その男は、少し若手と見える男たちと一緒に、何やら愉快そうに話しながら食事中だ。

佐伯は通路を歩いて、その男の席へと向かった。近くの席から、おやという顔を向けてくる者もいた。佐伯が本部勤務ではなく、大通署配属であることを知っている者だろう。

そのテーブルの前までできて足を止めると、その場の職員たちが会話をやめて顔を上げた。真正面にその男がいる。五十代なかばと見える、白髪混じりの髪を七三に分けた男。セルフレームの細身のメガネが、妙にいまふうだ。彼は佐伯の顔を見て、小首を傾《かし》げた。佐伯の顔は知っているようだ。ただ、なぜいま自分の前にいるのか、その理由については思い当たらないようだった。

佐伯は男の顔をまっすぐに見つめて言った。

「大通署の佐伯宏一です。橋場警務一課長ですね？」

「おれだ」

そう答えてから、橋場は少しだけ唇の端をゆるめた。ようやく理由に思い至ったという表情だ。

「伊藤からは聞いている。その件か」

橋場の向かい側の職員たちが、佐伯のために椅子《いす》をずらして席を空けた。

「そうなんです」佐伯は遠慮なく橋場の真正面の椅子に腰を下ろした。「そのことで事前に」

橋場は笑った。

「事前運動は困る。昇任試験の公正さが疑われる。言っておくが、頼みなら聞けないぞ」

まわりの若手職員たちが、お追従笑いを見せた。

橋場は、にやつきながら続けた。

「ほんとうなら、ここでこういうふうに話してるだけでもまずい。わかるだろ」

「承知しています。ただ、試験の前にぜひ課長にはお伝えしておかねばならないことがあります。昨日の連続殺害犯たち逮捕に関《かか》わることです」

橋場は真顔になり、瞬《まばた》きした。佐伯の持ち出そうとしている話題が、わからなくなったのだろう。もちろん機動捜査隊が、三人の協力者連続殺害犯たちを逮捕した一件については、もう今朝から北海道警察本部じゅうの話題となっている。道警本部にとっては、年に一度あるかないかの大事件だったのだし、しかも最初の事件が発生してから四十八時間もたたないうちの殺害犯スピード逮捕だ。正式のメディア発表はまだだが、少なくとも三人が逮捕された事実だけは、多くの職員たちの耳に入っている。いやでもその話題が出る。ただし、事件の背景や、三件の関連、そしてそれが茨戸川河畔での逮捕劇となった事情については、ごく一部の関係者しか知らないことである。つまり機動捜査隊と、機動捜査隊に協力したごく少数の警察官だけしか。ましてや、本部内勤の警務課中間管理職では、ほとんど何も知らないのがあたりまえだ。

周囲の職員たちも意識を佐伯の言葉に向けたのがわかった。

佐伯は続けた。

「いずれお耳に入るでしょうが、三件の連続殺人事件の被害者たちは、捜査員たちの個人的な協力者たちでした。接触する捜査員しか知らないはずの協力者情報が、犯罪組織に漏れていたのです。情報が三件集まっていたのは、世界中でこの本部の警務の監察ファイルの中だけです。わたしは、その情報がどういうラインで流れたのか、それを偶然知ってしまいました」

橋場の顔がこわばってきた。周囲の男たちも、それがただならぬ話題だと気づいたようだ。みな息を殺して佐伯を見つめている。

佐伯は橋場を見つめたまま、報告書を読むような調子で続けた。

「やがて公判となれば、三人の被疑者の共通点と、なぜ犯罪組織は彼らの個人情報を入手して計画的な連続殺人が可能となったのか、という点も明らかにされるでしょう。わたしは当事者の口からたまたまその事情について話を聞いてしまいました。もし公判に証人として呼ばれることになれば、知っていることはすべて語ろうと思っております。課長には、礼儀としてそれをお伝えしておくべきかと思いまして」

　橋場は、苦々しげな顔で左右をみやってから言った。

「何の話だか、わからん。何が言いたいんだ?」

「申し上げたとおりのことです。もし公判の前に、組織の正式な手続きの中で話せということであれば、いつでも話そうと思います。それだけです」

　佐伯は相手の反応を待った。

　しかし橋場は、佐伯を睨《にら》んでくるだけだ。何も言わない。いや、口が何度か開いた。言いたいことはあるが、声にならないというだけかもしれない。

　佐伯は微笑を作って橋場に黙礼してから、席の周囲を見回した。みな、なかば凍りついたような顔のままだ。まずいことを聞いてしまったという想《おも》いなのだろう。それも、いまや橋場のテーブルにいる職員だけではなく、さらにその周囲のテーブルの職員たちも、沈黙している。中には、なぜそこに沈黙が満ちたのかわからず、不思議そうに左右に目をやっている者もいた。数分待てば、その理由はわかる。

　佐伯は立ち上がり、ゆっくりと食堂の入り口へと向かった。通路の両側の職員たちも、橋場のいるテーブルで何かあったようだと気づいたようだ。無言のまま、多くが佐伯を見上げてくる。佐伯が脇を通るとき、すっと身体《からだ》を遠ざける者もいた。自分の靴音が、ずいぶんと硬く、大きく聞こえることに佐伯は気づいた。

道警本部ビルから大通署までは、わずか二ブロックの距離だが、佐伯が大通署に戻ったのは午後五時三十分を回った時刻だった。

デスクに着くと、新宮がうれしそうに椅子を近づけてきた。

「遅かったですね」

「ぶらぶらしてた。首尾は？」

新宮は、書類のコピーを持ち上げた。

「篠原克也、被害届けをふたつ出しました。盗難と、恐喝です。おれ、生活安全課のほうも、立ち会ってきました」

佐伯はその届けをちらりと見てから、新宮に訊《き》いた。

「テンション上がってないか」

「だって、篠原克也、さすがにそこそこのワルですよ。伊達《だて》にビデオカメラ何台も持ってなかった。恐喝してきたやつを、念のために隠しカメラで撮っていたんです。届けは氏名不詳ですけど、相手が返してきたＤＶＤからは、指紋、取れます」

「前科持ちなら、すぐに特定できるか」

「まず盗犯としての逮捕、家宅捜索すれば、昨日盗まれたパソコンも出てきます。あのすかしたスーツの男、泡を食らいますよ」

「盗犯の逮捕は、お前にやらせてやる」

新宮の顔が輝いた。

「いいんですか？」

「お前の手柄にしろ」

「ありがとうございます」そう言った瞬間、新宮の表情が驚愕《きょうがく》に変わった。「チーフ……」

「お前の手柄だ」

「どういう意味です?」

「お前はもう一丁前の捜査員だってことだ」

「それって」動揺を見せながら新宮が言った。うまくろれつが回っていない。「まさか」

佐伯は新宮に言った。

「おれは退《ひ》ける。また明日だ、新宮」

「ぼくの報告、聞いてくれないんですか」

「いまので十分だ」

「もっと話したいことがたくさんあります」

「明日だ」

「今晩、おれ、暇なんですが」

「昨日のシガー・バーに行け」

佐伯は、エレベーターへと向かった。新宮が後ろから呼びかけてきたように聞こえたが、佐伯は聞こえないふりを装った。

時間外ぐらい別々にいさせろよ、と佐伯は胸のうちで新宮に言った。お前の新人研修期間はとうに終わっているんだ。いつまでも先輩捜査員に、金魚の糞《ふん》みたいにくっついていることはない。とりわけ、こんな先輩に。

エピローグ

昨日よりも風が強かった。木枯らしも、その終わりかけだ。そろそろ風には雪がまじってもおかしくはないという季節だった。店の前の乾いた路面で、プラタナスの枯れ葉が舞っていた。

佐伯は、店の風除室の外側のドアノブに手をかけた。風圧のせいで、開けるには昨日よりも少し力が必要だった。午後の七時を少し回った時刻だ。

内側のドアを開けると、店のテーブル席には客はなかった。この店に客が入り出すのは、だいたい午後の八時過ぎから。まだこの程度の入りでもおかしくはなかった。

カウンターには客がひとりいた。津久井卓だ。ひとり、カウンターに両肘《ひじ》をついていた。ウィスキーのタンブラーを前にしている。首をひねって、佐伯に気づいた。ふっと彼が微笑を見せた。佐伯が来ることを期待していたのかもしれない。

カウンターの中から、安田が目であいさつしてきた。プライベートですよね、と確かめているような目と見えた。昨日は貸し切りで使わせてもらった。でもきょうは、それを心配する必要はない。自分はまちがいなくプライベートでやってきたのだ。

店内に流れているのは、数年前にニューヨーク近郊で亡くなったアルトサックス奏者の曲だった。佐伯が高校の先輩からジャズを教えられたころ、つまり七十年代の終わりころ、週に一、二回は彼の演奏を聴いたように思う。すでに伝説的な名盤があって、ラジオで、喫茶店で、吹奏楽部の部室のプレーヤーで何度も聴いた。いまかかっているのはその盤とは違うが、後年になって名盤としての評価が定まった。彼は巨人と言えるような図抜けた個性はなく、天才と呼びうるような創造性とも無縁だった。テクニックでも、必ずしも傑出していたとは言えない。しかし、脇に回ったときの安定感は見事だった。音はどちらかと言えば朴訥《ぼくとつ》で、ちょっと感傷的でもあり、生真面目《きまじめ》だ。佐伯は嫌いではない。

コートを脱いでドアの脇のコートハンガーに引っかけてから、佐伯は津久井の左隣りのスツールに腰を下ろした。

「昨日はお疲れさまでした」と、津久井が言った。

「お前こそ」と佐伯は応《こた》えた。「大捕り物だったそうだな」

「三人逮捕。竹内って捜査員が、負傷してます」

安田が佐伯の目の前に立った。佐伯はスコッチをショットグラスで注文し、加水を頼んだ。

安田が出してくれたショットグラスを持ち上げて、津久井と乾杯しようとした。津久井もタンブラーを左手で持ち上げてきた。ふたつのグラスが重なるとき、津久井のタンブラーがかすかに震えていた。佐伯の視線は、ほんの一瞬、その震える手に留まった。

津久井が手を引っ込めて言った。

「ええ。またこの震えが。再発したみたいです」

ということは、かつての過酷な潜入捜査のときの心的外傷障害がぶり返したということか？　昨日、その逮捕の現場で、あの体験に匹敵するような極度の緊張、もしくはストレスのかかる場面があったということか。

「昨日も出たのか？」

「いえ。きょうになって。というか、いま酒を飲み始めて気づいた」

「あれ以降、いままでも何人も凶悪犯逮捕はしてきただろうに」

「昨日は拳銃《けんじゅう》を奪われて、後ろから撃たれるところだったんです」

一瞬言葉に詰まったが、佐伯は言った。

「その場面で出なかったのなら、心配はいらない」

「おれ、じつは長正寺さんに誘われたんですよ」

「やっぱりか」津久井が機動捜査隊を応援すると聞いたときに、その展開は想像できた。驚きはなかった。「いい話じゃないか」

「この状態で、機動捜査隊は無理でしょう」

「きのう問題なかったんだ。翌日、思い出して身震いする程度のことは、誰にでもある」

津久井が佐伯を真顔で見つめて訊《き》いた。

「佐伯さんは、もう出ていませんか？」

「おれはもうまったく」

津久井があらためて自分の目の前にタンブラーを持ち上げ、中空に静止させた。たしかに細かく振動している。それはしかし、神経症の再発症なのか、純粋にフィジカルな筋肉の緊張のせいか、区別がつかない程度のものでもある。現実に殺人犯逮捕という現場で後ろから撃たれるかもしれないという局面にあって、それでもパニックを起こしていないのだ。それなら案じる必要はあるまい。いくら機動捜査隊だって、毎日大捕り物があるわけではないのだ。いや、昨夜のような、捜査員ひとりが負傷し、発砲までゆくような逮捕の場は、数年に一度のレアケースである。だからその配置にも、津久井は耐えられるだろう。同じ状況下で同じようにＰＴＳＤを発症した友人としても、それは保証できる。

「行けよ」と佐伯は言った。「これ以上、飼い殺しになっていることはない。長正寺が誘ってくれたんなら」

店のドアが開いた。安田が、いらっしゃいとあいさつした。その声の調子から、佐伯たちの知り合いとわかった。

ドアのほうに顔を向けると、入ってきたのは小島百合だった。佐伯を見て、かすかに安堵《あんど》の表情を作った。

小島百合が、佐伯の左隣りの席を示して訊いた。

「いい？」

「駄目と言ったことがあるか？」

小島百合が、コートを脱いでスツールに腰をおろし、津久井にも黙礼してから言った。

「本部での、お昼のこと。聞いたわ」

「あんなことが、噂《うわさ》に？」

「また警務はてんやわんやだって。あれって、どういう意味なの？」

「べつに。一課長には筋を通しておいただけだ」

「何か覚悟を決めたように聞こえる」

「いつだって、覚悟はしている」

安田が小島百合の正面に立った。

「ええと」小島百合は言った。「ウィスキーの水割りを」

「スコッチですか？　バーボン？」

「地元のを」

安田は微笑して、背後の棚に身体《からだ》を向けた。

小島百合はカウンターの上に上体を倒すと、津久井に言った。

「ご苦労さま。とても危いところだったとか」

津久井が言った。

「いや、さほどでも」

いい答だ。佐伯は津久井を見て微笑した。そのように答えられるんだ。お前はもうそれの再発症を心配することはない。自分でもわかっているはずだ。

百合の前にグラスが出た。百合はグラスを持ち上げると、小さくお疲れさまと言い、唇に近づけた。

佐伯も津久井も、合わせて少しだけグラスを持ち上げた。

グラスをカウンターに置くと、百合が佐伯に訊いた。

「まだマレーふうカレーに関心はある？」

「ああ」と、佐伯は答えた。

「日曜に、弟に作ってやることになったの。もしよければ、食べに来ます？」

「どこに？」

「わたしのうち」

「カレーだけか？」

「飲み物は持参して。弟はビールを持ってくるって」

「そのカレーには、どんな酒が合うんだ？」

「なんでも。前菜も肴《さかな》も作るつもりだし」

「時間は?」

「食べるだけなら、四時。手伝ってくれるなら二時。弟は、たぶん食べるだけのはず」

「二時に行く」

右にいる津久井の視線が気になった。顔を少しだけ右手に回すと、津久井がにやりとしている。

「うるせえ」と佐伯は言った。「こういうこともある」

百合が訊いた。

「津久井さんも、どう?」

「ありがとうございます。でもぼくは、日曜には用事があって」

「残念」

またドアが開いた。安田の視線を見て、佐伯はドアに目を向けた。

入ってきたのは、新宮昌樹だった。そのうしろに、もうひとり男の影。

「やっぱりいました」

その言葉は、うしろの男に聞かせたもののようだ。新宮に続いて入ってきたのは、コート姿の長正寺だった。

百合が額に手を当ててつぶやいた。

「まったく、あの子ったら」

新宮がカウンターに近づいて、百合に隣りの席に腰をおろしてよいか目で訊いた。百合はL字型となったカウンターの端を指さした。新宮は情けない顔となって、素直にカウンターの端に向かった。

長正寺が、カウンターの面々をさっと見渡してから、佐伯に言った。

「礼を言いたくて。あんたの情報のおかげで、連続殺人実行犯たちを確保できた」

長正寺は椅子《いす》には着かず、佐伯と百合のうしろに立ったままだ。佐伯は身体を少しだけひねって長正寺に言った。

「たまたま耳にしたことです」

「もうひとつ、津久井をうちに引っ張ろうと思うんだ。きょう、はっきり返事をもらうつもりだった」

「いい話です」

「なのに、どこかに消えて、携帯も不通なんだ。それであっちの」長正寺は新宮を指さした。「彼に案内してもらった」

津久井が何か言いかけた。佐伯は右手を素早く伸ばして、津久井の左手の上に重ねた。黙ってろ、と言ったつもりで。

「機動捜査隊は、こいつにはふさわしい職場だ」

同意すると言うように、長正寺はうなずいた。

「あんたも、もっといい部署があるように思うんだがなあ。いや、べつに所轄の盗犯係の仕事を軽く言うわけじゃないが」

「仕事に不服はありませんよ」

「同じ大通署の刑事課でも、強行犯係とか。いまは物足りないだろう」

「けっしてそうは思っていません」

「そうかあ?」長正寺は佐伯と百合の顔を交互に見てから、ふいに何か思いついたという表情になった。「津久井、借りていっていいか?」

佐伯は津久井に目を向けた。津久井が長正寺に言った。

「かまいません」

津久井がスツールから降りると、長正寺はカウンターの中の安田に言った。

「こちらのおふたりに、一杯ずつ差し上げてくれないかな。お礼なんだけど」

「何にしましょう?」

長正寺が佐伯に目を向けたので、佐伯は言った。

「では、遠慮なく。何でも」

長正寺が安田に訊いた。

「キールはできるかい? バーにきて、無理な注文かな」

「できますよ」

「ふたつ」

長正寺は佐伯たちに顔を向けた。

「なかなか頼む機会のない酒だ。おれも、じつは一度しか飲んだことがない」

「どんなときだったんです?」

「ま、その、ちょっとした幸福への期待というか」

それがどんな状況なのか、佐伯が答を思いつかないうちに、長正寺は津久井をうながして店を出ていった。

安田がカウンターの右手奥に移動してキールを作り始めると、百合が真正面に目を向けたまま言った。

「巡査部長試験、受けることになった」

佐伯は、ほうと口を開けてから言った。

「遅すぎたんじゃないか」

「佐伯さんも、警部昇任試験、受けてね。自分の信念とぶつからないなら」

「おれに、信念なんてあると思うのか？」

「さっきは、いつだって覚悟はしてると言ったじゃない」

「覚悟と信念はちがうだろう」

「ま、そういう答は想像できてた。警務が条件をつけてこないなら、よ」

「何か意味があることか？」

「ええ。たとえば」百合は、L字型になったカウンターの左端にいる新宮を指さした。「佐伯さんが留《とど》まって幹部になるなら、あの子や、ほかに続くひとがここに残る根拠になる。残ってもいいんだという確信になる」

新宮がまばたきした。自分が話題になりましたかと問うている顔だ。百合の言葉は聞こえていなかったろう。

佐伯は新宮に首を振りながら言った。

「おれの役割じゃない」

安田が戻ってきて、佐伯と百合にこぶりのワイングラスを渡してきた。ロゼワインのようないくらか赤みのあるカクテル。佐伯は飲むのは初めてだ。

「じゃあ」と百合がグラスを持ち上げた。

佐伯もグラスを持ち上げると、百合がグラスを近づけてきた。

「お疲れさまでした」

「ああ」と佐伯は短く応じた。

グラス同士が触れ合って、硬い音を立てた。

口につけると、冷えた白ワインと、甘味のあるカシス・リキュールの混ざり具合が舌に心地よかった。かすかに酸味もあって、少しお洒落な味と言えた。食前酒として飲むカクテルなのかもしれない。

百合が言った。

「長正寺さんが、こういうお酒を知っているとは思わなかったわ」

「顔に似合わないものを知ってるな」

佐伯がふた口目を飲んだときだ。新宮がふいに椅子から立ち上がって、出口へ向かった。携帯電話を右手に持っている。

「どうした？」と佐伯は訊いた。

新宮は携帯電話を佐伯に向けながら言った。

「ちょっとプライベートで、呼び出しが」

女性からメールだ、とでも言っているような表情だ。

「見栄を張るな」

「違いますよ。きょうはこれで」

彼は少し無理の見える微笑を佐伯に見せてから、ドアの外に出ていった。

新宮が消えてから、百合が言った。

「気を利かせたつもりなんでしょう」

「何の？」

「キールを飲む環境作り」

「そんなにデリケートなことか」

百合は、答えずに笑ってきた。

三口目を飲んだところで、CDが終わった。

佐伯はグラスをカウンターに置いて、安田に言った。

「もう一回かけてもらっていいかな」

安田が言った。

「LPがあります。そっちをかけますよ」

「いいのかい」

「一緒に聴きましょう」

安田がうしろ向きになってターンテーブルをセットし、棚からLPを取りだした。ジャケットのデザインはCDと同じ、佐伯もなじみのある三十センチLP盤だ。安田はディスクを取り出すと、ていねいにターンテーブルに載せた。ジャケットは、その脇のスタンドだ。安田は回転し始めたディスクの上に慎重に針を置くと、ターンテーブルのアクリルの蓋《ふた》を閉じた。

カウンター背後の両脇のスピーカーから、すぐにアルトサックスの音色が響いてきた。子猫が鳴くような、とも評される、少しメロウな音だ。クールにはちがいないが、とんがり過ぎておらず、ときには演歌だ、とも言われるナンバー。きょうの自分の気分にはふさわしかった。きょう、自分が欲しているのはこんな音だ。

百合が安田に言った。

「もう一杯、いただけますか」

もう空けたのか。思わず佐伯は、百合のグラスに目を向けた。少しペースが速くないか。その飲みっぷりには、何か意味があるのか？

百合が佐伯を見つめ返してきた。飲んでいますが何か、という顔だった。そこにかすかな含み笑いが感じ取れるのは、気のせいだろうか。

佐伯は自分のグラスをあらためて持ち上げ、唇に近づけた。きみがそのつもりなら、きょうはつきあおう。つきあってもらおう。

安田が、アンプのボリウム・ダイアルを少しだけ右に回した。

本書は書き下ろしフィクションです。

著者略歴

佐々木譲〈ささき・じょう〉
1950年札幌生まれ。『鉄騎兵、跳んだ』でオール讀物新人賞、『エトロフ発緊急電』で山本周五郎賞、日本推理作家協会賞、日本冒険小説協会大賞、『廃墟に乞う』で直木賞を受賞。そのほか『ベルリン飛行指令』『ストックホルムの密使』『愚か者の盟約』『鷲と虎』『屈折率』『天下城』『制服捜査』『警官の血』『北帰行』『カウントダウン』『婢伝五稜郭』など著作多数。

Kadokawa Haruki Corporation

佐々木譲

密《みつ》売《ばい》人《にん》

*

2011年8月8日第一刷発行

発行者 角川春樹
発行所 株式会社 角川春樹事務所
〒102-0074 東京都千代田区九段南2-1-30 イタリア文化会館
電話03-3263-5881(営業) 03-3263-5247(編集)
印刷・製本 中央精版印刷株式会社

定価はカバーおよび帯に表示してあります
落丁・乱丁はお取り替えいたします
ISBN978-4-7584-1176-9 C0093
http://www.kadokawaharuki.co.jp/